www.ingramcontent.com/pod-product-compliance
Lightning Source LLC
Chambersburg PA
CBHW080512030726
47592CB00012B/3329

بَرَدَيـس

بردية كتاب سليمان

ورق الـجنة

بَرَدَ يس

بـرديـــة كتــــاب سليمان

ورق الـجنة

دعاء طـوليس

البردي للنشر
فلوريدا

إبداع شعري: دعاء طوليس

تصميم الغلاف والرسوم التوضيحية: البردي للنشر إلـ إلـسي

طُبع بالولايات المتحدة الأمريكية

البردي للنشر
فلـوريـد ا

موقع إلكتروني: www.papyripress.com
بريد إلكتروني: papyripress@hotmail.com

"لكل شيء أوان، ولكل أمر تحت السماء زمان"

سفر الجامعة - الفصل ٣:١

شكــر

خالص الشكر والامتنان لعائلتي، وأصدقائي، وأقاربي، وجيراني، ومجتمعي الكبير والصغير، القريب منه والبعيد، وكذلك لزملاء العمل والدراسة، وأساتذتي، ورؤسائي، وعملائي، وطلابي، وموجهيَّ، ولكل من أتى في حياتي، وإلى المناسبة والأوقات والظروف التي مكنتني من إنتاج هذا العمل ويسرت لي مشاركته.

تنوية

القارئ العزيز، يُرجى الانتباه أنه تم اختيار الكلمات والمصطلحات في هذا الكتاب بما يخدم المضمون والهدف المقصود. فإن كان من بين الكلمات الواردة في هذا الكتاب كلمات اسثُغلت أو تم الإتجار بها من قبل، فهذا أمر غير مقصود من قريب أو بعيد. ويجب أيضًا التنويه أنه كان في استطاعه الكاتب استبدال تلك الكلمات بأخرى لتجنب الوقوع في الحرج. إلا أنه أبا ألا أن يسترد المعاني والكلمات ممن استغلوها وتاجروا بها. رحلة سعيدة في الكتاب!

تمهيـــــد

يُقدم هذا الكتاب قراءة مُفصلة لكتاب لسليمان ظل مهجورًا حتى اليوم يسلط الضوء على أبواب للسلام الدائم في العالم. فهذا الكتاب يأخذ القارئ في رحلة بحثية خلال نصوص دينية معروفة، ووقائع تاريخية شهيرة، وأعراف وتقاليد، وحتى الأحداث الطبيعية. ويطرح أطروحات وثيقة الصلة بالوقت الحاضر وترتبط بواقع قطاع عريض من الناس على تنوع خبراتهم وخلفياتهم، مُقدِّمًا قراءة جديدة لأحداث كثيرة مرت بها الإنسانية خلال أطوار تقدمها في الزمان.

هذا الكتاب يطلي الكتابة العلمية بطلية إبداعية، حيث يأخذ القصص الواقعي إلى مستوى جديد. فهو يُمثل الظهور الإنساني في الزمان، ويستعيد الرابطة بين العلم والإيمان، ويكشف الحجاب عن الدعوة الحقيقية لسليمان، ليسترجع مجددًا الاستنارة لمسيرة الإنسان.

يُرجى العلم أن كاتب هذا الكتاب ليس من الكُتاب التقليديين معتادي النشر في العلوم الإنسانية أو الأديان. فالكاتب إستشاري في العلاج الطبيعي حاصلة على الدكتوراه الإكلينيكية في علاج الأطفال هاجرت من مصر إلى الولايات المتحدة منذ أكثر من عشرين سنة. وبينما شديدة الانشغال في مجال عملها، وجدت نفسها في بحث جاد يتعقب رحلة الإنسان عبر الزمان ليس له أي غرض سوى إزالة الحُجب وفتح الأبواب. ورغم أنها تخلت عن هواية الكتابة بعد إكمالها المرحلة الثانوية ومتحدثة للإنجليزية من غير أهلها تيسرت لها الوسيلة لكتابة هذا البحث مرتين: الأولى باللغة الإنجليزية، والثانية بين يديك الآن باللغة العربية مع أطيب إهداء.

لذا رجاء الأخذ في الاعتبار أن هذه النسخة من الكتاب هي نسخة مترجمة من النسخة الأصلية والتي هي موجهه لمتحدثي اللغة الإنجليزية، بما في ذلك من مراعاة للفروق الثقافية واختلاف الرؤى لبعض المفاهيم التي يتناولها هذا الكتاب.

المحتويات

المقدمة

ما وراء الشمـس

مقـدمة

مـا وراء الشمــس

◈ في صبيحة يوم صحو تحت سماء مشرقة خالية من الغيوم، تجمع حشد هائل في حفل تكريم كبير للاحتفاء بباحث. كان الجمع قد احتشد في ساحة لمسرح مفتوح بالقرب من بحر صافٍ متلألئ المياه. إلى جانب المنظر الخلاب الذي أحاط بالمكان، بدا المسرح مُصمَم على الطراز المصري القديم. يتقدمه منحدر سلالم هائل ومنصة عظيمة ذات أعمدة باهرة الإبداع. كان الموقع أشبه بساحة المسرح المدرج، ولكن بدون تعالٍ في الطبقات. فقد صُفت جميع مقاعد الجلوس أمام المنصة في صفوف مستوية. (ملحق ت. ١)

وبالنظر إلى الحشد الضخم، لاحظ الباحث أن من بين الحضور عددًا من الكائنات البحرية ومنها أنواع قد اعتبرت من الفصائل المنقرضة منذ زمن طويل! في تلك اللحظة، اعتقد الباحث أن الحدث بأكمله ما هو إلا حلم رائع. وفي تعجب وانبهار اتجه إلى المكان المخصص للجمهور واتخذ مقعدًا في منتصف الصف الأمامي. وبالرغم من أن الباحث كان قد وصل بالفعل إلى قمة الدهشة، إلا أن المفاجأة الحقيقية كانت لم تأتِ بعد. فبشكل غير متوقع، فتُحت السماء فوق ساحة المسرح على مصراعيها في مشهد أخاذ.

وبكل إشراق، بدا بريق الضوء المتدفق من السماء المفتوحة منير وكأن سناه يشع من نبع أبعد من الشمس. وبالرغم من كل هذا الضياء، إلا أن أكثر المشاهد طلاوة على الإطلاق، هو ذلك الرجل الحكيم الذي كان ظهوره على المنصة يدل على أن له شأن مرموق. مرتديًا ثيابًا طويلة من الكتان الأبيض رُذت بوميض من ذهب، بدت لحيته لامعة ووجه ساطع يشع ضياء.

وفي تألق وبهاء وقف الرجل الحكيم ممسكا بلفيفة من بـردي ذات طول ملحوظ. ومن ورائه، ظهرت خلفية مليئة بالرموز. أختام ذهبية منقوشة باللغة المصرية القديمة وهرم مذهب حاد الطول بشكل ملحوظ. بمجرد أن أنهى الحكيم خطبته البليغة، قدم للباحث جائزة تقديرية. كان المشهد كله بديعًا لدرجة تركت الباحث حتى يومنا هذا مليء بفيض لا ينضب من الابتهاج. (مـلحق ت. ٢ ٣-٢)

واللافت لمزيد من الاهتمام، مجيء مخلوق برمائي غير عادي ليجلس على يمين الباحث. كان المخلوق يشبه فصيلة من أسود البحر التي لم يعد لها في وقتنا وجود. نوعية ما بين أسـد البحر وكلب النهر العملاق. ومع كل ذلك الغموض الذي أحاط بالمخلوق، كان هناك شيء واحد مؤكد بشأنه. فقد بدا المخلوق حريصًا جدًا على لفت نظر الباحث. وكأن الهدف الوحيد لأسد البحر هذا هو جذب انتباه الباحث إليه أكثر من أي شيء آخر حتى لو كان ذلك متابعة الحفل. (مـلحق ع. ١ ٢-١)

فور الانتهاء من الخطب الآسرة وفعاليات الحفل الهائلة، تفرق الحضور وأتى دليل إرشاد يبدو عليه سعة المعرفة والدراية الجيدة بكل الأشياء التى عُرضت في حفل التكريم. اصطحب الدليل الباحث وحده للطواف بالموقع في جولة ترحابية مُتممة للحفل. وصلت الجولة إلى مكان فائق الروعة، عكست فيه جدران المباني تحت أشعة الشمس المبهرة تصميمات أخاذة بدت فيها الطرق وكأنها تشع ضياءً. هناك، على مدخل أحد الطرقات، ظهرت لافتة طريق خضراء كُتب عليها بأحرف إنجليزية "بَرَدَيـس".

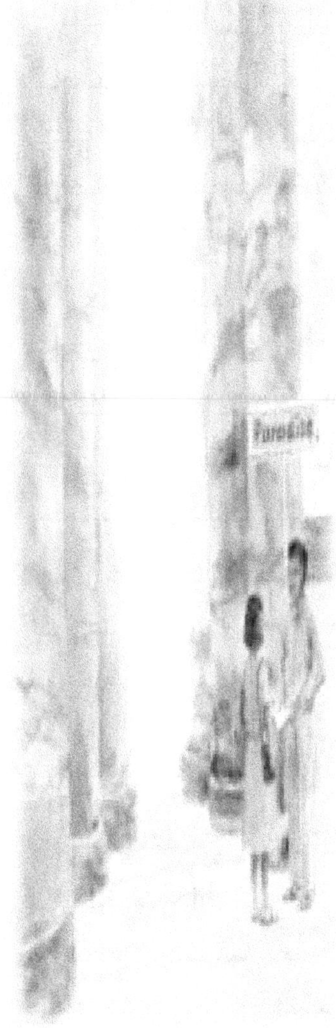

وعند مدخل الـبَرَدَيـس، تأكد للباحث أن الحدث لم يكن أبدًا حلمًا، بل كان واقعًا صريحًا. مشاهد رائعة من تلك التي تظل فحواها حية في الذاكرة رغم مرور الزمن. تجربة تركت الباحث مشغول بالعديد من الأسئلة وإصرار ملزم للوصول إلى ماهية الـ بَرَدَيـس. ولم يكن إلا بعد سلسلة من الأحداث الغير عادية على مدار بضع سنوات حتى أدرك الباحث أن الاحتفال كان بمثابة إشارة البدء في بحث من شأنه كشف الحجاب.

عائد برؤية وعزم، قرر الباحث معرفة حقيقة كل مشهد عُرض في حفل التكريم. وصمم أن يتتبع أثر أسد البحر المتلهف وأن يعرف سبب محاولاته الجاهدة للفت الانتباه.

ومرة أخرى، عند مدخل بَرَدَيـس، التقى الباحث بنفس الدليل الذي اصطحبه في الحفل، ولكن هذه المرة، رافق الدليل حشد كبير من الباحثين من كافة المجالات. ولحسن الحظ، كان البحث من الأشياء المألوفة للباحث. فقد أمضى التسعة عشر سنة الأخيرة في الدراسة والبحث العلمي مما أصقل قدرته على التدقيق اللازم للوصول إلى الحقائق وأيضًا التثبت من صلاحية الأدلة وقوة البراهين المستخدمة في الاستدلال.

ولأنه لم يكن لمساعي الباحث السابقة نفس الجاذبية الآسرة التي أثارها هذا الحدث، لم يعوقه شيء لبدء هذه الرحلة البحثية. حتى وإن كان عمله في المجال الصحي لعلاج الأطفال الذي لا يترك له تقريبًا أي وقت إضافي. ولم يعوقه أيضًا كونه مهاجر انتقل من مصر إلى الولايات المتحدة قبل عشرين سنة، ومتحدث للغة الإنجليزية من غير أهلها، وكاتب هاو ترك هواية الكتابة بعد الانتهاء من المرحلة الثانوية. فبالرغم من كل ذلك، قرر الباحث أن الوقت قد حان لبدء المسيرة وعزم أن يحيك هذه الكلمات معًا للتوثيق والإبلاغ.

على الفور، أطلق دليل الرحلة إعلانه الأول قائلًا: هناك العديد من الأهداف لهذا البحث والتي سيتم شرحها تباعًا طوال الرحلة، كلُ في مكانه المحدد. بشكل عام، وعلى الأقل، توقعوا أن تسترجعوا مجددًا الهدف البهيج لمسيرة الإنسانية. فخلال هذه الرحلة، سيتم التركيز بشكل خاص على المواقيت التي قُدر فيها تحولات مشهودة في التطور الإنساني.

هنا، في هذه الرحلة، استعدوا لأبحاث كاشفة في الأزمنة التي قد تعين فيها شهادة تقدم فكري جلي، لكنها لازالت حتى يومنا هذا موار اة بحُجب سميكة من الغموض. وأضاف الدليل قائلًا: وبالرغم من ذلك، كونوا متأهبين لأن تُسَروا وتُأسروا معا عندما تدركوا مدى الإصلاح الذي أتى به عهد سليمان للإنسانية، ومدى القيمة في مقصدة ومدى الخير في دعوته. (ملحق أ . ١)

وعلى عكس الرحلات الأخرى، أفاد الدليل أن هذه الرحلة تعد دراسة بحثية أكثرمنها ترفيهية. وأوضح أن الأحداث فيها رُتبت على مدار اثنتي عشرة محطة موزعة في خمسة أجزاء مختلفة. في كل محطة، سيتم استقصاء جوانب من صفات سليمان المعروفة، ومساعيه وإنجازاته الجلية، للتحقق من الوقائع وتتبع ما تم إهماله أو التغافل عنه.

وإلى جانب الاستكشافات التاريخية والأثرية، ستكون هناك بحوث في الرياضيات والهندسة والكيمياء والفيزياء واللغويات، وكذلك أيضًا الدين والفلسفة والمنطق.وبابتسامة مطمئنة أعلن دليل الرحلة قائلًا: من فضلكم لا تنزعجوا، فلا توجد حاجة للمعرفة المسبقة بهذه المجالات. سيتم توضيح جميع هذه الأمور بشكل مفصل إلى أن تصبح براهينها جلية دالة ومبرهنة على نفسها.

وحتمًا، وعلى طول الطريق، سيكون هناك مصطلحات تحتاج إلى تعريف، ومعلومات تحتاج إلى مراجع، وأحداث تحتاج إلى تسلسل عبر الخط الزماني، ومواقع تحتاج إلى إرشادات لمعرفة اتجاه المسير، وأكثر. كل ذلك ستجدونه في الفهارس والمُلحقات المُدرجة في نهاية الكتاب وأيضًا المواد التكميلية التي ستقدم خلال الرحلة.

وأشار الدليل أنه قبل البدء في الرحلة، من المهم التنبيه أن هناك بضع محطات يجب التوقف عندها قبل الوصول إلى عهد سليمان. في المحطة الأولى ستقف الجولة عند بعض الأقوال المتداولة عن سليمان ومُلكه. بينما المحطة الثانية سُتخصص للتقديم للكتاب المتمم الذي سيتم استخدامه كدليل ومرجعية للعديد من الاكتشافات خلال هذه الرحلة. أما المحطة الثالثة ستتطلب عبور مسافة ستة أيام لمعاينة بعض معالم التطور المهمة في تاريخ الإنسانية. لا داعي للقلق، فسوف تُفرق هذه الرحلة إلى جزأين وستجتاز المسافة فيها، كما سترون قريبًا، بسرعة الطي في الفاصل الزمني.

وعند الوصول أخيرًا إلى عهد سليمان، يُرجى التهيؤ لبهجة الحضور في حشده المهيب. فإذا أبهرتكم الجودة والدقة والكفاءة في منشأته، لا تنسوا الغوص لعمق مقصده لتحصدوا لآلئ حكمته. استعدوا لحضور أبلغ الخطاب وأحسن البيان الذي لا زال يتردد صداه عبر الأزمان.

وعدًا، لن يكون هناك حاجة لرثاء أو حائط لبكاء. وعند الوصول إلى حقيقة الصرح المُحـيـل، قفوا تقديرًا للجهود المخلصة التي قطعها سليمان على نفسه لإصلاح ثياب الإنسانية، واسترداد السلام، واستعادة العزة والوقار فضائل لكل إنسان. استعدوا للطواف في أرض البَرَدَيـس واستكشاف البردية المنيرة التي حملت كتاب سليمان. دعونا نبدأ !

الجزء الأول

أقـوال ومثـاني

المحطة الأولى

الأقـــوال

ليست للفرقة ولا للتجزئة
دعوة سليمان للكل ـ جامعة

استدعاء وحشود ـ وتحول مشهود
نقش في بردية مطـــولة لأجل ممدود

ليست بقاصرة ـ لا على مقربين ـ ولا على مختارين
ولكن مفتوحة للناس من كل العالمين

دعوة لإقرار السلام
من قبل أن تتوارى الشمس وتذهب الأيام

۞ نادى دليل الرحلة الحشد ناصحًا: احترسوا، ألا يصطدم أحدكم بالصخرة التي تعوق المسيرة في الطريق! ثم استطرد قائلًا: ربما يتساءل البعض عن الحكمة في البدء من هذا المكان المتعرج، بينما الهدف هو استكشاف العصر الزاهي لسليمان والحكمة الساطعة في مقصده المُحيل. حسنًا، لهؤلاء المتسائلين، أنتم على حق في مثل هذا التعجب. في واقع الأمر، كانت فترة حكم سليمان بالفعل بداية حقيقية لفصل من الزمان مشرق على شعوب الأمم أجمعين. ومع ذلك، فقد وصل الكثيرون إلى القرن الحادي والعشرين متأثرين بأقاويل أوصلت من اتبعها أن ينظر مقصد سليمان البهيج في لا شيء سوى الأطلال. كونوا مطمئنين، فالهدف من هذه الرحلة هو عدم البقاء في هذا الموضع فترة أطول.

في هذه المحطة، اعتزموا التوقف مرتين في وقفتين سريعتين. أولًا: عند وقفة الإنكــار، كونوا مستعدين لسماع بعض الأقوال التي بالرغم من تنافرها وعدم اتساقها ألصقت بسليمان ومُلكه وتداولت بين الناس لمئات السنين حتى يومنا هذا.

ورغم أن هذه الأقوال سيتم عرضها بطريقة تُظهر تناقضها لما هو معروف من صفات سليمان ومعلوم من إنجازاته، لا تتوقعوا أن يتم التحقق من صحتها في هذه الوقفة. ولكن البراهين على مدى صحتها أو عدم دقتها سوف تظهر جليًا مُدللة على نفسها خلال الاستقصاءات المختلفة طوال مسار هذه الرحلة.

ثانيًا: عندما تصلوا لوقفة الاسترداد، أعدوا أنفسكم لأخذ فكرة عن بعض الوسائل التي ستستخدم لجمع الأدلة والنظر في البراهين خلال هذا البحث. فطوال هذه الرحلة، وعندما تعجز جميع الطرق الأخرى عن إدراك مقصد سليمان، سوف تُثبت الوسائل المقدمة هنا أنها الأكثر برهانًا لاسترداد المقصد من حُكم سليمان والاستدلال على هدفه المُحيل للإنسان والإنسانية.

وفي نهاية الرحلة، ستظهر الحكمة من جديد وتتبين بكل تأكيد. فإلى أن يأتي هذا الأوان، وأثناء وجودكم في محطة الأقـــوال، قوموا بتدوين الملاحظات الدقيقة عن كل حجر تم قذفه على سليمان ومُلكه. مرة أخرى، من فضلكم كونوا على وعي حتى لا يتعثر أحدكم في الأحجار أو يرتطم بالصخرة التي تعوق المسيرة بالطريق.

إنـــكــــار

بدأ دليل الرحلة في التقرير قائلًا: هناك يقين بين الغالبية من الناس بأن سليمان لم يكن حاكمًا قويًا فحسب، بل كان أيضًا فيلسوفًا حكيمًا وكاتبًا مُلهمًا. وهناك أيضًا اتفاق واسع بين الكثيرين من شعوب الأمم على أن حكمته لم تكن فقط دينية، بل كانت أيضًا علمية ومدنية. ومن المُعترف به عمومًا أن علم سليمان قد تضمن فهمًا متقدمًا للفلسفة والمنطق وأيضًا علوم الرياح والطيور والنباتات والحيوانات وحتى الحشرات. علاوة على ذلك، هناك اعتقاد راسخ بين الناس أن سليمان أقام بنايات كثيرة مثيرة للإعجاب، منها مدن معمارية رائعة الجمال، وصروح شاهقة، ومرافق ومنشآت أخرى مذهلة. أضيفوا إلى ذلك، أنه من المُسلم به بين الكثيرين أن سليمان كان لديه حكومة منظمة وجيوش قوية. وكانت كل مؤسساته سواء كانت قضائية أو تجارية أو دفاعية تمتاز بالتفوق الذي لم يكن له مثيل في عصره. (ملحق أ. ٢-٦)

ومع كل ذلك التفوق الجلي لسليمان، كان هناك عُصبة من المشككين اعتقدت أن حُكمه بلا خير، وهدفه غير مثمر، وحكمته عديمة الجدوى. وعلى عكس تأكدهم أن سليمان كان مؤتمنا على نوع من العهد الإلهي، زعمت تلك العُصبة أنه قد أسلم بأرباب غير حقيقية وأتاح بقلبه مساحة لعبادة آلهة زائفة. وعلى الرغم من إقرارهم بأنه بنى أكثر أماكن العبادة قدسية، إلا أنهم ادعوا أنه قد استسلم للمعتقدات القديمة والمذاهب الخاطئة.

وبغير ذي صلة لولاء سليمان وطاعته وشكره المُسجل بجلاء لا يمكن إنكاره، فقد أقنعت هذه العُصبة كثير من الناس أن قلبه قد امتلئ بحب المادة والملذات. وأنه اتخذ لنفسه المئات من الزوجات، والخليلات، وحتى الخيول. بالإضافة إلى ذلك، فقد رددت عُصبة المشككين أيضًا أن سليمان لم يكن عنده إخلاص في الدين، وأنه تزوج زيجات غير محللة أو صحيحة، فقط لإبرام الصفقات التجارية وتأمين التحالفات والدبلوماسية. (ملحق أ. ٧-٩)

وتجاهلًا لنجاحه في قيادة عصر ذهبي حقيقي وحُكمه لحقبة ذائعة الصيت في العظمة والازدهار، زعمت تلك العُصبة أن سليمان أدار شؤون البلاد باستهتار. وبأنه تصرف بطريقة غير عقلانية وبأسلوب تحكمه الأهواء والنزوات. وبعيدًا عن جهوده في إصلاح العدالة وإحقاق الحق، أصرت العُصبة على ربط عهده بالظلم الاجتماعي

والفساد في التعامل التجاري. واستطاعت العُصبة أن تجعل طوائف عديدة من الناس تعتقد أن سليمان قام بإدخال العمل القسري والضرائب الثقيلة وأيضًا العبودية. كما جادل البعض بأنه شجع جميع أنواع الانقسامات الطبقية، والتمييز العنصري، وعدم المساواة. الأكثر من ذلك، أن العُصبة استطاعت أن توهم أحزاب عديدة من الناس أن سليمان كانت له سيادة على كيانات غامضة، وأنه وظف قوى خفية في تأسيس المشاريع وبناء المنشآت في البلاد. (ملحق أ. ١٠-١١)

وبطريقة مماثلة شُوهت الصورة الفاضلة لـداوود كأب لسليمان. فبُدلت صفاته كقاضٍ عادل مستقيم وحاكم تقي يحكم بالحق بين الناس، بصفات أخرى مغايرة تمامًا. فكثيرًا ما تم التقليل من شأنه واتهامه بأشياء مخزية. فتم الربط بين صورته وصورة شخص ضعيف متخاذل غير حاسم يهرب من ميدان المعارك.

وعلى الرغم من أن داوود كان شديد التقوى لينال فضل أن يعُهد إليه بعهد إلهي، فقد ادُعي أنه ارتكب فعل الزنا والقتل المركب. فيصر الكثيرون أن داوود كان متورطًا في علاقة محرمة مع امرأة متزوجة وتآمر لقتل زوجها في معركة لإخفاء الأمر. ولا يزال العديد من العُصب والأحزاب يدَّعون أن داوود قد أمر سليمان كإبن له بقتل كل خصومه ومعارضيه. (ملحق أ. ١٢-١٣)

نتيجة لذلك، توارت العبرة الحقيقية لحُكم سليمان خلف حُجب الغموض والالتباس. وانفصلت منشآته الظاهرة وإنجازاته البارزة عن قواعدها من الأساس. كما انقطعت بشكل تام خصائص حكمته وفضائله كسبل موصلة لبلوغ هدفه ومقصده. وبينما الأقوال ضد سليمان كانت متهافتة وغير منطقية على الإطلاق، إلا أنها شوهت صورة مُلكة بصورة أخرى زائفة ليس لها أصل أو أساس.

وعلى الرغم من أن معظم هذه الأقوال المتنافرة تعجز عن شرح حقيقة عصر سليمان أو كيفية وصوله لإنجازاته الرائعة. إلا أنها أضلت الكثيرين لاتباع افتراءات متضاربة لم تزدهم إلا إنكارًا لأكثر ما كانوا في أمس الحاجة لإصلاحه. والأسوأ من ذلك، أن كل من اشترى هذه الأقوال وقع في اغتراب عميق فصله حتى عن ذاته وعن معرفة مقصده في الحياة. فُرقة مُشرذمة حتى لأكثر الجموع لحمة وأكثر الكيانات تماسكًا. افتراءات باعدت بين الناس وتركتهم في شتات. حيارى تائهين، أبعد ما يكونون عن الوصول إلى الحكمة من حُكم سليمان أو إدراك الخير الذي حمله للناس والإنسانية في كل الأزمنة.

استرداد

طمأن دليل الرحلة الحشد موضحًا: بالمرور عبر المحطات المختلفة في هذه الرحلة ستتجمع الأدلة الفريدة منقطعة النظير، وتندمج بطريقة مميزة ليس لها مثيل، للاسترداد، مجددًا، المقصد من مُلك سليمان المُحيل. ولبلوغ هذا الهدف سيتم تقصي الحقائق الجلية عن زمان سليمان ومكانه. حيث سيركز هذا البحث على ما هو معروف فقط من أعماله، وما هو وثيق الصلة بالإمكانات والوسائل التي أوتيت له وأتيحت في زمانه. وفي كل أمر سيتم تقصيه، سيُسلط الضوء على المسائل التي هي حاسمة في ربط صفات سليمان وإمكاناته بمساعيه وإنجازاته.

على سبيل المثال، إذا كانت حكمة سليمان فلسفية وكانت كتاباته المُلهمة كتابات منطقية، وكلاهما كانا أمرين جوهريين للوصول إلى هدفه المُحيـل. فإن التحديد الدقيق لزمان ومكان عصر سليمان في موقع كان فيه كلٌّ من الحكمة الفلسفية والكتابات المنطقية وسائل متاحة ومحل تقدير يعد أمرًا بالغ الأهمية. من ناحية أخرى، إذا ما تم اختزال عصر سليمان وربطه بزمان أو مكان لم يكن فيهما ما يتيح استخدام الحكمة الفلسفية والكتابات المنطقية للتراسل والتواصل مع ملوك أوشعوب الأمم في البلدان الخارجية، تذهب عن أهم وسائله أهميتها. وكذلك إذا ما تم تأريخ عهد سليمان في زمان أو مكان لم يُطور فيهما أي نظام كتابي حقيقي، ولم يكن لدى الأشخاص فيه المقدرة على تحويل الحكمة الفلسفية المنطوقة إلى نصوص منطقية مكتوبة، يجعل وسيلة سليمان الجوهرية وكأنها عقيمة بلا فائدة أو قيمة.

خلاف ذلك، يمضي الكثيرون القرون الطويلة في حيرة والتباس. ويخفت نشيد أبلغ الأناشيد في صمت وسكوت. وتتوارى رسالة سليمان حسنة الصدى بلا ترديد أو شهود.

وأضاف الدليل قائلًا: وبنفس الدرجة من الأهمية، إذا كان عنصر الضخامة في الصروح التي أنشأها سليمان مقصود ومن العوامل الضرورية للوصول إلى هدفه المُحـيـل، فإن التحديد الدقيق لموقع هذه الصروح يعد أمرًا بالغ الأهمية. فعلى سبيل المثال، سيكون توافر الإمكانات والوسائل التي تتيح بناء مثل هذه الصروح من أكثر الأمور بديهية لا يجب إغفالها عند تحديد هذا المكان. بينما العامل الأهم في تحديد الموقع الذي أقام عليه سليمان الصروح ليس فقط المقدرة على إقامة وإنشاء البنايات

الضخمة. ولكن أيضًا التمتع بالمكانة والنفوذ اللازمان لتحقيق الهدف الذي من أجله أنشأ سليمان هذه الصروح. مكانة ونفوذ لهما أثر وتأثير في حمل هدف سليمان ودفعه ليبلغ مقصده في الوصول لجميع الأمم. وليس فقط أثناء عصره، ولكن أيضًا لأجيال وعصور بعد زمانه.

خلاف ذلك، سيتوه الناس عن هذه الصروح والمنشآت العظيمة بلا أثر يدل عليها وكأنها لم تكن. ويضل الكثيرون لآلاف السنين ليس فقط عن الزمان، بل أيضًا عن المكان. باحثين عن هيكل بنيان عظيم في لا شيء سوى أرض كانت في عصر سليمان بادية خلاء.

علق دليل الرحلة قائلًا: بهذه الطريقة، وخلال المحطات المختلفة طوال هذا البحث سيتم جمع الحقائق والبراهين عن سليمان حتى يتم استرداد الهدف المشرق من حُكمه الحكيم. وبكل تأكيد، لن تصمد الأقوال المفتراة على سليمان ومُلكه، ولن تستطيع الحفاظ على ثبات السيقان التي ارتكزت عليها وساقتها لقرون طويلة. فسيثبُت أن بعضها يتناقض مع لُب الفرضيات التي يسوقها. وسيتضاءل بعضها الآخر إلى مجرد لغو وبلبلة. وعندما يُكشف عن حقيقة الخير في الحكم الحكيم لسليمان، ستُدرك العُصب والأحزاب المتشككة أنها لم تكن تتبع سوى بئس الأقوال والادعاءات.

وكما تقرر في بداية المحطة، فالهدف من الرحلة هو عدم البقاء فترة أطول عند الصخرة التي تعوق المسيرة. العديد من الأبحاث القادمة ستكون حقًا كاشفة ومُعينة على تخطي الأحجار وكل العثرات.

ولكن قبل البدء، وكما تحدد مبكرًا في الرحلة، تجهزوا في المحطة التالية لكشفٍ كبير. فسوف يتم معاينة كتاب مُتمم سيكون أداة جوهرية لمزامنة الأحداث ومطابقتها بدقة بأوقات وأماكن حدوثها الصحيحة، وأيضًا ربطها بمواضع أهميتها الحقيقية بالنسبة للإنسان ومسيرة الإنسانية.

ألقاكم في المحطة الثانية عند مثاني التزامن. من فضلكم بمجرد الوصول، تذكروا أن تضبطوا عقارب ساعاتكم لتتزامن مع التوقيت الإنساني الموحد.

المحطة الثانية

مثاني التزامــــن

مثاني بلا مثيل، في تماثل بلا نظير
التثاني وسيلة معجزة

تتراسل بتطابق، في بالغ التوافق
عابرة للزمان، مهما انحرفت المسارات

في التثاني يجد، كل ما جنح أو جُرف أو شرد
موقعه المؤكد في موضع محدد الآونة، دقيق الميقات

موجات للاستذكار بتآلف وحسن استقبال
تقُشعر الجلد لتلين القلب للذكرى واستعادة الاتصال

بترابط متبادل
تطور، تُحثُ، وتُحرر كل من صُفد أو قُيد
ولا زال المتنآخرون يرونها، بقايا أطوار عشوائية

⊙ أعلن الدليل بسرور أن البحث في المثاني ودورها في استرداد المعاني ومزامنة الأحداث في أوقاتها الصحيحة هو الهدف الرئيسي من أبحاث هذه المحطة. لذا يُرجى الجمع بتوافق تام في تناسق وانتظام! فالتركيز في هذه الوقفة سيكون على أخذ فكرة عن الكتاب المُتمم الذي سيُستخدم كمرجعية وأداة جوهرية لتوجيه العديد من الاستكشافات القادمة، حيث يعتبر هذا الكتاب ضروريًا في إدراك المثاني التي هي أدوات مُعجزة لها قدرة فائقة على المطابقة الدقيقة للأحداث، عبر الزمان، بالأوقات والظروف والأماكن التي وافقت حدوثها.

وبالرغم من أن البراهين على صحة أو عدم دقة ما عُرض في المحطة السابقة من أقـوال عن سليمان ومُلكه، سيتم استقصاءها كما تقرر في أبحاث أخرى قادمة. إلا أنه من خلال التعرف على الكتاب المُتمم وما يُقدمه من مثاني للتزامن، سيتضح كيف سيتم استعادة السياق الصحيح في الأحداث التاريخية وربطها بمواضع أهميتها بالنسبة للإنسان، بما في ذلك كل ما يتعلق بأمر سليمان. ستجدون بالكتاب المُتمم أيضًا كثير من الأدلة القاطعة والحقائق قوية البرهان والبيان اتحدت بتوافق بالغ الدقة لإثبات أن الكتاب المتمم قد حفظ بردية كتاب سليمان عبر الزمان إلى الآن نقية بلا تحريف أو نقصان. البردية التي ستُظهر بجلاء أن عهد سليمان كان نقطة محورية في تاريخ الإنسان، وفجر التحول المُحيل للتطور للناس والإنسانية.

ونوه دليل الرحلة قائلًا: يُرجى العلم أن الدراسة التفصيلية للكتاب المُتمم خارج نطاق هذا البحث. ولكن في هذه المحطة أنتم مدعوون لأخذ نبذة عن المكونات الأساسية للكتاب المُتمم للتَّثبُّت من مدى صلاحية أدلته، ومدى دقة إحكام البراهين التي يُقدمها.

لذلك، عند وقفة الصلاحية والإحكام، يُرجى التحقق من أن الركائز التي يستند عليها الكتاب المُتمم في الاستدلال دائمة الإشارة إلى وجهة الأمام. بعد ذلك، يُرجى ملاحظة الكيفية التي ستستخدم بها المصطلحات المُحكمة التي يبرزها الكتاب كمثاني لمُزامنة الأحداث واسترداد المعاني. ويُرجى أيضًا التَّثبُّت من مدى دقة وقدرة مصطلحاته المُحكمة على مطابقة الوقائع المختلفة مع ظروف وأزمنة وأماكن وقوعها. وأخيرًا، سيصبح من الواضح سبب اعتبار الكتاب المُتمم كتابًا للتزامن والمثاني. وسبب اتخاذه دليلًا لتوجيه الأبحاث في هذه الرحلة. وسبب اختياره وسيلة لإيجاد أسلك سُبل السير مهما صعبت الأوقات وتعرجت الطرق.

الصلاحية والإحكام

وبدأ الدليل في الشرح قائلًا: أن الكتاب المتمم موجود منذ ما يقرب من خمسة عشر قرنًا. البعض يعتبره كتابًا للحكمة، والبعض الآخر لا يرى فيه سوى مجموعة من أساطير عتيقة القدم. إلا أنه وُجد أن الكتاب المُتمم دائمًا ما يتحدث بنبرة عقلانية ويحث من يقرؤه على استخدام العقل والمنطق كأسلوب للتفكير. كما يسلط الكتاب المُتمم الضوء على أهمية تأييد العلوم ويدعم مفهوم التقدم في المعارف. ويؤكد بشكل خاص على ضرورة استوجاب البراهين. ويحذر بشكل قاطع من ترجيح الظن بغير الاستناد إلى دلائل مبنية على معرفة مؤكدة. (ملحق ق. ١-٣)

وبعد خمسة عشر قرنًا وحتى الآن، لا زال الكتاب المُتمم يحتفظ بنصه الأصلي الذي دُون به أول مرة. كما تعتبر اللغة الأصلية لهذا النص لغة حية يتحدث بها كلغة أم الملايين ممن لهم ثقافات مختلفة وخلفيات متنوعة. ويعتبر هذا الكتاب المُتمم من أكثر الكتب حفاظا على صِيغته الأصلية.

فاستبقت الكلمات فيه بلاغتها ولم تفتقر أبدًا إلى دقة التعبير. كتلك التي تُرجم الكلام فيها عبر الزمان مرات ومرات عديدة. وظلت مفرداته بلا انحراف عن أصل معانيها، فلا انتقصت العبارة فيه لمفاهيمها ولا افتقدت الجُمل فيه إلى مغازيها. كما أنه لم يمض أي وقت يستحق أن يُذكر بين أول من نزل عليه وحي الكتاب فردده وقرأ، وبين أول من دوَّن ما فيه وكتب. فحُفظت رسالته مُسجلة بكلمات احتفظت بكامل الأهمية لمداليلها، بلا تبديل ولا تأويل ولاتحريف.

ومن الجدير بالذكر أن بالكتاب المُتمم تأكيد متكرر على مصداقية النصوص الأصلية للكتب المقدسة السابقة عليه. ففي العديد من المرات يُعيد الكتاب المُتمم سرد نفس النصوص بالكتب المقدسة مرارًا وتكرارًا للإقرار بصحتها واستعادة التذكير بما جاء فيها. وفي بعض الحالات، يقدم الكتاب المُتمم تفاسير بديلة لبعض القَصص القديم بالكتب المقدسة. وذلك لتوضيح الأمور المشكوك فيها، وإعادة شرح المتباين وما اختلف فيه. (ملحق ق. ٤)

حتى وعندما يبدو السرد في الكتاب المُتمم مجزأ بَعض الشيء. ففي واقع الأمر أنه قد تم وضعه في أطر مختلفة بمداليل جديدة في مستوى آخر من العمق. وغالبًا ما يكون إظهار السياق في الكتاب المُتمم أهم من إبراز التسلسل التاريخي.

فعلى سبيل المثال، ستجدون قصَص لأشياء معروفة ذكرتها الكتب المقدسة بالتفصيل أعيد سردها في الكتاب المُتمم عدة مرات في مواضع متعددة وبطرق مختلفة. فمرة يتم سردها في سياق يبرز أهمية الأمر الذي تتناوله. ومرة تُسرد في سياق يسلط الضوء على الأبعاد والجوانب الفاعلة في نفس الأمر. ومرة أخرى يوضع السرد في سياق يتناول الأمر من منظور يبرز أسبابه. ومرة يُسرد الأمر في سياق يُركز على طرق إصلاح ما في الأمر من اعوجاج. وفي قراءة النص في ضوء هذه السياقات المختلفة، هو في حد ذاته، تأكيد لا شك فيه على الموضع والمعنى المستهدف من كل سياق، وبشكل يبرهن على نفسه. (ملحق ق. ٤-٥)

وعلى الرغم أن العديد من المفسرين القدماء قد أنتجوا قدرًا كبيرًا من التفاسير والشروح لمحتوى هذا الكتاب المتمم. إلا أنهم لم يكشفوا النقاب إلا عن بعض القشور في معانيه. ومن ثم، ظلت معظم لآلئله كامنة في سياقها الأصلي. منتظرة أن تسطع وتضيء في الأوان المحدد لها.

ومن الأساسيات في الكتاب المتمم أنه يستخدم نوعين من الصياغات لإيصال رسائله. الصياغة الأولى مباشرة وصريحة فورية الفهم بلا أي غموض. وتستخدم هذه الصياغة في الدلالة على المفاهيم المتعلقة بالفضائل والأخلاق والآداب والإيمان، وأيضًا في تحديد المباحات والمحرمات.

والنوع الثاني من صياغات الكتاب المتمم يُقدم في شكل تشبيه يرتكز على إبراز أوجه التطابق في مثاني أزواج الأمور التي تم القرن بينها. ويُستخدم بعض هذه الصياغات في الدلالة على مفاهيم لا تُستوعب إلا في بُعد إدراكي متسع قد يستوجب أحيانًا تطور فكري ربما يأخذ قرون عديدة. ولإدراك الدلالة في هذه الصياغات يجب الانتباه إلى المعاني المشتركة والخصائص المتبادلة التي يحاكيها السياق ومثانيها التي تكاد تنطق في الأمور والأحداث عبر الأزمنة والثقافات. ولأن فهم هذه الصياغات يقترن بمستوى الوعي ومرحلة التطور الإنساني في ذلك التوقيت. مع مرور الزمن واتساع المعارف والإدراك، تتبين الرسالة والمعاني التي حملتها هذه

الصياغات ومرت بها عبر مختلف ظروف الزمان والمكان لتظهر في الأوان المناسب في تطابق وتثاني جلي للعيان. (ملحق ق. ٦)

وبالكتاب المتمم تعريف لأهدافه، والتي منها أنه تذكير للناس والإنسانية. كما أن به ردوود وافية على الادعاءات والفروض المادية، وأيضًا إجابات لكثير من الأسئلة الوجودية. على سبيل المثال: يبيّن الكتاب المُتمم أنه حتى وإن بدت المادة في حالة تبدل وتحول، فهي محدودة بشدة بالحدود الزمنية. لذلك فهي لا تكون لانهائية وليست عتيقة القدم. وبالتالي لم يكن لها قبل الزمان وجود أو كيان. وينبئ الكتاب المُتمم أنه وعلى نحو أشبه بسلوك الرماد إذا ما تم ذره أو نسفه بمجرّى جارفٍ مندفعٍ. فإن المادة أيضًا، ستتبدد في نهاية المطاف في اضمحلال وفناء. ولذلك فهي في حد ذاتها ليست غاية أو هدف. ولكن، وكما تقرر في الكتاب المُتمم، فإن الوزن الذي يكتسبه الإنسان أثناء ذلك التحول المادي، خف أو ثقل، يبقى العامل الظاهر في تقرير مصيره بعد انقضاء المادة في الأيام. (ملحق ق. ٧)

وأفاد الدليل قائلًا: أن في الكتاب المُتمم تذكير لطيف بالإنسانية يُخبر أنها مُدت بسعة زمنية لها توقيت محدد لاستنبات ومؤازرة الفضائل المُحيلـة وحرث المعارف التي تسوق التقدم. والأمر الأكثر أهمية، أن في هذا المدَ الزمني وذلك التذكير فتح لباب عظيم لكل من لم يدرك الصورة الحقيقة في بادئ الأمر. ربما يود هؤلاء لاحقًا حين يتسع الإدراك وتتقدم المعارف بتعاقب الزمن أن يراجعوا ما غفلت عنه التصورات الأولية بالقدم. (ملحق ق. ٧)

وهنا يجدر التذكير أنه ومنذ خمسة عشر قرنًا من الزمان حين تم تدوين الكتاب المتمم، لم يكن للعلوم بأي حال من الأحوال نُظم أكاديمية ضابطة. ومع ذلك وُجد أن الكتاب المُتمم قد أشار إلى معارف وعلوم كثيرة قرون طويلة قبل معرفتها أو اكتشافها. فقبل أن يطور المؤرخون أنظمة لدراسة الأحداث التاريخية، وقبل أن ينظم اللغويين تقنيات لتحليل اللغات، وقبل أن يصمم الآثاريون أساليب للكشف عن موادهم الأثرية، دلّل الكتاب المُتمم على العديد من الأمور العلمية والتاريخية وساق لها البراهين بأدلة نصية قاطعة. فسُجلت هذه الأدلة النصية بمصطلحات شديدة الإحكام لا يمكن إنكار دلالتها على هذه المعارف. علوم كثيرة ومعارف لم تكن معروفة على الإطلاق وقت تدوين الكتاب، تمت الإشارة إليها في الكتاب المُتمم بمصطلحات مُحكمة شديدة التخصص محددة الدلالة. وبالكشف عن هذه المعارف في العصر الحديث ورفع ما يعوق إظهار تطابقها مع الأدلة النصية التي صيغت في الكتاب كمثاني منذ زمن بعيد، لا يتم إثبات صحة الكتاب المتمم فحسب، بل تتأكد صلاحية برهانه كدليل لتطور الإنسانية، وتوجيه تقدمها للأمام.

مصطلحات مُحكمة ومثاني التزامن

بطريقة منهجية في الكتاب المتمم بأكمله، سُلط الضوء على الكثير من المصطلحات المُحكمة للربط بين أحداثٍ وأفراد تاريخية وبين الأوقات والأماكن الخاصة بها. وستُظهر الأمثلة العديدة خلال الأبحاث المختلفة في هذه الرحلة أن هذه المصطلحات المُحكمة قد تم انتقاؤها ببالغ الإحكام للتعريف الدقيق والتحديد للأمور والأشياء. فستجدون بعض المصطلحات المُحكمة تصف خصائص مميزة لأنظمة سياسية محددة، وتُعرف بكلمات منتقاة الأعراف والتقاليد الفريدة التي اختصت بها مجتمعات بعينها في أوقات محددة. كما ستجدون الكثير من هذه المصطلحات تصف بدقة أنظمة ثقافية وقضائية وحتى نقدية وأيضًا مسائل علمية دقيقة في أماكن وأزمنة مختلفة.

وخلال هذا البحث، سيظهر بكل جلاء أهمية هذه الميزة للمصطلحات المُحكمة. خاصة عند اقتفاء المواضع الصحيحة للأحداث عبر الزمان والمكان بما في ذلك حقيقة عصر ومُلك سليمان.

وبعيدًا عن الأهمية التاريخية للأحداث، حيث أن التاريخ لم يكن أبدًا هدفًا في حد ذاته. فبتتبع المصطلحات المُحكمة الواردة في الكتاب المُتمم ستسهل رؤية الصورة الكاملة للظروف التي زامنت وقوع الأحداث الهامة في مسيرة الإنسانية. وبذلك تبلغ العبرة من هذه الأحداث مقصدها وتسترد أصل موضعها والسياق. وتستعيد الرسالة المحمولة بها كامل معانيها وتسترد ما لتُقص منها من دلالة وأهمية وأثر.

ومهما كان حجم التداخل والتشابك في خلفيات الأحداث في مرورها بطيات الزمان، فستجدون أن الكتاب المُتمم يُسجل أوثق الوسائل لاسترداد أصح التفاصيل والتواريخ لكل الأحداث. وبينما يحفظ الكتاب المُتمم الوقائع الماضية على حالتها الأصلية بشكل دقيق، فإنه أيضًا وفي نفس الوقت، يتيح استدراك رسالتها مجددًا بمنظور جديد، في ضوء شمس اليوم الجديد.

علاوة على ذلك، أنه يمكن استخدام المصطلحات المُحكمة للكتاب المتمم لأكثر من ربط الأحداث والأفراد بالأوقات والأماكن الخاصة بها. حيث أن لها صلاحية موثقة للإخبار عن طبيعة المجتمعات. فهي تصف بشكل صريح العديد من النظم العقائدية وتكشف عن العقلية التي شكلت الفهم وحددت الخلفية التي تحكمت في

السلوك والتصرفات وأنتجت المفاهيم التي شكلت الأحداث. وبالتالي تجعل من السهل التعرف على مرحلة الوعي في مجتمع ما في حقبة تاريخية بعينها. وبذلك تُثبت أنها صالحة في الحفاظ على المعالم الهامة في ذاكرة الإنسان وتطور الإنسانية. وكما سترون سيكون لهذه المصطلحات المُحكمة أهمية بالغة في استرداد هدف سليمان وإدراك مقصده المُحيــل للناس والإنسانية.

وأخيرًا، وجب التنوية أن الكتاب المُتمم يشير إلى نفسه بالعديد من الأسماء منها على سبيل المثال: الرسالة، والذكر، والحكمة، والصحف المطهرة، والبينة، والفرقان، والبرهان، والقرآن، وأيضًا المثاني. ولأن مفهوم المثاني موضع اهتمام هذا البحث لوسيلتها المُعجزة وقدرتها الخاصة على استرجاع الأمور التي انحرفت وابتعدت عن سياقها الأصلي. فلذلك، وللغرض من هذا البحث، سيستخدم وصف (كتاب المثاني) طوال هذه الرحلة للإشارة إلى الكتاب المُتمم وما استمد منه من نصوص مرجعية ومصطلحات مُحكمة. (ملحق ق. ٨)

في الختام، فالتعرف على المثاني وبالرغم من أنه قد يبدو أمرًا سهلًا وبسيطًا كتحديد الخط الفاصل الذي عنده دُثنى وتطوى الأشياء لأوجه مُتطابقة. إلا أنه يتطلب أدلة وقرائن تستند إلى علم ومعرفة لتحقيق هذا التطابق. فيستطيع الباحث في الأمور العابرة لطيات الأزمان والحقب المختلفة من إدراك الرسائل التي تتم بها مـُطابقة ومزامنة الأحداث استدلالًا بما حفظ من ذكرها بالكتاب المُتمم كمثانىَ.

لذلك، في الجزء التالي من البحث، استعدوا لعبور مسافة بالزمان مدتها ستة أيام للإلمام ببعض معالم التطور الهامة في تاريخ ومسيرة الإنسانية. ستعين هذه الرحلة الباحثين لأن يكونوا من العالمين بقصة الإنسان الحقيقية، حيث سيتم التحقق من صحة الأحداث وتطابق تفاصيلها باستخدام المصطلحات المُحكمة. وبقطع هذه المسافة ستضح الرؤية لمن أراد أن يدرك كيف تهيأت الأرض لاستضافة حشد سليمان الجامع، وكيف حُرِثت لحمل الخير في سببه، وكيف دارت كقطب دوار يسوق مقصده المُشرق ليسطع وينير المسيرة للإنسان.

ويُرجى العلم أنه للبقاء على المسار الصحيح طوال مسافة الستة أيام، إلى جانب المصطلحات المُحكمة لكتاب المثاني، ستكون هناك حاجة إلى عصا مقياس وجدول للزمان. ألقاكم جميعًا في الجزء الثاني من البحث في عبور الزمان!

الجزء الثاني

عبـــور الزمـــان

المحطة الثالثة

عبور الزمان

مسافة الستة أيام

هل أتي على الإنسان، حين من الزمان
استدعى فيه الذاكرة، فلم يكن ما يُتذكر

وَحَدات، ضئيلة، ضئيلة، مقطوعة الحيلة
في هيئة أُحيــلت

كائن وكيان، في أحسن بنيان

بسلامة الابتلاء، وابتلاء سليم البلاء
جُعل للكائن سمع وأوتي بصر

وبإحسان وعطاء، أُهدي سبيل للاستنارة

إما أن يُدركه في شكر وامتنان
وإما أن يحتجبه في غيابة وعي وغفلة الجهالة

فهلا صار في المسيرة سليمان !
حاضر في سلام، عابر بإسلام
لا غائب ولا تائه ولا حيــران

۞ نصح دليل الرحلة قائلًا: قبل البدء في هذا الاستكشاف، يُرجى أن يتخذ كل منكم جدول زمان وعصا مقياس. فهذه المحطة مليئة بالأحداث، وسيُستخدم جدول الزمان وعصا المقياس للوصول إلى الأماكن المحددة في الأوقات الصحيحة، بلا تخلف عن المسيرة ولا تأخر في اللحاق. لا داعي للقلق، فعلى الرغم من الحاجة لجدول زمان وعصا مقياس فلن يكون هناك أي عمليات حسابية معقدة. فحساب الزمن وقياس المسافات، كما سترون، لن يزيد عن حده الأدنى.

وكما أشير إليه في المحطة السابقة، فإن محور التركيز في هذا البحث سيدور حول محاولة الإلمام بالمعالم الرئيسية في تاريخ تطور الإنسانية لاستجماع القصة الحقيقية. وبما أن هذه المعالم كثيرة جدًا وتقريبًا بلا حصر، فسيقتصر فيها البحث على إلقاء نظرة سريعة على الأحداث الكبيرة فقط وأهم التطورات التي أثرت في مسيرة الإنسان. فمن فضلكم انتبهوا، فالأوقات المخصصة للوقفات في هذه المحطة لن تكون متساوية.

لذلك، وقبل البدء في الجولة، هناك بعض النقاط الجديرة بالذكر لأهميتها في البقاء على الطريق من غير أن يضل أحد الاتجاه، أو ينحرف عن المسار الصحيح. أولًا، سيتم تعريف العناوين الهامة مثل عبور الزمان، وتوقيت الإنسان، للتأكيد على موعد الانطلاق وطول الوقت المحدد في كل وقفة. بعد ذلك، سيكون هناك عرض توضيحي وتدريبات عملية على كيفية استخدام جدول الزمان وعصا المقياس، لعبور الزمان في مسافة الستة أيام.

وبعد قَطع مسافة اليومين الأول والثاني، من فضلكم تجمعوا عند بداية اليوم الثالث. ستكون هناك مناقشة موجزة لبعض المعالم الجديدة اللازمة لاجتياز هذا اليوم. خصوصًا، وأن السير في قِطع طويلة منه سيكون بالليل. وفي هذه الوقفة أيضًا، استعدوا لاختبار بعض المصطلحات المُحكمة من كتاب المثاني التي أشير إليها في المحطة السابقة. وانتبهوا عند التمرن على استخدامها لمعرفة كيفية عملها في التحقق من صحة التفاصيل الحقيقية للأحداث قبل البدء في استكشافات اليوم الثالث. وفي نهاية هذه المحطة، يُرجى التجمع مرة أخرى عند نقطة العبور إلى المحطة التالية. وهناك لا تغادروا قبل الحصول على الوصايا اللازمة والتعليمات لكيفية واتجاهات العبور. أراكم حول المكان!

عبـور الزمـان ومسافة الستة أيـام

أشار الدليل أنه، على الرغم أن البشر كانوا موجودين على الأرض منذ أكثر من خمسين ألف سنة على أقل تقدير، إلا أن تتبع مسار تطور الإنسانية في هذا البحث لن يبدأ إلا عند بداية إدراك الإنسان لأهمية عبور الزمان. والزمن، الذي أدرك الإنسان فيه الزمن، لأول مرة، هو المثال على ذلك، وموضع الاهتمام.

ولتحديد هذا التوقيت بشكل صحيح، سيتم تتبع الإنسان رجوعًا بالزمان إلى حيث النقطة التي حاول فيها استحضار الذاكرة الماضية، فلم يحضر أي شيء يُتذكر إلى الأذهان. هذا الإدراك لغياب الوعي والحضور، على الرغم أنه مقفر ومجرد من الحياة، في حد ذاته، كان بداية بزوغ الرشد الفكري ومطلع عبور الزمان. فقد كانت هذه النقطة نقطة التطور التي تخلص فيها الإنسان من بدائة حياة النسيان وما قبل التاريخ، وبدء رحلة عبوره في الزمن. (ملحق ق. ٩-١٠)

وكما تم إيضاحه مُسبقًا، رغم أن البشر كانوا يتمتعون بالحياة على الأرض لعشرات الآلاف من السنين قبل بداية وعيهم بالزمان والبدء في عبوره، إلا أن الاستكشاف في هذه المحطة سيبدأ فقط من التوقيت الذي بدأ فيه الإنسان في التطور الفكري. وهو العصر الذي صاحب إدراك الإنسان لمفهوم الزمن، واستطاع فيه تطوير المقدرة اللازمة ليس فقط على استيعاب معنى الوقت، ولكن أيضًا على رصده وحسابه وتسجيله. ولذا أعلن الدليل قائلًا: أبشروا لأول الأخبار السارة في الرحلة. فطول مدة البحث أصبحت مختصرة بشكل كبير، ولن يكون المرور في رحلة عبورالزمان، على الإطلاق طويل!

واستطرد الدليل قائلًا: فبنفس طريقة خلاص الإنسان من بدائة حياة النسيان، كان استيعابه لمفهوم الزمان، في حد ذاته، اللحظة التي حضر فيها وشهد ظهوره بالزمن. وهناك أدرك الإنسان عرضية الزمان ووقتيته العابرة. ولكن في حضور هذه الحالة من الوعية، وعلى نحو مشابه للخروج من حياة ما قبل التاريخ البدائية، عرف الإنسان بالفطرة النقية، أن عليه الاستمرار في السير للأمام، حتى اجتياز عرضية الزمان وتخطي عوارضه الوقتية. ولبلوغ هذا المقصد، كان على الإنسان التطور في تقدم يصل به في نهاية المطاف إلى حالة إدراكية جديدة. حالة متسعة الحضور والمثول، في طور آخر بلا حواجز أو حدود، أو حتى عوارض زمانية.

فكان هذا التصور الحاضر أمام أعين الإنسان، وعلى الرغم من أنه بدا أمرًا عظيمًا قد تشفق من حمله الجبال. إلا أنه بالنسبة للإنسان كان بمثابة عرض سخي، وفي حد ذاته، غاية ذهبية. ذلك لأن الإنسان في ذلك التوقيت من الزمان كان في حاجة شديدة إلى التعلم والاستنارة. فقط، كان عليه أن يعرف كيف يُميز الحقائق التي تسوق التطور والتقدم في اتجاه الأمام بالمسيرة.

وأضاف الدليل: ومنذ اللحظة الأولى لظهور الإنسان بالزمان، مُد وزُود بوقت كافٍ. مُدة من الزمن تكفي وتناسب بلوغه الطور المنشود. ومنذ ذلك الظهور بالزمان وإلى الآن، كان الهدف أن يتطور الإنسان من خلال التخالف في تعاقب فترات الزمان. ذرية يخلف بعضها البعض، إلى أن يتم اجتياز عرَض الزمن.

ومنذ البداية، كان طريق الإنسان في عبور الزمان حافل وزاخر بالعلامات والآيات الواضحة الدلالة. إشارات جلية ودلالات بينة لا تعد ولا تحصى، احتشدت واصطفت في تناسق وانتظام. ليس فقط لتزين الطريق، ولكن أيضًا لتسطع كنماذج مضيئة ومنارات. فتضرب الأمثال، وتبعث الرسائل، لإرشاد الإنسان في تقدمه للأمام، عابر للزمان. وكان الإنسان ومنذ البداية، مُعدًا ومجهزًا بامتيازات فطرية واستعدادات طبيعية متأصلة في جوهر تكوينه. هبات عديدة من قدرات عقلية وفكرية، ومَلكات حقًا عبقرية، يفطن بها الإنسان ويسمع ويبصر. ويتعلم ألا ينسى فيذكر، حتى يُدرك الاستنارة.

فوعي الإنسان أن في كل شيء حوله أمثال نموذجية تكاد أن تنطق لتُسمعه وتُبصره العبرة التي تحملها والحقيقة التي تحاكيها. فتعلم الإنسان أنه ولكي يبلغ مقصده يجب أن تكون مسيرته كمثل هذه الأمثال بهيئة منتظمة تحفظ كيانه في أحسن البنيان. فعلم الإنسان أن عليه ألا يمضي في المسيرة بنظرات مليئة بالتغافل، لأن النظرات الغافلة لا تقوم إلا على التجاهل، ولا تؤدي إلا إلى تخمينات تفتقر الأدلة تبتعد عن الواقع. وعَلِم الإنسان أن عليه ألا يتعجل بمعرفة غير مكتملة وأن عليه سمات الأسماء في كل ما حوله. والتأكد أن ما يتعلمه من أسماء هي لأشياء لا تتطابق ولا تتزاوج إلا مع ما هو موافق لهدف الحياة ودال على اتجاه إلا إلى... قال الدليل: ولتعلُم هذه الأسماء كلها، وكيفية تمييز الحقائق التي لا تهدي مسافة للأمام بالمسيرة، أدرك الإنسان أن مسيرته لعبور الزمان على بُعد

توقيت الإنسان

وللتطور في التقدم المقصود وبلوغ الطور اللا محدود في المدة المُقدرة بمسافة الستة أيام. كان لا بد من وجود وسيلة لضبط التوقيت الإنساني المحدود بعرضية الزمن مع ذلك المستهدف الذي هو دائم الاستمرار بلا حدود وقتية أو عوارض زمنية. ونظرًا لكون إدراك الإنسان للوقت، في ذلك الوقت، لم يكن بعد موحَد أو ثابت وكان دائم التغير من مجتمع لآخر ومن عصر لعصر. كانت هناك حاجة لمُعادلة زمنية لضمان وحدة المعيار بين بني الإنسان واستبعاد أخطاء القياس.

من فضلكم لا تقلقوا، فهذه المعادلة الزمنية لا علاقة لها بالنسبية! وإنما هي حسبة بسيطة للغاية، ولكنها تحتاج لكي تُفهم جيدًا أن تُحفظ عن ظهر قلب. ذلك أنه: كل يوم مُقدر في عبور الزمان (ى ع ز) يُعد كألف سنة في حساب التوقيت للإنسان (ت ن). وبالتالي، فمجموع الأيام الستة في مسافة عبور الزمان، تُعد كستة آلاف سنة في توقيت الإنسان.

والآن، من الواضح أنه بالرغم أن حسبة الزمن قد تبدو بسيطة كما في المعادلة {بما أن: ١ (ي ع ز) = ١٠٠٠ (ت ن)؛ إذاً ٦ (ي ع ز) = ٦٠٠٠ (ت ن)}، إلا أنها تطلبت أن يكون عند الإنسان، على الأقل، قدر أساسي من المعرفة بمفهوم الآلاف وإدراك للقيم العددية اللازمة لحساب الزمان. حقًا، كان لدى الإنسان، في ذلك التوقيت، الكثير للتعلم. ليس فقط لقياس الزمن وتسجيله، ولكن أيضًا لتصور الأطوار وتعلم كيفية التخالف في تعاقب أيام المسار. (ملحق أ. ١٤؛ ق. ١١-١٢)

جدول الزمان

وللاستخدام الدقيق لجدول الزمان المقدم إليكم، كونوا مُعدين لطي الزمن. ففي خلال تخالف بني الإنسان في تعاقب فترات الزمان، أتوا عبر نقطة بالمنتصف. وعلى الرغم من أنهم كان في وسعهم العد بكل سهولة لأكثر من رقم الستة الآلاف. إلا أ قرروا أن يقسموا رحلة العبور في الزمان إلي جزأين ويعيدوا البدء في عد مرة أخرى من البداية في منتصف الطريق. ونتيجة لذلك، توارى بعض الث وم الستة أيام. فمع الإبقاء على حقبة التقسيم هذه في المنتصف بالضبط، فإن سابقة أيام الآن، أصبحت منقسمة إلى نصفين. واليوم، تُسمى الثلاث آلا

لحقبة المنتصف الحقبة قبل العامة أو (ح ق ع) بينما تسمى الثلاث آلاف سنة اللاحقة لحقبة المنتصف بالحقبة العامة أو (ح ع).

ولاستعادة مفهوم الستة أيام من جديد، وضمان البقاء على المسار والحفاظ على المواعيد. وأيضًا للتحديد الدقيق لأوقات الأحداث السابقة، يُرجى التدرب على استخدام جدول الزمان بالتمرن في الأمثلة التالية. على سبيل المثال، إذا تقرر أنه سيتم البحث في بداية اليوم الثاني من مسافة الستة أيام، فهذا يعني أن البحث سيكون في حوالي سنة ٢٠٠٠.. في الحقبة قبل العامة (ح ق ع). مثال آخر، للقول بأن حدثًا ما قد وقع في منتصف اليوم الثالث من مسافة الستة أيام، فهذا يعني أنه حدث في وقت يقارب سنة ٥٠٠ (ح ق ع). ومثال ثالث، عندما يُشار إلى أن الحشد سيكون في بداية اليوم السادس من مسافة الستة أيام، فهذا يعني أن التجمع آخذ لمكانه في فترة قريبه من سنة ٢٠٠٠ من الحقبة العامة (ح ع). ولهذا، أبشروا مرة أخرى لثاني الأخبار السارة في الرحلة. فعلى الرغم من أن الرحلة بدأت للتو في الانطلاق في قطع مسافة الستة الأيام، إلا أنه يمكن للجميع أن يطمئنوا أنها قد وصلت بالفعل إلى نهاية المطاف، اليوم السادس والأخير!

عصا مقياس

على الجانب المشرق، وعلى عكس حساب الزمان، فاستخدام عصا المقياس لتقدير المسافات لن يتطلب الحفظ عن ظهر قلب لأي معادلة حسابية. بل لن يكون هناك أي حاجة للدخول في عناء معرفة الجهات الجغرافية الأربعة لتحديد الاتجاهات، لا

الشمال، ولا الجنوب، ولا الشرق، ولا الغرب. ذلك لأنه في التوقيت الذي بدأت فيه مسيرة الإنسان في عبور الزمان التي هي نقطة بداية البحث في هذه الجولة، لم تكن المعرفة بالجهات الأصلية الأربعة معلومات شائعة أو متاحة بسهولة للغالبية من الناس.

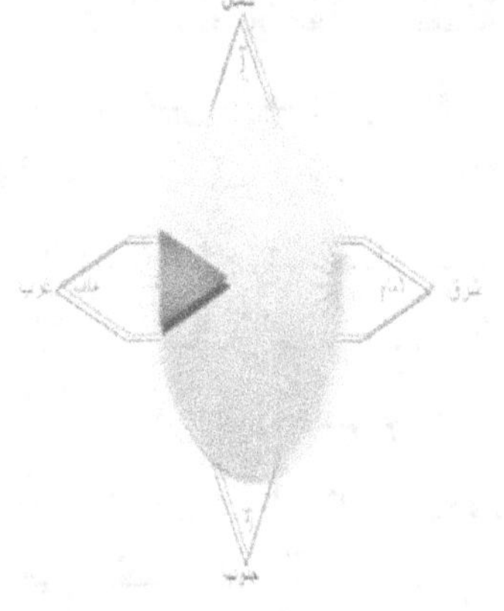

فكل ما كان مطلوب من الإنسان في ذلك الزمان القديم لكي يعرف الاتجاه ويحدد الطريق، هو أن يبحث عن ناحية طلوع الشمس وأن يستطيع تمييز جانبه اليسار من اليمين. فالتوجه ناحية الشمس في ذلك التوقيت، كان يعد المعيار وعصا المقياس المتاح بسهولة لجميع الناس. فالشمس، كما هي دائمًا، علامة ظاهرة لا تُخطئها عين أو تفوت على أحد. والتوجه ناحية شمس الصباح كان دائمًا يجعل اتجاه الشرق إلى الأمام ويبقي الغرب في الخلف، وفي كل الأوقات يجعل الجنوب على اليمين ويبقي الشَمال على اليسار.

بقي شيء واحد مهم لمعرفة الاتجاه. فقد كان على الإنسان دائمًا وفي كل الأوقات، أن يجعل البحر الأكبر بأوسط الأرض نُصب عينيه. وعلى عكس ما اعتقدت الأغلبية، أن البحر الذي وجب وضعه محل الأعين والأنظار، لم يكن أبدًا البحر الأحمر! مُكررًا قال الدليل مرة أخرى: البحر الذي يجب ملاحظته والانتباه إليه هو البحر المتوسط وليس البحر الأحمر. فكما يشير اسمه، فإن تسميته تعني حرفيًا وفي جميع اللغات، البحر الكبير في أوسط الأرض. وللتسهيل سيشار إلى هذا البحر طوال هذا البحث باسم (البحر الأوسط). (ملحق ع ٣.٠)

والآن، يُرجى المشاركة في التمرين التالي حتى لا يضل أحد عن المسار. فطوال مسيرة الرحلة، لمعرفة أي اتجاه، يجب التوجه ناحية شمس الصباح مع وضع البحر الأوسط محل الأعين. بهذه الطريقة، فإن التحرك للأمام يعني ببساطة التوجه شرقًا. والتوجه غربًا يشبه التحرك للخلف. وكذلك، فإذا قيل بأن العبور سيتم إلى الجانب الأيمن من البحر، فهذا يعني أن التحرك سيكون من شمال البحر الأوسط إلى الجنوب. وبالعكس، فالذهاب إلى الجانب الأيسر من البحر، يعني التوجه إلى الأراضي شمال البحر الأوسط. الآن، بعد أن أتقنتم جميعًا استخدام جدول الزمان وعصا المقياس، يمكن البدء في الجولة. فلنتقابل في اليوم الأول!

اليوم الأول – اليوبيل

كان اليوم الأول من مسافة الستة أيام بمثابة يوبيل ذهبي. تُوجت فيه خمسين ألف سنة من تطور الإنسان وبلوغه بداية النضج الفكري، بألف سنة أخرى بهيجة. فيها أدرك الناس أنهم كُرموا بامتيازات من مَلكات عبقرية، ووفرة، وإمكانات. وبالفطرة النقية، عَلِموا أنهم وُهبوا فضائل تُثبت أنهم حقًّا مُفضلين. وأمام العرض السخي الذي تصوروا فيه التقدم إلى طور مُحيل، ابتهجوا احتفالًا في فرحة وسرور. ومنذ ذلك التوقيت وحتى الآن، أصبحوا معروفين بأبناء آدم.

وكان اليوم الأول لأبناء آدم، هو أول ألف سنة من مسافة الستة أيام. أي الفترة الواقعة بين سنة (٣٠٠٠–٢٠٠٠) (ح ق ع) . وفي الجزء الأكبر منه، وقَّر أبناء آدم وقدروا قيمة ما عُرض أمامهم، وفضلوا الاستنارة. واعتبروا ما مُنح لهم من وفرةٍ وسعة هبات ونعم. ومنذ وقت مبكر في اليوم الأول كرَّسوا أنفسهم لفهم وتَعلمُ السمات والأسماء في كل الأشياء. مليئون بالامتنان، استطاعوا تمييز الحقائق وتجنبوا كل ما ليس بحقيقي وما لا يمُت إلى واقع. فأناروا وجهة الأمام في المسيرة، وتقدموا على المسار باستقامة. وبدون إهدار أو فوضى أو تقصير أصبح عصرهم ساطع ومُنير وأمضوا معظم يومهم الأول في حالة من الاحتفال الدائم.

على سبيل المثال، بالجانب الأيمن من البحر الأوسط، أدرك أبناء آدم أن الاختلاف والتنوع في الأشياء حولهم مُتعمد ومقصود. فعرفوا أن لكل شيء وزن ومعيار تم تقديره بدقة للإخبار عن معنى محدد. فدرسوا بتدبر أرضهم والبحار والهواء المحيط وفقهوا الخواص الأصيلة والصفات التي لا تُثانى أو تُزاوج إلا بحقائق. فقارنوا وصنفوا أشياء وأمورًا كثيرة، وسجلوا اكتشافاتهم الزكية في كتب كثيرة وزبُر منيرة. وتشهد السجلات المُفصلة التي تركوها ونجا منها الكثير حتى الوقت الحاضر، على فضيلة تأملهم الواعي.

ومما لا شك فيه، أن أبناء آدم الذين سكنوا الجانب الأيمن من البحر الأوسط قطعوا شوطًا كبيرًا في خطوات يومهم الأول عبر المسار. فقد أقاموا الهياكل الضخمة وأرسوا أُسس مجتمعات منظمة ناجحة. فزينوا الأرض بأولى عجائبها وورثوا للعالم مناطق جذب رائعة وبيوت عتيقة للتطوف والاعتبار. ولا تزال بعض منشآتهم قائمة، كمجمع الأهرام الكبير الذي لا ينبغي تفويته. (ملحق ت.٥.)

اليوم الثاني - مثاني الأزواج

وعلى الجانب الآخر، في أواخر اليوم الأول قبل البدء في اليوم الثاني فيما يقرب من سنة (١٩٥٠) وقبل سنة (٢٠٠٠) (ح ق ع)، أمسى العديد من أبناء آدم الذين مكثوا بالجانب الأيسر من البحر الأوسط غير قانعين. فبينما احتموا في قلب الجبال العالية، محاطين بحدائق مزدهرة وبيئة غناء، ازدرت أعينهم تقريبًا كل الأشياء. فحقروا كل ما بدا غير مألوف لأعينهم، واستخفوا بالتنوع، وأعرضوا عن تعلم حقيقة اختلاف الأسماء في الأشياء. والأخطر من ذلك، أنهم استداروا في تراجع عن اتجاه الأمام في المسيرة واصطنعوا أسماء ليس لها حقيقة في الواقع وتتعارض تمامًا مع الهدف من الحياة. وحتى يومنا هذا، ظلت أسماؤهم المصطنعة مجرد افتراضات ظنية ليس لها مثانىَ أو أزواج وغير قابلة للاقتران لا بسمات أصيلة ولا أدلة واقعية. من فضلكم ألقوا نظرة على الأمثال التي تركوها خلفهم أدناه.

بكل تعجُّل، ظن العديد من أبناء آدم الذين مكثوا بالجانب الأيسر من البحر الأوسط وفرضوا فرضيات تحكمها تصورات غير مُكتملة ونظرات كلها رفض وسخرية وازدراء. فقرؤوا التنوع بتعصب ولم يتسامحوا مع الاختلاف. وبرؤية أحادية من جانب واحد صارت نظرتهم غافلة ضيقة الأفق. وبنظرة يملؤها التجاهل تبنوا معتقدات متحجرة لا تُبجل إلا الذات ولا تُوقر إلا أعرافهم المتوارثة. فتحولوا عن المسار وضلوا عن الهدف من الحياة، بل وعن حقيقة الأشياء. وبدلا من أن يدينوا بالامتنان لتنوع الطبيعة في أراضيهم، أو حتى يتعلموا الترابط من رؤية التواصل بين سلاسل جبالهم وتضاريسهم العملاقة، مزقوا أنفسهم في أنظمة طبقية. فاعتبروا قلة من بينهم أرفع مقامًا ولها أفضلية، ونظروا من أعلى للباقين كلهم. لقد ارتكبوا في حق العالم أضرارًا فادحة لا تصدق، وأربكوا الإنسانية بأول تصنيف لفصائل الدماء على أُسس عنصرية. (ملحق ق. ١٣)

وفي نفس المكان، بالجانب الأيسر من البحر الأوسط، لم يغفل أبدًا رجل يُدعى نوح عن المقصد من الحياة ولا الغاية من العبور في الزمان. وعندما غمرت الأرض الرؤى الغافلة والنظرات المتعصبة لمن ازدرت أعينهم أغلب ما حولهم، أدرك نوح أنه نُودي. فأجاب نداءه بأحسن الإجابة. وبعزم ومثابرة جادل قومه بأسدد الحُجج في السر والعلن، بلا كلل أو ملل، مرارًا وتكرارًا، نصح نوح قومه بصدق، مستشهدًا

بكل ما قد يُذكر هم بالمقصد المُحيل للحياة. ربما كفوا عن الازدراء وعاودوا التقدم في المسار. وبصمود وحزم، وبيَّن نوح لقومه التكلفة البائسة لجنوح السلوك والاستدارة عن اتجاه الأمام والتأخر والتخلف في المسيرة. (ملحق ق. ١٤)

وبالرغم من مثابرة نوح وإخلاصه لم يُصدقه قومه، وسخروا من حُججه ودعواته. وبكل غطرسة، استمروا في السخرية والارتياب. ليس فقط من التنوع والاختلاف، ولكن أيضًا من الحق والخير وكل النعم. وأصروا على نظرتهم الضيقة حتى وإن أغرقوا الأرض بما يفجره التعصب من انقسام وما يولده الازدراء من تضليل.

وبينما كان كل ما حولهم مُشرق توقفوا عن إدراك الضياء. وفي ظلمة فوضى تصوراتهم الغافلة فضلوا الغرق. فانشقت من فوقهم السماء بأعاصير منهمرة. ومن شدة الضغط انفجرت عيون الأرض من الأعماق. وفارت المياه من تجاويف الأرض لأعلى عاكسة للمسار. لتلتقي في طوفان عظيم بأمواج تناطح بارتفاعها قمم الجبال. فقط نوح وقليل من قومه نجوا من الغرق في التدهور والتراجع ورُفعوا عاليًا ليعبروا حاملين من كل أشيائهم ما لا يُزاوج إلا بواقع ولا يُثانى إلا بحقائق. فكان كل ما حملوا أزواجًا لمثاني اتسمت بسمات أصيلة وأسماء حقيقة لتجري بكل ما هو ملائم لإقامة الحياة. وبدون خزي أو خجل من سخرية أو ازدراء، كانوا مؤمنين بمطلع النور في صباح اليوم الجديد. (ملحق ق. ١٥-١٦)

في الناحية الأخرى، وقبل نهاية اليوم الثاني، حوالي سنة (١٠٠٠) (ح ق ع)، نجح أبناء آدم على الجانب الأيمن من البحر الأوسط في التقدم للأمام. فقد أثروا في الطريق على نحو مُستدام بمعارف وحكمة تجري كأنهار متدفقة لا تنتهي. دارسين وباحثين بمنهجية، وضعوا المعايير والمقاييس وصنفوا الأشياء ووصفوا العلوم بكل موضوعية. فكشفوا الكثير مما حجبته ظلل الغفلة وزاوجوا الأشياء الحقيقية بأسمائها الصحيحة فقادوا أول ثورة علمية شهدتها الإنسانية. لقد أسسوا عالمًا كاملًا من العلوم البينة وحفظوها في العديد من الأشكال: بعضها مكتوب، وبعضها منقوش، وبعضها مُصور، وبعضها مُتصور، ولكنها كلها كانت معروضة علانية للعيان. مهما مر عليها من الزمان، ظلت ألواحهم رائعة، وجدارياتهم مدهشة، وأوراق بردياتهم التي امتدت بطول آلاف من السنين، حتى يومنا هذا جلية في إيصال الحقيقة الموضوعية، تُفهم بغير عناء.

اليوم الثالث ــ الاجتياز

أعلن الدليل مؤكدًا: أن اليوم الثالث حافل بالأحداث، وحقًا امتد لأكثر من ألف سنة. فأحداثه تبدأ من القرن العاشر في الحقبة قبل العامة (ح ق ع)وتعبر بزيادة بضع سنوات إلى القرن الأول من الحقبة العامة (ح ع). ونوه دليل الرحلة أنه يجب الاحتراس عند الاقتراب من نقطة منتصف عبور الزمان. فقد كان غالبية أبناء آدم في هذه الفترة، إما مأسورين أو مقيدين إن لم يكونوا مفتونين.

واستطرد الدليل قائلًا: فبحلول منتصف اليوم الثالث، بدأت الأطراف على جانبي البحر الأوسط في رؤية بعضها بعضًا، حيث كانت بدايات تطوير وسائل النقل البحرية التي أتاحت التقاء الجمعان. فحقًا كانت صناعة السفن بالسعة التي تُمكنها من نقل الحشود الكبيرة، من أحد أطراف الأرض عبر البحر حتى الطرف الآخر، في حد ذاته، تطور هائل. كان بلا شك تقدمًا عظيمًا يمكنه إثراء التفاعل بين الناس بما يدعم تطور الإنسانية في المضي للأمام. إلا أنه بدلًا من إقران هذا التقدم في وسائل النقل بما يُثري التعارف والتفاعل بين الناس ويدعم التطور الإنساني، زاوجه البعض بما في نفوسهم من غرور وكِبر. فلم يروا في هذا التقدم سوى فرصة تسوق تطلعاتهم المتعالية وتُبلغهم طموحاتهم السيادية.

فبعض ممن ملأهم الاستعلاء استغلوا تقدم وسائل النقل البحري آنذاك للعلو والتكبر بالأرض. فمدوا أذرعهم عبر البحر الأوسط ليختطفوا ما لم يكن من حقهم. وبشكل متطرف، قسموا وجزَّؤوا ما كان من المفترض أن يظل متكاملًا. فهاجموا المسالم واعتدوا على غير العدواني. وبدون أي نوع من الحياء، ادعوا لأنفسهم الحق في الاستحواذ على ما لم يكن مِلكًا لهم. وعند كل نقطة تلاق على الطريق، أمدوا الانقسام إلى كل ركن من أركان الأرض. فشقوا الصفوف وأشاعوا الفرقة وجعلوا حياة الكثيرين عبئًا رهيبًا وعناء لا يطاق. فكان لابد ممن يستطيع أن يرى الضياء ويأنس فيه سبيل للخروج من هذه الظلمة. ولاستئناف المسار، كان لابد ممن يستطيع أن يأتي بشعلة أو قبس لإنارة طريق يجد فيه السالك الأنس اللازم لاستمرار الحياة. ولذلك نودي عدد غير عادي ممن لهم القوة والعزم، وأرسلوا لتقويم وجهة المسار.

عند هذه النقطة من الرحلة، نادى الدليل كل من في الجمع أن يجعلوا في متناول أيديهم الأدوات المُقدمة لتوجيه السير في الطريق الصحيح: كجدول الزمان، وعصا

المقياس، وكتاب المثاني. ونوه: كذلك، على الجميع أن ينتبهوا بشكل خاص للمصطلحات المُحكمة التي سيتم تسليط الضوء عليها. خاصة تلك التي ستُستخدم في وصف الجغرافيا، والأعراف والتقاليد، وحتى الظواهر والأحداث الطبيعية.

أشار الدليل أيضًا أنه، حين يتم تقييم هذه المصطلحات المُحكمة في ضوء الاكتشافات الحديثة، سيكون من الواضح أن اختيارها لم يكن أبدًا بأي حال من الأحوال مصادفة غير مقصودة. فخلال هذا البحث ستتحد الحقائق الأكثر تفردًا وبيانًا لبرهان أن المصطلحات المُحكمة بكتاب المثاني، قد تم صياغتها بدقة فائقة. بما يُظهر تطابقا لافتا للانتباه بين ما تُدلل عليه المصطلحات وبين تفاصيل دقيقة في الأحداث. وتلك الخاصية في حد ذاتها دليل على صلاحية وإحكام هذه المصطلحات في الإشارة إلى الأحداث وتتبع الأوقات والظروف والأماكن التي وافقت حدوثها عبر الأزمان.

وهنا أيضًا وجب الإيضاح أنه رغم أن بعض المصطلحات المُحكمة لكتاب المثاني التي سيتناولها البحث ستشير بكل وضوح إلى أماكن معروفة وأقوام ومجتمعات سيكون من السهل تحديد هويتها. يجب العلم أن الغرض من ذلك ليس الإساءة إلى تلك المجتمعات أو الأقوام بأي شكل من الأشكال. إنما الهدف المقصود من إلقاء الضوء على هذه المصطلحات الكاشفة هدف موضوعي متجرد، هو إيصال العبرة وإبلاغ رسائل بالغة الأهمية لكل الإنسانية.

وكقاعدة عامة، عندما تجدوا المصطلحات المُحكمة تصف بعض الخصائص المناخية المميزة، مثل عوارض السحب العمودية، أو الغيوم العدسية، أو رياح صِر ذات الدوامات القُمعية، أو حقائق مُفصلة تصف زلازل وبراكين بلينية. يُرجى الأخذ في الاعتبار أن هذه الأحداث المشار إليها لم تحدث بأي حال من الأحوال على الجانب الأيمن من البحر الأوسط. فمن المعروف أن هذا الجانب من البحر، وكل المنطقة جنوب البحر المتوسط، تتميز بالمناخ الصحراوي. وبالتالي، فإن مثل هذه الأحداث لا يسمع بها في هذه المناطق. وفي المقابل، تعتبر نفس هذه الصفات خواص مُميزة ورئيسية للطقس في شمال البحر المتوسط. لا سيما المنطقة المحيطة بخليج إيجة وشمال غرب البحر الأوسط. وخلال الرحلة بأكملها، وسواء كان البحث في المجال العلمي أو الثقافي أو الاجتماعي أو التاريخي، ستجدون المصطلحات المُحكمة دائمًا ما تُسلط الضوء على الخواص التي تربط الأحداث بمكان وزمان وظروف حدوثها. (ملحق ع . ٤، ٥، ٧، ٩)

ولتجربة عينة من المصطلحات المُحكمة لمعرفة كيفية عملها قبل استئناف الرحلة، يُرجى النظر في الأمثلة التالية. على سبيل المثال، يشير كتاب المثاني إلى أنه بعد زمان نوح بعدة قرون أرسل رسل كُثر لأولئك الذين خلفوا في نفس الأرض من بعده بطريقة وصفت بأنها "تترا". هنا، يعتبر وصف "تترا" من المصطلحات المُحكمة. بالإضافة للمعنى الحرفي للمصطلح الذي يصف نمط تعاقب أربعة اشياء من نفس النوع في تسلسل متتالٍ، فهو أيضًا يلفت الانتباه إلى نظام رقمي معين تنتمي إليه كلمة " تترا". كما سترون قريبًا، فإن معرفة المجتمع الذي استخدم هذا النظام الرقمي في الحقبة قبل العامة، ستدل أيضًا على المكان الذي أرسل فيه هؤلاء الرسل بذلك النمط المذكور- تترا. (ملـحق ق. ١٧- ١٨)

وبعيدًا عن أهمية المصطلحات المُحكمة في الدلالة على أوقات ومواقع الأحداث. فإن كلمة "تترا" عندما تُستخدم في وصف الرسل، فهي تشير ببساطة إلى عدد كبير على غير العادة، أرسل بنمط غير معتاد في تسلسل من أربعة. وعند الأخذ في الاعتبار، أنه من المقبول غالبًا أن مدة الجيل الواحد تُعادل أربعين سنة في المتوسط، وأن كل من هؤلاء الرسل قد أرسل إلى جيل واحد. فمن الممكن على سبيل المثال، أن يصل عدد من أرسلوا في القرون العشرة لليوم الثالث وحده إلى خمسة وعشرين على أقل تقدير. لا داعي للانزعاج، فأربعة فقط من هؤلاء الرسل سيتم استعراض لمحات خاطفة من تاريخهم فيما تبقى بهذه المحطة. ذلك لاختبار بعض المصطلحات، وإلقاء نظرة على أهم العلامات التي أثرت في مسيرة الإنسان وبعض المعالم الرئيسية في تاريخ الإنسانية، لاستجماع القصة الحقيقية.

وللتوضيح، تم اختيار الرسل الأربعة بناءً على مساهماتهم القيمة في تقدم الإنسانية وعلاقتهم المباشرة بهدف هذا البحث. فقد سجل كتاب المثاني جوانب من تاريخ هؤلاء الرسل الأربعة مدعومًا بأدلة تاريخية وعلمية لتوثيق البراهين والتأكيد على صحة الأدلة المقدَمة. لذا، ولأول مرة، استعدوا لكشف الغموض وإزاحة الالتباس الذي أحاط برسائل هامة لأربعة من الرسل المؤثرين، وحجبها لقرون عديدة، بحُجُب سميكة من الأساطير.

وبتتبع مسار الرسل الأربعة، سيتضح أنه لم يكن من قبيل المصادفة أن يُلقب كل من هؤلاء الرسل في كتاب المثاني بلقب "أخاهم" الملحق باسم القوم الذين أرسلوا إليهم. فيعتبر وصف "أخاهم" في الحالات كلها من المصطلحات المُحكمة. فتأكيد

تكراره في كل مرة مرات عديدة، يوضح أن هذا المصطلح لا يشير فقط إلى أن هؤلاء الرسل كانوا أفراد عاديين (إخوة) في المجتمعات التي أُرسلوا فيها، ولكنه أيضًا يسلط الضوء على أنظمة حكم محددة تواجدت في مجتمعات وأقوام بعينها في الألف سنة الأخيرة من الحقبة قبل العامة (ح ق ع). على سبيل المثال، كانت الأخائية (والبعض أطلق عليها فراترز) نُظم لها أهميه كبيرة استمرت لقرون طويلة في أقوام متعددة في الإغريق القديمة. حيث كان الأخاة في هذه الأقوام طبقة حاكمة مبنية على الميلاد من عائلات أرستقراطية، وعادةً ما ورثت العقيدة الدينية والتقاليد والأدوار القيادية في مجتمعاتهم. (ملحق ت٦.٠ ؛ ق. ١٩)

وعند بحث ما سجله التاريخ وكتاب المثاني عن هؤلاء الرسل الأربعة، سيكون واضحًا أنهم جميعًا وفي كلا المصدرين (التاريخي وكتاب المثاني)، اعتُبروا من الإصلاحيين. فكل منهم كان شديد الوعي بتركيبة مجتمعه وعلى دراية تامة بالخلل وطبيعة الاضطرابات التي عانى منها قومه. ومع ذلك، فإن معاصري الرسل الأربعة لم يقدروهم أو يعترفوا بتعاليمهم. ودائمًا ما تآمرت الطبقة الحاكمة في أقوامهم لنفيهم وطردهم بعيدًا. ومع ذلك، فإن الدلالة المهمة للإنسانية في رسالتهم نجت عبر الزمان بالرغم من كل المحاولات للتعتيم عليها. والمثير للاهتمام، أن جميع الرسل الأربعة قد تم اعتبارهم فيما بعد في التاريخ، إما قادة، أو مشرعين، أو نشطاء، أو قضاة، أو حتى شعراء. وأن رسالاتهم قد لاقت التقدير في وقت لاحق من الزمان حتى وإن تم اختزالها في بعض الأحيان إلى شعر ملحمي، واعتبر الرُسل أنفسهم ـ شعراء. وحتى اليوم، لم يتم الاعتراف بعد، في أي من الأماكن التي كُذب فيها هؤلاء الرسل الأربعة سابقًا، أنهم كانوا مرسلين وليسوا شعراءَ. (ملحق ق. ٢٠)

والجدير بالذكر أن كتاب المثاني سجل وبنحو متسع تاريخ هؤلاء الرسل الأربعة. فإلى جانب سرد لمحات من سيرتهم مرات عديدة وفي أطر مختلفة خلال الكتاب بأكمله، فقد سَيَّر لسيرتهم ومسيرتهم سورة كاملة بعنوان "الشعراء". ذلك ليتمكن التذكير بهم في كتاب المثاني من لفت الانتباه الصحيح لسيرتهم وتاريخهم الحقيقي. ومع ذلك، لم يتخيل أحد قط أنه وفي وقت مبكر من القرن العاشر للحقبة (ح ق ع) كان هناك رسل إصلاحيون. وقفوا ضد الفساد، ودعوا للحرية والإنصاف، وجادلوا طبقة الأخاة الحاكمة بأقوامهم في سُلطاتهم غير المشروعة. وبل ونصحوا أقوامهم عن علم وبصيرة بالتوقف عن أفعالهم المدمرة للذات. (ملحق ق. ٢١)

ولكن الغافلون دائمًا ما يسارعون في فوضى من صناعتهم. فاختلقوا الصراعاتهم المؤلمة عقائد معوجة ومذاهب مُظلمة. وفي الأغلال المدمرة لقوتهم الخارجه عن السيطرة وقعوا أسرى. فلم يلد سلوكهم الجانح إلا خبالًا إذا ما مس أكثر القطعان سذاجة جعله يُلقي بنفسه في الهلاك ويُجن. لقد أرهقوا الكثيرين بالأسى والعناء، وأبدًا لم يتوبوا لا عن جرائمهم ولا عن قسوتهم، ولا حتى عن بؤس ما صنعوا.

ولا يزال، فقد اصطنعوا بكل عناية أساطير غير معقولة لا تصدق. ليس فقط لستر انحرافهم والجنوح، ولكن لإخفاء الوقائع وتضليل الآخرين بعيدًا عن الحقائق. فولدت أكاذيبهم والتضليل فوضى وإرباكا كبيرًا. البعض أصر أن العبر الجلية في تاريخ السابقين لم تكن سوى أوهام وأساطير. والبعض خلط الواقع بالأساطير. والبعض الآخر تأخر في تراجع حين لم يجد ما يعتبر به من دروس السابقين. بينما البعض لازال فيما خدع به نفسه معصب العينين ومحجوب تمامًا. غير مُدركين أنه سيأتي اليوم الذي يكف فيه الناس عن تصديق الأساطير المصطنعة لدثر الحقائق ويلج مُجمل الجمع الإنساني صوب هدفه المقصود! (مـلحق ق . ٢٢)

وخلال هذه الأثناء وكنقطة وسط في قلب الأحداث، ظل البحر الأوسط الشاهد العيان الذي يوثق كل ما يجري من قسوة وظلم عبر الزمان. وفي حالة الغليان من لهيب الجنون والجنوح، تفَوَر حرفيًا كل من البحر المتوسط ويمه إيجة المتجوف. وبسرعة فائقه أسرع بكثير من انتقال إشارات الألم، صاح البحر صيحته المُرجفة ليقَلب الأحداث. فالتقط للوحشية التي لا تطاق لقطات مُوثقة. احتظرت الأدلة المادية للقسوة التي حاولوا إخفاءها في قوالب مؤصدة احتفظت بأصغر التفاصيل من الضياع. ومرة أخرى، لم يكن حظر الأدلة المادية المدعومة بمعلومات وراثية يتعلق برسم الخرائط الجينية أو تدوين أنساب الأقوام لهذه المجتمعات. ولكن، وكما هو دائمًا، للحفاظ على درس دائم في الأخلاق للإنسانية. ورغم ذلك، ففي كل مرة طُويت لهم صفحة وفُتحت لهم أخرى، استداروا ليعيدوا الكرة، وكرروا بالضبط، نفس ما فعلوه من قبل.

أعلن دليل الرحلة قائلًا: والآن بعد أن رأيتم كيفية استخدام المصطلحات المُحكمة وألقيتم نظرة عامة على أحداث اليوم الثالث، يُرجى المُضي قدمًا في بحث مسيرة الرسل الأربعة. تذكروا أن تدرسوا بعناية المصطلحات المُحكمة التي سيُلقي عليها الضوء. ولا تنسوا مراجعة المُلحقات والمراجع المُرفقة لمزيد من التفاصيل.

❖ هوداً وأخاة عادنٍ – حكم جبابرة التيتان – نهاية الأيام النحاسية – آواخر العصر البرونزي

في القرن العاشر (ح ق ع)، في العقود الأولى من دخول اليوم الثالث، قرون من بعد نوح، ولكن في نفس الأرض تقريبًا على الجانب الأيسر من البحر الأوسط، أُرسِل هوداً (البعض نطقوها "هيسيود" وأحيانًا بدون الـ س)، إلى من كانوا حول نهر (آدٍ) وعُرفوا بقوم عادنٍ. وكطبيعة الأماكن في يسار البحر الأوسط، عاش قوم عادنٍ وسط الجبال الشاهقة بالقرب من أودية خصبة رائعة، تتزين حدائقهم بالثمار وتتكلل بالأشجار المزهرة. وحول الأنهار الفياضة والجداول والينابيع المتدفقة، مدَ عادنٍ حقولهم النضرة. وبكل بسطة وسعة في الثراء، أُغدِق على عادنٍ بوسرة وسخاء. فكان لهم عدد مديد لا يُحصى من الأنعام وأبناء تُسعد الأنظار. (ملحق ت.٧؛ ق. ٢٣-٢٥)

وإلى جانب مهنتهم بالزراعة والرعي للأنعام، عمل قوم عادنٍ بشكل مكثف في التعدين. حيث كانت جبالهم آنذاك غنية بمخزون كبير من رواسب صخرية طبيعية لمعادنٍ خام تسمى "أورَم". تراكمت هذه المعادن منذ بداية الزمان وحتى عصرهم في شكل أعمدة فريدة لا مثيل لها لا في المكان ولا الزمان؛ لأنها تحتاج لعصور طويلة لكي تتكون مرة أخرى إذا ما تم استنفاذها. فعمل قوم عادنٍ بكل جدية في استخلاص السبائك، خاصة النحاس من فلزات المعادن بأعمدة الأورَم الخام. وكان ذلك أحد المميزات التي دفعتهم في النماء وزادتهم قوة، وجعلت أيامهم تُعرف بالأيام النحاسية أو العصر البرونزي. (ملحق ع.٦؛ ق.٢٦- ٢٧)

إلا أن عادنٍ كانوا قوماً متجبرين. داسوا بالأقدام حقوق الآخرين. وبطشوا في الأرض جبابرة كالتيتان العمالقة. وفي تنقيب قوم عادنٍ عن المعادن جابوا الأودية حول نهر آدٍ. فجرفوا باطن الوديان وأفرغوا قلوب الجبال لشق المناجم الهائلة. غير أنهم قاموا بنحت قمم جبالهم العالية وتقليصها إلى نُصب عبثية خرقاء بلا فائدة. وبكل تبديد، أهدروا موارد طائلة كانت تكفي مدى الحياة باستنفادها في صناعات فارغة المعنى عديمة الجدوى. مستندين إلى أوهام بلا أصل ولا برهان وبلا توافق لا مع واقع ولا حقيقة، تصوروا الحياة لعب ومباراة وتبنوا عقائد أساسها التصادم. وفي

خضم تباريهم في صراعات فوضوية ومعارك أليمة، أمسى عادنٍ طغاة وعمالقة. ففرضوا سلطتهم على الآخرين كأسياد، وأرباب، وآلهة. (ملحق ق.٢٨-٢٩)

وبالرغم أن قوم عادنٍ كانوا مستبصرين وقادرين على التفكير العقلاني، إلا أنهم انتحلوا لأنفسهم سمات وأسماء غير حقيقية. فقد شكل أخاة عادنٍ نظامًا حاكمًا قائمًا على سطوة سيادية منحت لطبقة سؤددهم السلطة المُطلقة. فادعوا أن استحواذهم على الامتيازات حق أُوتي لهم لنبالة سلالاتهم وانحدار أنسابهم من أصول إلهية عالية. ولم يقتصر الأمر على ذلك فحسب، فقد تحكم أخاة عادنٍ في كل مصادر المعارف المتاحة لقومهم ليحتفظوا لأنفسهم بامتياز الإملاء على شعوبهم المذاهب والمعتقدات والتقاليد وحتى أساليب الحياة. وبنظرة ضيقة يملؤها التكبر والاختيال، خدع عادنٍ مواطنيهم وانتقصوهم من جميع الحقوق. حقًا، لقد ابتلع جبابرة عادنٍ في بطونهم أعمال وأيام الكثيرين. (ملحق ق.٣٠- ٣٢)

وبكل بصيرة فهم هوداً ووعي وكانت نظرته بعيدة. فرأى العواقب المكلفة لنظرة قومه الأحادية الضيقة. فوقف أمام تجبر أخاة عادنٍ مُعارضًا بالحجة على ممارساتهم غير العادلة. ذَكرهم بالفضل الذي جعلهم ممن خلفوا في الأرض بعد نوح. ونصحهم بتغيير سلوكهم الهدام المبني على الاختيال وافتراء الأشياء غير الحقيقية. ولكن أخاة عادنٍ كانوا من شديدي التكبر فنظروا إلى هوداً ومن آمن بدعوته نظرة تعالٍ. ولأنه كان في نظرهم بلا قوة أو سُلطة لم يقبلوا أيًا من نصائحه. بل إن منهم من زعم أن آلهتهم قد سحرته بالسوء لقوله هذه الأشياء.

وقع أخاة عادنٍ في الكِبَر الذي هو قوه غير حقيقية قوامها الغرور. فتوهموا أن هودًا أصابته سفاهة لوقوفه أمام قوتهم. بل توهموا أيضًا أنه لا توجد قوة على الإطلاق يمكن مضاهاتها بشدة بأسهم. إلا أنه وكما أشار هوداً، أن عقيدة أخاة عادنٍ عن القوة كانت باطلة. فقد أغفلوا تمامًا أن القوة التي منحتهم قوتهم وأتت بهم إلى الحياة هي أشد من كل بطشهم. واستنفد هوداً مع قومه كل الحجج المنطقية والعبر المتاحة في عصره وعِبر العصور الماضية. وحين لم يتعظوا وأصروا على التمسك بأوهامهم المُتوارثة، لم يبقَ أمام هوداً إلا أن ينذرهم بانتظار التلف كعاقبة حتمية للإفساد والأفعال المدمرة. (ملحق ت.٨ ؛ ق.٣٣)

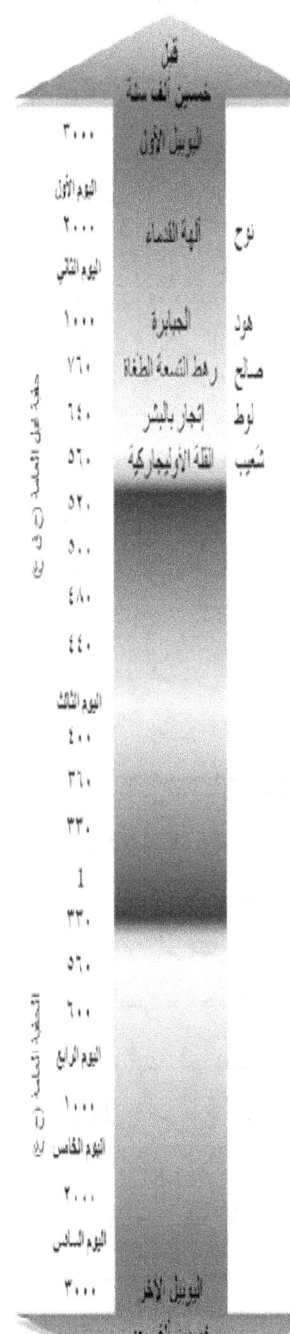

فسرعان ما أدى إهدار قوم عادنٍ وسلوكهم المليء بالتجبر والخيلاء إلى اضمحلال كل الأجواء وإتلاف وتلويث حتى الهواء. فقد دفع استنزاف معدن النحاس من أراضيهم إلى هبوب الرياح العنيفة عاتية السرعة والبرودة. وبأسرع من الشدة والبأس، أتت الرياح بهواء كان أقوى من كل نفوذهم تحدى تكبرهم وجعل قوتهم بلا معنى.

فلم يُغير إفساد عادنٍ طبيعة طقسهم الجميل فحسب، بل دفع سُحبهم الساطعة أن تنقلب وتقف في أعمدة تتعارض رأسيًا فوق أوديتهم. ولم يسُر السحاب قوم عادنٍ مرة أخرى بمطره المعتاد. حيث كانت هذه السحب العدسية نذير هبوب رياح كانت السبب في انتهاء عهد إتلاف الجبابرة آواخر العصر البرونزي والأيام النحاسية. (ملحق ع٧٠؛ ق٣٤.)

فكما أنذرهم هوداً بكلمات دقيقة شديدة الوضوح، أن السحب العمودية وما يتبعها من ريح اسمها "صِر" تشكلت بما استعجلوا به على أنفسهم من عبث في الطبيعة وتجبر وإهدار. فكانت صِر هذه الرياح التي لا تحدث في أي مكان آخر في الأرض إلا حول نهر آدٍ، رياح جافة شديدة البرودة عاتية السرعة تدمر كل ما تأتي عليه إلى رميم. فتآكلت دعائم جبابرة عادنٍ العتاة من الجذور. وأصبحوا كجذوع النخيل الشائخة مجوفة فارغة تطيح بها الرياح ويقتلعها الهواء.

هبت رياح صِر ودارت عبر أودية عادنٍ في دوامات قُمعية تقتلع كل ما تلاقى لفترة مدتها سبع ليالٍ وثمانية أيام. وهي مدة من الوقت تعادل في توقيت الإنسان ما يزيد قليلًا على خمسمائة وثمانية سنوات. فلم تترك أي شيء وراءها سوى أنقاض ومساكن فارغة ضربها الإتلاف بالمناخ. (ملحق ت٠٩؛ ع٨٠؛ ق٣٥.)

❖ صالح وأخاة ثمود – حكم التسعة طغاة – رهط ثيسموثيد (التسعة أركون –أقواس)

وفي بضعة قرون من بداية اليوم الثالث، بعد فترة قصيرة من زمن هوداً ولكن ليس بعيدًا جدًا عن مكانه في الجانب الأيسر من البحر الأوسط، أُرسل صالح (والبعض نطقها صولون وأحيانًا سولون) إلى مدينة تسمى ثمود (والبعض نطقها ثيسموثيد). وكما يعني اسمه حرفيًا، عُرف صالح بأنه مُصلح، حيث كان من دعاة الحقوق ومُشرعي القوانين في المدينة. وكان صالح من المُصلحين الذين بذلوا جهودًا مخلصة لإصلاح الفساد وتخفيف التبعات الناتجة عن انحلال الأخلاق.

وفي زمان صالح، شكل أخاة مدينة ثمود حكومة تعتنق الطغيان كنظام للحكم وتعتبر نُظم الطاغية تقليدًا أرستقراطيًا مبجلًا ونبيلًا. فكوَّن أخاة ثمود رهط من تسعة طغاة (والبعض أطلق عليهم التسعة أراكون أو التسعة أقواس) لديهم سلطة مُطلقة. فلم يكتف رهط التسعة طغاة بمنح أنفسهم سلطة قضائية لتقرير جميع الأعراف والتقاليد في المدينة. ولكنهم أيضًا استضعفوا الكثيرين من المواطنين وحرموهم من كل الحقوق، بما في ذلك الحق في أشياء لازمة وضرورية لاستمرار الحياة. (ملحق ت.١٠-١٢ ؛ ق.٣٧-٣٨)

على سبيل المثال، اعتبر رهط التسعة طغاة بمدينة ثمود أن المورد الطبيعي للمياه ملكية عقارية يمكن الاستحواذ عليه. فسعوا إلى عقر المياه بمدينتهم وفرض سيطرتهم على مجاري الأنهار. فحفروا قنوات مائية وأنفاق طويلة اخترقت حتى قلب الجبل. ولم يكن ذلك لجعل حياة الناس أفضل أو أيسر، بل كان من أجل تحويل اتجاه تدفق المياه واحتجازها في قني لاكتساب مزيدٍ من القوة وإحكام السيطرة.

وأبدًا لم يفكر رهط التسعة طغاة بمدينة ثمود في التأثيرات الضارة لفعلهم. وبنظرة غافلة يحجبها حب الاستبداد لم يبصروا أن قطع تدفق المياه عبر عشرات الآلاف من الأفدنة تسبب في تعطيش الحيوانات والنباتات وحرمها من شِربها. ناهيك عن الأضرار التي أصابت الناس والبيئة وأحياء كثيرة كانت تقتسم معهم المياه. فلم يقتصر عقر ثمود للمياه على تجفيف الزروع في الحدائق والحقول فحسب، بل تسبب أيضًا في إنضاب المياه في أحواضها ومجاريها ومصبات الأنهار. فأتى الطغاة على أودية ثمود الخضراء وتركوها قاحلة جرداء، حتى أن ما في باطنها من صخور أصبحت عارية. (ملحق ت.١٣ ؛ ق.٣٩)

وقد منح عقر المياه وحيازة ملكيتها لرهط الطغاة التسعة المقدرة على إجبار المواطنين الأحرار على تعاطي الديون ومن ثم الوقوع في العبودية. فقدم المواطنين من أصحاب المدينة ما لديهم من ممتلكات كضمانة تكفل الحصول على المياه الضرورية لهم ولحيواناتهم وأراضيهم ولم يستطيعوا استعادتها مرة أخرى. وحين لم يمتلك المواطنين من أصحاب المدينة أي شيء آخر رهنه يمكن كضمان للحصول على ما يحتاجونه من المياه، لم يكن أمامهم إلا إعطاء أنفسهم وأبنائهم. فلم يفقد هؤلاء المواطنين من أصحاب المدينة أراضيهم وأبنائهم وحريتهم فحسب، بل أصبحوا عقارات تُمتلك وتورَث وتُباع. مواطنون كثيرون كانوا من الأحرار الذين لم يعرفوا العبودية أبدًا من قبل، أصبحوا من الشُّقاة، يُتاجر بهم في العمل الجبري في بلادهم ويباعوا عبيدًا خارج البلاد. (ملحق ت.١٤ ؛ ق.٤٠)

كمُصلح مُخلص ممن لهم شأن بالمدينة عقد صالح العزم على رفع معاناة أهل مدينته. جادل صالح أخاة ثمود ليُقروا إصلاح القوانين بالمدينة ونادى بضرورة إنهاء الفساد الذي أخل بالميزان في الأرض وبين الناس. ولإصلاح الخلل الذي تسبب فيه رهط التسعة طغاة، وضع صالح مبادئ مستقيمة تنظم الحقوق بين الناس وتُصلح الأعراف المعوجة. كما أنه أيضًا قضى بأن المياه حق للحياه يجب أن يكون قسمة بين الناس وكل الأحياء. ومع ذلك، تصرف أخاة قوم صالح كما تصرف أخاة قوم هوداً وقوم نوح. استحبوا نظرتهم الضيقة الغافلة وسخروا من الإصلاح، ولم يحبوا لا النصيحة ولا الناصحين. (ملحق ت.١٥ ؛ ق.٤١)

وعلى الرغم من أن صالح كان من المبجلين ومرجوًا بين الناس في المدينة حتى بين رهط التسعة طغاة على اعتباره في عرفهم من الأرستقراط النبلاء. إلا أن رهط الطغاة التسعة أصبحوا في غاية القلق منه حين آمن بدعوته الناس وازداد عدد أتباعه. ولما بدأ حث الناس على الاحتماء بقوة الحق ضد الوقوع ضحايا للشقاء والقهر، اعتبر طغاة ثمود ذلك تهديدًا لسلطتهم التقليدية. وتآمروا لإخراج صالح من المدينة والتخلص منه هو وأتباعه. وفي خفاء خلف الأبواب المغلقة أحبكوا مؤامرة لاختفائه، واتفقوا على الكذب بشأنها. واثقين أن الناس ستصدق كذبهم، حيث كان الناس في هذا العصر يعتقدون أن الأرستقراط نبلاء صادقون ولا يكذبون أبدًا. (ملحق ت.١٦ ؛ ق.٤٢-٤٤)

وقبل تنفيذ طغاة ثمود مؤامرتهم وجدوا أنفسهم أمام اضطراب خطير. فقد تجاهلوا نصائح صالح عن العواقب الوخيمة لعبثهم بمصادر المياه. كما استخفوا بتحذيره المُستند إلى معرفة وبصيرة مبنية على علوم بينة، أن إفسادهم ليس فقط مدمر في حد ذاته، بل أيضًا قصير الأمد وسيؤدي حتمًا لاختلال اليابسة وزلزلة الأرض تحت أقدامهم. ولما أصروا على مواصلة انتهاكاتهم، أخبرهم صالح بشكل قاطع وكلمات صريحة أنهم لن يتمكنوا من استدامة طريقتهم الطاغية المُفسدة أكثر من ثلاثة أيام، وهو الميقات الذي يصل فيه عدم التراجع عن الطغيان نقطة كسر الاتزان. وقت يعادل في توقيت الإنسان ما يزيد قليلًا عن مئتي سنة. وأبدًا لم يكن صعب على صالح أن يُنبئ أخاة ثمود بهذه البينة، في عصر استخدم فيه الطغاة علوم الهندسة لدق القنوات في قلب الجبال لعقر المياه. فقد كان ذلك لصالح آية مبصرة. (ملحق ت.١٧-١٨ ؛ ق. ٤٥-٤٦)

سدَ رهط التسعة طغاة لثمود جريان المياه في قناة طولها عشرات وعشرات الأمتار. فمنعوا الشِرب والأكلّ ليس فقط عن الأحياء والزروع، بل عن التربة والمستجمعات المائية. فأخلوا التوازن بنظم الأنهار حتى ارتجفت الأرض من تحت الأقدام لدرجة أجبرت البحر على الصياح. ومرة واحدة بفورته المتفردة بقصرها، في أقل من يوم واحد أخرج البحر غازات بركانية ألهبتها قوة الانضغاط. وفي أسرع من سرعة الألم، تبخرت الأجسام الحية في أقل من جزء من الثانية. وأمام أعينهم وهم ينظرون لم يبق في بيوت ثمود سوى هشيم أجسامها يحتظرها على نفس أوضاعها التي كانت عليها لحظة تبخرها قوالب من الحطام البركاني المؤصدة حظرت هشيمها المتبقي من الفرار. (ملحق ت.١٩؛ ع. ٩)

ولم تكن أبدًا مباغتة ولكن عاقبة حتمية للإخلال حذرهم صالح منها مرارًا، لكنهم سخروا منها واستعجلوا حدوثها. بحلول اليوم التالي، أصبحت مدينة ثمود خاوية وكأن قومها لم يسكنوا فيها من قبل. وبقي تاريخ طغاة ثمود التسعة درسًا انتقل عبر القرون إلى العصر الحديث بأدلة مادية مدعومة بمعلومات وراثية تبرهن عليها، وتؤكد على البراهين النصية القاطعة المذكورة بالتفصيل في كتاب المثاني منذ خمسة عشر قرنًا مضت. (ملحق ١٠.ع ؛ ق.٤٧-٤٩)

❋ لوط – وإخاة غير مسبوقة – الإتجار بالبشر

وبينما كان اليوم الثالث على وشك أن ينتصف، حول نفس المكان على الجانب الأيسر من البحر الأوسط، أُرسل لوط إلى مدينة مشهورة كانت بالقرب من طرق سفر معروفة جيدًا للمسافرين آنذاك وحتى الآن. وكان في المدينة التي أُرسل إليها لوط مجموعة ضغط لها ثقل شديد كونت ناديًا علانية نادت فيه علانية إلى اعتبار الاتجار بالبشر مهنة عادية. دعمت مجموعة الضغط تلك بشكل غير مسبوق فحشاء البغاء القسري، وشرَعت لنفسها الحق في الاستعباد الجنسي لغير المواطنين. بالإضافة إلى استجلاب فتيات وفتيان من أقوام أخرى واستغلالهم بالإكراه في علاقات خارج نطاق الزواج المعروف. وعلى الرغم من أن القوم بمدينة لوط كانوا قادرين على التفكير العقلاني، إلا أن كل ما نادت به هذه المجموعة غير المسبوقة، قوض وأتلف الفضائل الاجتماعية والأخلاقية والروحية في المجتمع، وأثقل الناس بعبء الانحلال ومهانة الإكراه. (ملحق ت٢٠٠ ؛ ق٥٠٠-٥١)

رفض لوط بشدة السوء الفاحش الذي تفشى في مدينته ووقف بحزم في وجه القوادين لهذه الفاحشة. حتى عندما تجمهرت مجموعة الضغط ضده وهددته بالطرد من المدينة واتهمته بأنه من الدخلاء على قومهم الذين يسعون إلى تطهير نسلهم. وهو الأمر الذي كان وفقا لمبادئهم يعتبر امتيازًا مخصصًا فقط للمواطنين. ومن المتناقضات أنهم أثناء محاولتهم استغلال وضع اللامواطنة للوط وضيوفه الذين جاؤوا لدعمه وكانوا أيضًا من غير المواطنين، أعلنوا أنه ليس لهم الحق في استغلال بنات لوط في هذا النوع من الاستعباد. فقط لأن والدة بنات لوط كانت مواطنة. ولكن قبل أن يتسببوا في أي ضرر للوط أو ضيوفه، أُنقذ لوط وعائلته من هذه الظلمة. بينما اختفى أولئك الذين استجلبوا الفاحشة غير المسبوقة في المدينة. (ملحق ق٥٢٠-٥٣)

فقد أعد البحر بجوار مدينة لوط لصيحة أخرى من صيحاته (البلينية) المتفردة بقصرها وفورتها مرة واحدة. هذه المرة قذف البحر حمولة ثقيلة من حطامه البركاني في أعمدة عالية وصلت إلى أعالي السماء. لتهطل كما الأمطار بكمية هائلة من حجارة مسومة بعلامات مميزة. حجارة بركانية فريدة الحدوث، طُبِخت أتربتها بالغازات الملتهبة المضغوطة حتى أصبحت ممتلئة بالمسام والتجاويف. فخرجت مسرعة من باطن الأرض تاركة مكانها أسفل المدينة فراغ على هيئة تجويف

(كـالـديـري) كبير. بحلول الصباح فقدت الأرض تحت مدينة لوط هيكل بنيتها وانهارت أعلى قممها إلى أسفل في أعماق الأرض. (ملحق ع.١١ ؛ ق.٥٤-٥٦)

وبالرغم من أن مدينة لوط دُفنت منذ زمن بعيد تحت أمتار طويلة من الأحجار البركانية، إلا أن سيرتها ظلت تذكيرًا واضحًا حتى العصر الحديث. بتتبع طرُق السفر المارة بمدينة لوط وكانت معروفة جيدًا للمسافرين كخط طول يقسم الأرض لنصفين، كان الناس في زمن تدوين كتاب المثاني يمرون عليها في اليوم مرتين، مرة في الصباح وأخرى في الليل. ومع ذلك، لا يكاد أحد ينتبه أن الإتجار بالبشر والاستعباد الجنسي الذي نادت به مجموعة الضغط في هذه المدينة الشهيرة منذ قرون، لا يزال حتى اليوم من أكثر الفواحش غير المسبوقة. (ملحق ق.٥٧)

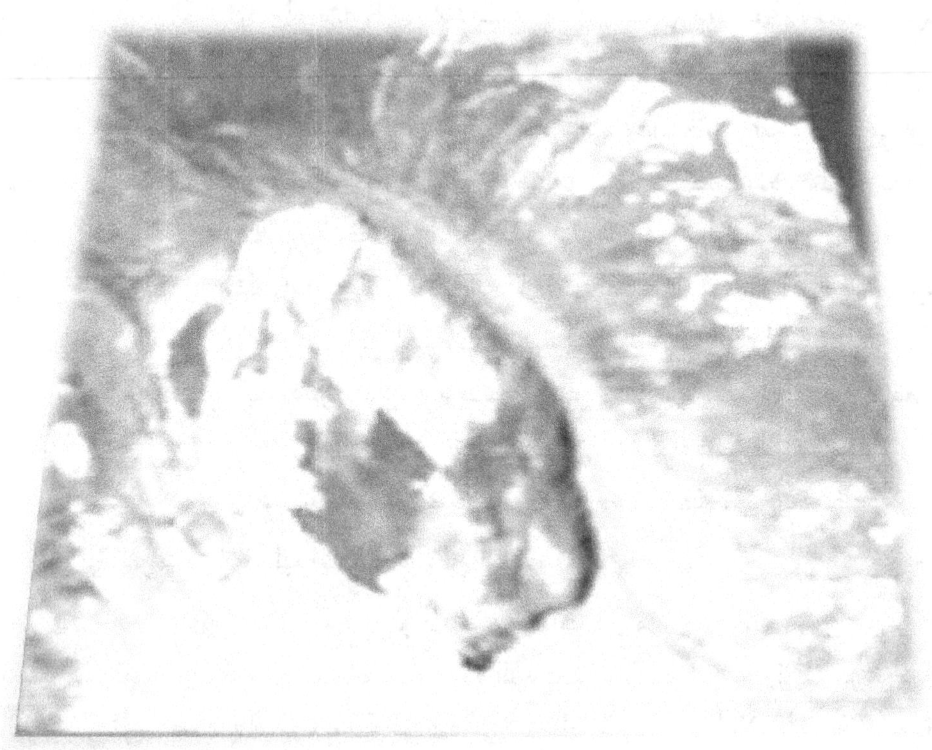

◈ شعيب وأخاة أقلية المدينة - حكم الأقلية - الأوليجاركية

عقود قليلة فقط بعد لوط وعقود أخرى قليلة حتى منتصف اليوم الثالث. وليس ببعيد عن مدينة لوط في الجانب الأيسر من البحر الأوسط، ولكن أقرب ما يكون إلى الجانب الأيمن أُرسل شعيب (والبعض نطقها ثراسيبولس نسبة لكلمة المدينة "بولس") إلى أهل المدينة. هناك في هذه المدينة، استمرت مجموعة صغيرة من قلة قليلة في تبجيل الأرستقراطية باعتبارها عقيدة وتقليد مبجل. وشكلت هذه القلة الأرستقراطية (عُرفت أنها أوليجاركية) حكومة جديدة فرضت على مواطنيها التنازل عن جميع حقوقهم، بما في ذلك حق السيطرة على أموالهم وممتلكاتهم. فتحكمت هذه القلة الأوليجاركية وسيطرت على كل الأمور في المدينة بأكملها. حيث كونت مجالس متطرفة منحت القلة الأرستقراطية السلطة القضائية لإدانة الأشخاص بتهم باطلة، وطردهم ونفيهم، وحتى إعدامهم للاستيلاء على ممتلكاتهم وثرواتهم. في الواقع لقد شرَعت القلة الأوليجاركية الفساد وحكمت بالترويع والإرهاب. (ملحق ت ٢١. ؛ ق ٥٨-٦٠)

فوقف شعيب أمام إفساد هذه القلة الأرستقراطية بإصلاح القوانين في المدينة. وعمل على إعادة التشريع بشكل يستعيد الحقوق لجميع المواطنين، سواء كانوا أغنياء أو ممن يُعتبروا من غير النبلاء بلا أصول أرستقراطية. دعم شعيب بقوة القسط والإستقامة، ونادى بالوزن بالموازين العادلة والمعايير الموحدة بين جميع الناس. ومع أن الإصلاح الذي نادى به شعيب كان للقضاء على الأحكام الاحتيالية التي انتقصت الحقوق وبخست للناس أشياءهم. لم يحظَ شعيب بتقدير كبير خاصة بين القلة الأرستقراطية، لكنه كان لديه رهط كبير من الأتباع ومن أعزة القوم الذين آمنوا بمبادئه واقتنعوا بمواقفه.

إلا أن القلة الأوليجاركية تجاهلت تمامًا ما نادى به شعيب من إصلاح للقوانين واعتبروه وأتباعه خصومًا وتآمروا على إخراجهم كليًا من المدينة. ولكون شعيب من الأتقياء، أخبرهم أن دعوته لم تكن أبدًا لتحديهم وأن هدفه الأوحد هو إصلاح الفساد والاعوجاج الذي ضلل الكثيرون عن استواء السبيل. وبلا كلل، حاول شعيب تذكير القلة الأرستقراطية بالوقت الذي كانوا فيه هم أنفسهم مجموعة أقلية صغيرة قبل أن يصلوا إلى سلطة الحكم في المدينة. (ملحق ق ٦١.-٦٢)

وعلى الرغم من ذلك مضت القلة الأرستقراطية في تآمرها لإخراج شعيب وأتباعه. ولكن قبل أن يفعلوا، نجا شعيب وكل من معه من مكرهم واختفت القلة الأرستقراطية بلا أثر. فقد جهَز البحر القريب من المدينة صيحة أخرى ككل صيحاته البلينية، مُزلزلة. فأطلق سحابة هائلة من الغبار البركاني والغازات شديدة السخونة تصاعدت على شكل عمود مرتفع لتتكثف وتعلق في الجزء العلوي على هيئة مظلة كبيرة شبهها البعض بظل الشجرة. فغطت ظلّة الغيوم المدينة بأكملها. وفي أقل من يوم واحد، بدت المدينة وكأن القلة الأوليجاركية لم تسكن فيها قط، ناهيك عن اليوم السابق للصيحة. (ملحق ع ١٢٠ ؛ ق٦٣٠-٦٤)

قبل المغادرة إلى نقطة العبور، نادى الدليل مؤكدًا أنه كما تم إيضاحه من قبل، لم يكن الغرض أبدًا من استعراض قصص هؤلاء الرُسل الأربعة الإساءة إلى الأقوام أو المجتمعات التي عاصرت أزمانهم، أو حتى التركيز على العواقب السيئة التي سارعت تلك المجتمعات في استجلابها على أنفسهم. فالهدف الأوحد كان إيصال العبرة البالغة في تجربتهم لكل الإنسانية. وأيضًا إيضاح أن التأريخ غير الصحيح لهذه الحقب، أو نِسبة الأحداث الهامة بها إلى أزمنة أو أماكن لم يتواجد فيها لا الناس الفعليين ولا الظروف الحقيقية للأحداث، أخرج صميم هذه الرسائل عن موضعها وحَجب أهميتها. ففقدت الإنسانية درسًا عظيمًا من دروس ماضيها لتصحو في حاضرها متفاجئة أنها تعيد نفس هذه الكرات مرات بعد مرات.

نقطة العبور

وعلى الجانب الأيسر من البحر الأوسط، وعلى بعد خمسة قرون فقط من منتصف عبور الزمان، وبينما أوشك الإنسان على قطع يومين ونصف من مسافة الستة أيام، كان العديد من الناس مثل أخاة أقوام الرسل الأربعة مُطوقين بلا مخرج. يدورون في حلقات لا نهائية في نفس دائرة الإستبداد المثبطة. وكلما طويت لهم صفحة وفتحت صفحة أخرى. استداروا عنها في غفلة تامة وعاودوا فعل نفس أخطائهم السابقة بالضبط. فكان لابد حتمًا أن تمر مسيرة الإنسان بنقطة تقاطع أخيرة لتوجيه الجموع إلى المسار الصحيح.

وللسير بالمسيرة خارج هذه القِطع من الليل الحالك بظلمة الطُغيان والخروج بها إلى نور الصباح، تلاقت الأطراف من على جانبي البحر عند نقطة العبور وبدؤوا في رؤية بعضهم البعض. حتى وإن لم يعتبر البعض أن تلك اللحظة كانت أوانًا مناسبًا يمكنه إثراء التعارف والتفاعل بين الناس بما يدعم تطور الإنسانية في المضي

للأمام. وإن انتهز البعض الآخر تقدم الإنسان في تطوير وسائل النقل البحري واستغل صناعة سفن بسعة تُمكنها من نقل الحشود عبر البحر كمجرد وسيلة لمد تطلعاته المتعالية عبر الحدود والبلاد. إلا أن نقطة العبور هذه كانت حقًا تحولًا محوريًا لكل من كانوا في حاجة إلى رَفعة مُعينة بعيدًا عن ظلام الاستعباد. حيث كانت هذه اللحظة الميقات لمن استطاع أن يرى الضياء ويأتي بقبس لإنارة طريق يأنس فيه الناس سبيل للخروج من ظـلُمة ليل الاستعباد.

ونادى دليل الرحلة بصوت مرتفع: من فضلكم تجمعوا بحرص على مقربة من شاطئ البحر، ولا تتعجلوا عند نقطة العبور. بالنسبة لهؤلاء الذين لازالوا غير متأكدين أي بحر يجب عبوره. سيكون العبور من الجانب الأيسر للبحر الأوسط إلى اليمين على اليابسة القريبة من اليَم المُتخلج بالساحل.

استعدوا في المحطة القادمة للمرور بين معالم ربما تكون مألوفة جدًا للكثيرين. ولكن كونوا مهيئين لأن تُخبروا عن حالتها الأصلية التي لم توصف بعد. وأخيرًا، يُرجى التمسك بعصا المقياس والانتباه بعناية إلى جدول الزمان، حتى لا يخرج أحد عن المسار أو تضل جماعة في صحراء قفراء. أراكم في المحطة التالية في فاصل الزمن، رجاء، الحضور في الميقات المحدد بالضبط.

المحطة الرابعة

فاصل الزمن

طاغية متعالٍ، اختطف الأرض لنفسه
قطع كبيرة، وأنهار طويلة، وبلاد كثيرة انتزعها، له وحده
نصف الكرة الأرضية، أمست له إمبراطورية
تجري بأمره، يقطعها ويشكلها، كما يرى وبما يحلو له
فهلا أدرك، ما كان مُدرك، لقد تُوج على عرش يتفلق
يا له من فرعون، يا له من فرعون

على كل تلةٍ كَوم الأحجار، مصطنعًا بفخر صرح بلا إتقان
لا زاوية قامت بزاوية، ولا خط استقام في خط
قواعد عوجاء، أعمدة منحرفة، وحجر أساس شديد الالتواء
حتى عارضة الواجهة، كانت بلا هيئة، مائلة، منحنية، ومُلتفة
أكبر من حجمها، وبعد المبالغة، أصبحت منتفخة
يا له من فرعون، يا له من فرعون

صخوره الجيرية، طُبخت بلا حرفية
على غير نُضج، صُبت طرية، في قوالب اسطوانية
مشوهة القوام، لينة، قابلة للتمدد، وشديدة الرخوية
مجزأة، مقوسة، مصطكة إلى الداخل، ومكتظة إلى أسفل
ولتبدوا كما الأعمدة، وُتِدت في بعضها بكثير وكثير من الأوتاد الخشبية
طراز في البناء، غير معروف على الإطلاق
البصمة المميزة للملك الطاغية
الملك المتعالي، الأكبر وحده
يا له من فرعون، يا له من فرعون

كم اتقن الزيف بمهارة، لكل حقيقة حِيكت أسطورة
حيل بصرية، مكائد ضبابية، وادعاء لعُلو وأقدمية
أطماع بلا حدود في مُلك بلا حقوق، كبرت وجنحت بفوضى عشوائية
فاستوردت لأهلها بئس الأشياء غير الحقيقية
سحرت الأعين واسترهبت الأبصار
وتركت المسار بلا أنس، أو خبر، أو قبس من ضياء

يا له من فرعون، يا له من فرعون
طاغية صرح البارثينون، المتوتد، بآلاف وآلاف الأوتاد الخشبية

◈ نصح الدليل بعدم التعجل عند نقطة العبور، والانتباه لعلامات وتعليمات الطريق كوصايا ثمينة. وقال: في هذه المحطة، كونوا مستعدين لتتبُّع بعض الأحداث الكبيرة التي وقعت عند نقطة مهمة في مسافة الستة أيام. وعلى الأخص، الفترة التي كانت موعودة لبدء خروج الإنسانية من درب الاستعباد المعتم. وبالرغم أن معظم استكشافات هذه المحطة ستكون لأحداث مألوفة بشكل كبير، انتظروا أن تُخبروا بجوانب جديدة من حقيقتها لم تُروى بعد. كونوا جاهزين لرؤية أمور عظيمة في ضوء جديد كفيل أن يُظهر ها في حالتها الأصلية التي لم تشوبها شائبة ويكشف الحيرة التي أربكت الكثيرين لقرون طويلة.

وحثَّ الدليل الجمع قائلًا: من فضلكم تأكدوا من السير بخُطى ثابتة على أرض يابسة طوال المسار بالشاطئ الأيسر للبحر الأوسط. حتى وإن بدا اليم المتخلج للبحر غائر في التَّجوف، أو انحنى الخط الساحلي لليم بازدياد في التقوس. أيًا ما كان، يُرجى الاستمرار في المُضي قدمًا على اليابسة، وإن بدا البحر الأوسط كالشوكة منفلق بمفترق الطرق. أو تدفقت المياه في الفلق بقاعه ففرقته إلى فرقين عظيمي التقوس. وأضاف الدليل مؤكدًا: كونوا مطمئنين، فمعظم هذه الأبحاث ستتم على أرض صلبة في مسالك آمنة. ولكن يُرجى الاحتفاظ بجدول الزمان في متناول الأيدي للحفاظ على المواعيد الهامة، وجعل عصا المقياس محط الأنظار لمعرفة الاتجاه الصحيح عبر البحر الأوسط. وكذلك، يرجى تدارُس المصطلحات المُحكمة لكتاب المثاني بكل عناية لأنها ستكون ضرورية للتحديد الدقيق لمواقع ومواقيت الأحداث.

أولًا، سيكون هناك عرض تاريخي مختصر عن أول إمبراطورية طاغوتية عابرة للبلاد في تاريخ الإنسانية. وهناك يُرجى التحقق من التوقيت الذي تحول فيه نظام الحكم الطاغية من كونه نظام محلي خاص بشعوب معينة، ليصبح وسيلة للتحكم وسيطرة عابرة للشعوب والبلاد.

وقبل الوصول إلى العرش المنفلق، للملك الذي اعتقد نفسه رب أعلى، انتبهوا للأساطير المكسوة كأنها حقائق، والحقائق المحتجبة بلباس الأساطير. ضعوا في اعتباركم أن هذه الحقبة القديمة من حكم الطاغية العابر للبلاد، كانت مشهورة جدًا بخبراء وأرباب عليمة بصناعة اختلاق وتفصيل الأساطير لطمس الحقائق.

بعد ذلك، تحضروا للقاء قائد ذي عزم أثر بشكل استثنائي في تاريخ الإنسانية. كان هذا القائد مُشرعًا للقانون ومُفسرًا للأحكام، تغلب على طاغية كبير، وكشف

الحيل التضليلية لأفاعي الطاغية المخادعين. وحرر أناس كثيرة من الإستعباد وسار بهم بأمان إلى الجانب الأيمن من البحر الأوسط. علق الدليل مبتسمًا: بكل تأكيد، هذا القائد ليس أبولو الأسطوري. استعدوا للقاء موسى عند مجمع البحرين على طريق اجتياز مفترق البحر. (ملحق ت.٢٢)

وفي فاصل الزمن، يُرجى التجمع بالأرض الواقعه بالشاطئ الأيمن للبحر الأوسط لأخذ استراحة وتنفس الصعداء. ولكن لا تفوتوا النظر في الأدلة النصية المُقدمة والقطع الأثرية المعروضة. الجميع مدعوون بكل ترحاب لحضور المناقشات حول الاكتشافات الأثرية الحديثة. وسيكون هناك أيضًا مراجعة لبعض المواضيع البارزة التي ظلت غامضة حتى يومنا هذا، مثل موضوع من هو فرعون المذكور في قصة موسى، وأين كان مقر كرسي عرشه، وأكثر.

أخيرًا، وللوصول إلى الموعد الذي حُدد لميقات موسى، يُرجى الإحاطة بالمعادلة الزمنية اللازمة للسير بالليل واجتياز الباقي من اليوم الثالث. تذكروا بشكل خاص عند تتبُع موسى، أن المُضي يجب أن يكون بتدبر وبدون أي تعجل. حتى لا ينتهي بأحد المطاف ضال في أرض قفراء أو تنحرف جماعة عن المسار أثناء الفاصل الزمني.

عرش منفلق

وعندما كان اليوم الثالث على وشك أن ينتصف، خمسة قرون فقط حتى انتصاف مسافة الستة أيام، وقبل عقدين من سنة ٥٠٠ (ح ق ع)، أُرسل موسى إلى طاغية متعالٍ. ولكون الطاغية شديد التكبر والتعالي، كان الطاغية على اقتناع تام بأنه الملك الأكبر. حتى أنه أطلق على نفسه لقب (الأكبر). ومنذ ذلك التوقيت فصاعدًا، عُرف هذا الطاغية وسُجل في سجلات التاريخ باسم (الملك الأكبر). ولكونه شديد التعالي، اعتقد الطاغية أيضًا أنه الرب الأعلى وأن عليه فرض سطوته على أهل الأرض بأكملها، وإخضاعهم لسلطته في عبودية مطلقة. (ملحق ق.٦٥)

وعلى عكس أي ملك عظيم، كان أكبر ما برع فيه الملك الأكبر، هو إعداد المقاتلين. فقد أعد الملك الأكبر قوات شرسة حشدها وحركها عبر البحر الأوسط. وكان هدفه من ذلك أن يسطو على كل ركن تستطيع قبضته أن تصل إليه. وبلا

منافس، صار الملك الأكبر بالفعل صاحب سيادة، ولكن في المكر والخداع. فبينما أرسى سفنه حول المدن التي استهدفها، إلا أنه اعتمد بشكل أساسي على الخيانة وخطط لها وانتظرها بكل ترقب. فقد استثمر الملك الأكبر بشكل كبير في المارقين وأغدق بشكل أكبر على المأجورين. وبتخطيط استراتيجي، اشترى ولاء المنشقين وأسماهم (ساتراب) وعينهم جباة ضرائب وحكام محليين للمقاطعات. وأشاد الملك الأكبر على هؤلاء الساتراب ومنحهم السلطة المطلقة والحق في استخدام القوة المفرطة، فقط لفرض إرادته ورغباته الطاغية. وبلا أي خجل، لم يُجنب الملك الأكبر حتى أقرب جيرانه من مكره وخداعه. (ملحق ت. ٢٣)

وكمثل كل الطغاة في عصره، بجل الملك الأكبر نظام حكم الطاغية واعتبره أمثل طريقة وأفضل عقيدة وأعظم نظام للحكم. حتى لما مرت مسيرة الإنسان بنقطة التقاطع التي من شأنها إخراج الجموع من ظلمة الليل لتسير في ضوء قبس يوصلهم إلى الجانب المنير. وحتى لما أتاح التقدم في تحسين وسائل النقل البحري للجموع على جانبي البحر من رؤية بعضهم البعض والبدء في تعارف وتفاعل يُثري التطور الإنساني. لم يمتلك الملك الطاغية سوى أن يستغل هذه الفرص كمجرد وسيلة لمد تطلعاته المتعالية لمسافة أبعد من حدود البحر عبر البلاد.

وعلى الرغم من أن الهيمنة على كامل الأمر، كانت في مذهب الملك الطاغية تُعد حقاً مشروعًا ونواة للطريقة التي يعتبرها المُثلى. إلا أن كل ما أتت به لم يكن سوى التفتت والانقسام وعلى كل المستويات. فبنظرة سيادية شديدة الضيق، فرق الملك الأكبر المجتمعات الموحدة إلى شيع وطوائف. أفقر الأغنياء واستعبد الأحرار. وقُهر الناس في حُكمه وظُلموا بشكل رهيب. بعضهم مُستغل في بلاده وبعضهم مُضطهد، وآخرين كُثر كانوا مساكين شحنوا في السفن عبر البحر للعمل الجبري خارج البلاد. (ملحق ق. ٦٦)

يمينًا ويسارًا عبر البحر الأوسط، واصل الملك الأكبر حصاره للبلاد وانتزع لنفسه إمبراطورية عملاقة. بنهر السِند أمامه ونهر الأودي في ظهره، اختطفت يساره نهر الدانوب وتطاولت يمينه على نهر النيل. فأخضع الملك الأكبر أكبر الأنهار لتجري تحت سطوته وتخدم رغبته الضيقة الرؤية المتغطرسة. وبكل جور وطغيان انتفخت إمبراطورية الملك الطاغية وتمددت لتبتلع أغنى وأروع البلاد والأراضي آنذاك. فقد اغتصب الملك الأكبر أرض البَرَدَيـس. وكان ذلك استيلاء على مُلك لا

يُصدق. حتى أن الطاغية نفسه وجد صعوبة في تصديقه ونادى قومه مستنكرًا نفيهم لهذا التملك. (مـلـحق ت. ٢٤ ؛ ق. ٦٧)

ولأن الملك الأكبر كان ممن يوقرون النار لاعتقادهم أنها نوع من قوى الطبيعة عتيقة القدم لما قبل الوجود، فقد استورد لقومه تبجيل النار وتقديس بريقها. إلا أنه لم يرى له أحد لا بريق ولا ضياء ولا حتى وميض. ففي جميع أنحاء الإمبراطورية التي طغى فيها، وباستثناء الساتراب الذين عينهم جامعي ضرائب، تأوهه وأنّ الآخرون كلهم من لهيب نيران الملك الأكبر. فقد اُخذ الأولاد من بيوتهم وفُصلوا عن أهاليهم في سن صغيرة. وُذبح الفتيان في معارك وحشية ليس لها أي عقيدة. وحتى النساء، تعرضن بكل قسوة لمهانة العنف والإيذاء. وفي لمح البصر، حول الطاغية أرض البَرَدَيـس إلى بؤس وشقاء وأرهق بشدة مسيرة الناس في العديد من المجتمعات. وبشكل غير مسبوق، استطاع الملك المتعالي إخضاع كل ما عُرف من قوى وموارد متنوعة في العالم بأسره آنذاك لخدمة غفلته الطاغية. (مـلـحق ق. ٦٨)

بحر مفترق

وكان تسيير مسيرة المقهورين للخروج من هذا الدرب المعتم للاستعباد، في حد ذاته، سببًا جليلًا جديرًا أن يولد له قائد ذو عزم عظيم. فتح موسى عينيه ليرى أنه قد اُلقي به في عرض البحر، كحل أوحد تبقى لأم مضطهدة أخافها الطغيان لإنقاذ حياة طفلها. قُذُف موسى وهو طفل رضيع من مجرى عالٍ، يهبط مسرعًا في مجرى منحدر، يُلقي إلى ساحل بعيد، ليلتقطه في النهاية عدو. ولا يزال، كان موسىمُحاطًا بمحبة تكفي لفرش الأرض كلها بكامل العناية وعين الرعاية. (مـلـحق ق. ٦٩)

كبر موسى شاهد عيان على مظالم جسيمة في جميع أنحاء الإمبراطورية التي طغى فيها الملك الأكبر. إلى جانب القسوة والقمع استُخدمت أنواع الخدع والتضليل وبأوسع نطاق لإخضاع الناس لحكم الطاغية. فقد كان المضللون الذين استأجرهم الملك هم الأمهر على الإطلاق في اختلاق الحيل الأكثر حرفية والخدع الأشد إلتواءً. وكان استرهاب وترويع الأبصار من أكثر أدواتهم قوة لإبقاء الناس في

حالة الخضوع التام. وبحيل شديدة الإفك سحر المضللون المأجرون أعين الناس وأرهبوهم حتى تحكموا في كل أمورهم. فلم يُملوا على الناس التقاليد والأعراف وأنماط ووسائل الحياة فحسب، بل هيمنوا على العقائد والمذاهب وحتى الأفكار. (ملحق ق. ٧٠)

فأضل المضللون المأجرون الناس بعيدًا عن المسار واستعبدوهم في ظلمة الرؤى الغافلة للملك الطاغية. فأوردوهم ظلمات عميقة استوردت في حياتهم بئس الأشياء غير الحقيقية تركتهم في المسار بلا أنس أو خبر أو قبس من ضياء. حتى أن عصا موسى نفسه التي هي مقياسه للأمور وما يقوم به من أعمال، أصبحت مُخيفة مُلتوية كالأفعى من شدة اعوجاج ما لاقت من حيل مُضللة وموازين منحرفة. فكان لابد لها أن تستعيد الاستقامة التي كانت عليها.

وبينما لم تخلُ نفس موسى تمامًا من الخوف من أفعال الملك المفرطة، إلا أن إيمانه كان راسخًا. فعلى الرغم من القسوة الطاغية للملك الأكبر، إلا أن موسى اعتزم أن يتحمل كل ما يتطلبه الذهاب إلى كرسي عرش إمبراطوريته العابرة للبلاد. وبثبات وصمود، طالب موسى هذا الطاغية الذي ادعى أنه رب أعلى واعتبر إخضاع الناس حقًّا مُستحقًّا له بفضل أفضليته، أن يُحرر هؤلاء الناس من أغلال العبودية له.

حتى ولما كان موسى من غير المتحدثين بطلاقة للغة الملك الأكبر، فقد استطاع بمساعدة أخيه الأفصح منه لسانًا في تلك اللغة أن يعرضها الرؤية كاملة. وبالرغم من تكبر الطاغية خاطباه بأقوال كلها لين وتفهم ربما تذكر أو أدرك. وبأدلة جلية وبراهين لا يمكن إنكارها، بيّن موسى للملك ودلل له على السببية والعلية في الأشياء. ولكن الطاغية لم يكن مؤمنًا لا بأسباب ولا بعِلية. فسخر من شروح موسى وتفاسيره واستهزأ بالسببية والأسباب. وفي بريق أفضليته غير الحقيقية الزائفة، طغت النظرة الغافلة في رؤيته الطاغية. (ملحق ق. ٧١)

وفي اللحظة التي تجاوز الطاغية فيها المدى، استُدعى موسى ليبدأ السير بالناس إلى ما يستوجب تغيير الاتجاه. اللحظة التي كانت الأوان والميقات لتحرير المُثقلين ودعم المُستضعفين لاسترداد قوة الدفع الضرورية للخروج من ظلمة الاستعباد والتقدم في مسيرتهم بابتهاج. مدفوع بمحبة أكبر من قوة الاستعلاء، عزم موسى على تحرير الناس من أغلال الطاغية والسير بهم في أنس الضياء. بالإضافة إلى أن

موسى كان على علم بمكان الملاذ الذي كان يُعد فيه كل الناس أحرارًا معززين وكرماء.

وبعزم لا يتزعزع ابتدأ موسى وأتباعه مسيرة قوية الأثر وجبارة في آن واحد. مسيرة زلزلت الأرض من تحت أقدام الطاغية، وأرسلت عبر البحر الأوسط موجة رنانة ارتجت لها وارتجفت إمبراطورية الملك الأكبر بأسرها. وبدفع أقوى من كل شدة وتكبر انفلق قاع البحر الأوسط من الأعماق. وتدافعت المياه في فلقه لتفرقه لفرقين عظيمي التقوس. وغارت المياه ليعبر العابرون ثم فارت ليغرق الغارقون. ولم يعُد في مقدور الطاغية أن يطغى مرة ثانية لا على المساكين في السفن العابرة، ولا حتى لإنقاذ سُفنه الغارقة في أي بلد من بلاد إمبراطوريته التي تمددت خارج حدودها عبر البلاد. (مـلحق ع ١٣٠.)

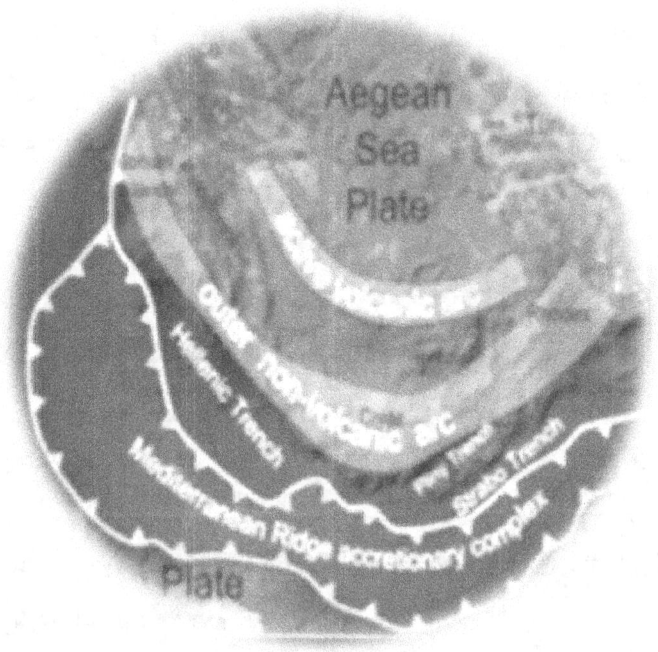

وخرج موسى بالناس من ظلمة الاستعباد وسار بهم إلى ملاذ (أرض الـبَرَدَ يس) الآمن في الجانب الأيمن من البحر الأوسط. وهناك في أرض الأمن والآمنين اتخذ موسى لنفسه ولأخيه بيوتًا. وجعلوا بيوتهم في أرض البَرَدَيس قبلة لكل الناس وأولئك الذين سوف يتتبعونهم لقرون لاحقة. (مـلحق ق. ٧٢)

فاصل الزمن

قال الدليل مُرحبًا: أهلًا بكم في أرض الآيات والألواح البينة. فالرسوُ على اليابسة في آخر المطاف هو أمر حقًا مُطمئن. فلم يكن الكثيرون ممن تبعوا خلف موسى عبر البحر متأكدين أي اتجاه ينعطفون. بعضهم تحير في متاهة لعشرات السنين، والبعض الآخر لا يزال على عدم تحويل المسار مصرين. لذا لكم أن تستمعوا بتنفس الصعداء في وقفتكم على هذه الأرض الراسية خلال فاصل الزمن.

ولكن لا تنسوا النظر بتدقيق في نسيج كل القطع الأثرية المعروضة أمامكم وتدارس كل الأدلة النصية المُقدمة لها. من فضلكم لا تغادروا بدون التأكد من أخذ الملاحظات عن البصمة والصنعة في هذه الأعمال وما لها من أثر باق عبر الأزمان.

وفي المناقشات، يُرجى إلقاء نظرة على كيفية جمع الأدله المادية. ثم النظر مرة أخرى إذا ما كانت هذه الأدله تعطي صورة تامة التوافق مع سياق السجلات التاريخية وسجلته النصوص المقدسة. أيضًا تأكدوا ألا تفوتكم المراجعات المنعقدة حول بعض الموضوعات البارزة التي حيرت الكثيرين لقرون عديدة.

انتظروا قبل مغادرة هذه الوقفة أن تُمسكوا بأيديكم وبقوة الحقيقة عن هوية الفرعون الذي يُكر في قصة موسى، ومقر كرسي عرش إمبراطوريته العابرة للبلاد. كما سيتم البحث في طبيعة المواجهة الشهيرة التي دارت بين موسى وبين من أُطلق عليهم سحرة آنذاك. وأيضًا النظر في حقائق الأوبئة التي تفشت بقوم فرعون إلى أن تُدَقق الحقيقة الكاملة واضحة الملامح رغم تقاطع الطرق. في نهاية هذه الوقفة سيتضح كيف تصدى موسى لتضليل الطاغية ومخادعيه المأجورين فقط بالإمساك الحق بعصاة مقياسه باليمين.

❋ الصرح المتوتد ـ بارثينون

لسنوات عديدة، ظل الكثيرون يبحثون عن هوية الفرعون الذي ذُكر في قصة موسى. فاختاروا أرضًا على الجانب الأيمن من البحر الأوسط كانت في وقت موسى معروفة جيدًا بقوة بنيتها والنُظم القيّمة في مؤسساتها، وبدؤوا هناك في البحث. فنقبوا عن أبنية فارعة الطول مبنية من طوب مطبوخ وعصي خشبية كما هو موصوف في النصوص المقدسة. ولكنهم وحتى اليوم، لم يعثروا على شيء. على العكس تمامًا، فكل الصروح التي عثروا عليها في تلك الأرض المؤسسة جيدًا على الجانب الأيمن من البحر الأوسط كانت مبنية بشكل واضح على أرض مستوية، بأحجار صلبة، وأعمدة جرانيتية من قطعة واحدة.

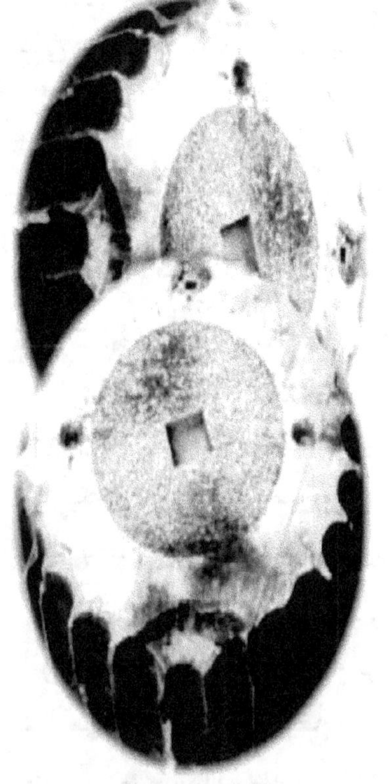

ولم يجدوا من هذه الحقبة أي دليل على أبنية فارعة الطول مبنية على تلال مرتفعة من طوب مطبوخ أو عصي خشبية لا في القلاع، ولا في القصور، ولا حتى الثُكنات. (ملحق أ.١٥-١٦)

علاوة على ذلك، فإن الخبراء في تاريخ وعلوم تلك الأرض المؤسسة جيدًا على الجانب الأيمن من البحر الأوسط ينكرون أن الحكام القدامى لهذه الأرض لقبوا بالفراعنة (جمع مُحرف من غير اللغة لكلمة فرعون). وقدموا لذلك حججًا كثيرة مدعومة بآلاف آلاف من النقوش المسجلة على أوراق بردي لا تنتهي وجداريات ضخمة لا حصر لها. وتشير وثائقهم إلى أن الحكام القدامى للأرض المؤسسة جيدًا على الجانب الأيمن من البحر الأوسط لم يستخدموا لقب (فرعون) للإشارة إلى أنفسهم بشكل رسمي أو حتى غير رسمي. ويؤكد آخرون أن لقب فرعون استُخدم بشكل غير دقيق للإشارة إلى جميع الحكام القدامى للأرض المؤسسة جيدًا على الجانب الأيمن من البحر الأوسط، بينما انطبق فقط على حكام بعينهم سيطروا على الأرض في أوقات الاحتلال.

وجدير بالذكر، أن كتاب المثاني استخدم وصف (فرعون ذو الأوتاد) كمصطلح مُحكم، للفت الانتباه إلى هوية الفرعون المذكور في قصة موسى. هذا المصطلح المُحكم لا يُعرف فقط هوية الفرعون الطاغية الذي عاصر زمن موسى، بل أيضًا يُميز بين بناياته وبين جميع المباني الأخرى التي شُيدت أثناء حقبته الزمنية. يشير مصطلح (فرعون ذو الأوتاد) أن هذا الفرعون بالذات استخدم طريقة بناء فريدة تطلبت استخدام العديد من الأوتاد الخشبية. كان هذا الأسلوب في البناء مختلف تمامًا وغير شائع خاصة في تلك الأرض المؤسسة جيدًا على الجانب الأيمن من البحر الأوسط في زمان موسى. فاستخدام الأوتاد الخشبية في بناء الصروح كان أسلوبًا في البناء فريدًا تم تسجيه في كتاب المثاني منذ خمسة عشر قرنًا مضت. ولكنه ظل غير معروف حتى البدء في مشروع ترميم حديث في القرن الحادي والعشرين لواحد من البارثينون القدامى على الجانب الأيسر من البحر الأوسط. (ملحق أ ١٧.٠ ؛ ع ١٤.٠ ؛ ق. ٧٣)

على تلال مهجورة يسار البحر الأوسط، تُرك البارثينون واقفًا وقد رحل عنه أهله. في تشابه مذهل، كل قطعة وكل جانب من هذا البارثينون تتطابق مع وصف محدد سجلته النصوص المقدسة. وبإلقاء نظرة عن قرب على بقايا أحد هذه البارثينون، من السهل ملاحظة أن أعمدتها مجزأة إلى قطع من قوالب أسطوانية الشكل. ووجدت كل قطعة من هذه القوالب الأسطوانية منحنية للداخل ومصطكة إلى الأسفل. وهذا التشوه الواضح يشير إلى أن أحجارها الجيرية كانت طرية وغير كاملة النضج عند صبها في القوالب الأسطوانية فلم تتحمل الوزن الهائل ولم تحتفظ بقوامها دون تشوه.

وعلى الرغم أن كل أسطوانة اختلفت في الحجم عن كل الأسطوانات الباقية، صفهم البناؤون رغمًا ليظهروا كما الأعمدة. ولكي يثبتوا فوق بعضهم البعض قاموا بتوتيدهم بآلاف وآلاف من الأوتاد المصنوعة من أعواد خشب الأرز. وبينما لقّب هذا الطاغية بفرعون، فقد استحق بكل جدارة وصف (فرعون ذو الأوتاد) لإفكه وافتراءاته الفاضحة. ونجا البدن من هذا البارثينون رغم غرق منطقته المحيطه بأكملها ليكون شاهدًا عبر الزمان على ما جاء به الملك الطاغية.

والمفارقة العجيبة أنه عندما اعتقد الطاغية المتعالي أنه استولى على أرض البَرَدَيـس، في واقع الأمر كان هو نفسه من وقع في الأسر. فقد أصابته الأثرية هائلة الأهمية لأرض البَرَدَيـس بإحراج يتحدى تعاليه وتكبره. فأمر البناؤون أن يبنوا له على قمة كل تلٍ في إمبراطوريته العملاقة صرحًا عالٍ. وأغفل هذا الطاغية بشكل تعوزه الكفاءة، أن ما تم إنشاؤه على أرض مستوية بمعايير متزنة وموازين مثالية، لن يكون هو نفسه أبدًا، إذا ما تم وزنه بلا معايير أوقياسه بمقاييس مزدوجة.

بلا إتقان، خرجت كل قطعة في صرح الطاغية منحنية وملتوية على كل مستوى وفي كل اتجاه. وأبعد ما يكون عن الاستقامة، كان أساس بنيانه معوجًا وأعمدته منحرفة. حتى عارضة واجهته كانت مائلة وبلا هيئة. فكان على الطاغية في هذه الأثناء أن يدرك أن ما يقيم الصروح التي أُنشئت على أرض البَرَدَيس، أنها بنيت على أرض متزنة وارتكزت على أعمدة قائمة على استقامة واستواء.

وأضاف دليل الرحلة قائلًا: بالرغم من أن صرح البارثينون المتوتد بأعواد الأرز الخشبية ربما يبدو للعين وكأن هيكله به نوع من الاستقامة. إلا أن خبراء الترميم أشاروا مؤخرًا إلى أنه لا يوجد بين عشرات الآلاف من القطع المستخدمه في بنائه خط واحد مستقيم، أو حتى زاوية قائمة واحدة. وخلص الخبراء إلى أن بعض تقنيات البناء التي اعتمدت على الخدع البصرية استُخدمت بنطاق واسع لإخفاء العيوب المعمارية في تشييد البارثينون.

وأشار الدليل أن فهم هذه الحيل البصرية سيساعد في كشف غموض آخر حول هوية هذا الفرعون ويقدم براهين أخرى لموقع صرحه المثير للجدل. ولذلك، يمكنكم الآن التجول في مدائن السحرة. ولكن كونوا على علم، فهذه المدائن كانت مليئة بأمهر المخادعيين الذين كانوا خبراء عالمين في إخفاء الحقائق أمام أعين الناس حتى في وضح النهار. (مـلـحق ع ١٤.٠)

في منتصف الشكل أعلاه صورة حقيقية للأوتاد الخشبية المستخرجه من أعمدة البارثينون أثناء عملية ترميم الأكروبوليس التي تمت بالقرن الحادي والعشرين

❈ مدائن السَحرة ـ الأوراكل

بكل تحدٍّ، صمم فرعون أن يتغلب على موسى أمام أنصاره للتقليل من نفوذه المتصاعد. فحشد الناس وجمع كل المخادعين المأجورين، والخبراء العالمين بالتكهن من كل مدائن إمبراطوريته ليكيدوا بموسى. وكما أوضح كتاب المثاني، فقد قرر فرعون أن تتم هذه المواجهة في مناسبة مشهودة يُحشر لها حشود كبيرة من الناس. فتحدد موعدها في يوم مهرجان معروف، يقام في مدينة ذائعة الصيت، شهيرة بكرنفالات ينتظرها الناس كل عام. والأهم من ذلك، كانت هذه المدينة أيضًا موطنًا للبارثينون المتوتد الذي كان بيتًا يُقيم فيه خبراء الكهانة ويقصده جموع من الناس كحجاج. فقد كانت هذه المدينة أيضًا وجهة شهيرة للحج عرفت باسم مدينة السحرة أو (الــ أوراكل أو دلفي) وكان الناس يحجون إليها من كل المدائن المحيطة لاستشارة الكهان في شؤون حياتهم وقبل اتخاذهم أي قرار. (ملحق ت.٢٥ ؛ ق. ٧٤)

والأهم من كل ذلك، أن كرنفالات مدينة السحرة كانتتُهندس وتُعد بكل مهارة بما يتيح للطاغية ليس فقط إظهار العظمة، بل أيضًا استرهاب الناس. فقد كانت الدعايات المضللة والحيل وتكتيكات التخويف تستخدم بشكل مكثف لخداع أعين الناس وإرهابهم ليظلوا في حالة خضوع مطلقة لحكم الطاغية. ومع ذلك، وعلى الرغم من البراعة الشديدة في التضليل المستخدم للتعزيز من نفير الطاغية، فقد كان ما ألقي به موسى لكشف هذا الإفك هو الأقوى. فلم يقم موسى بتلقف حيل المخادعين المأجورين والكهنة العالمين فحسب، بل كشف التضليل والافتراءات التي استخدموها لتبجيل نظام حكم الطاغية وإخفاء أوجه قصوره البائسة.

وتحول الكرنفال التاريخي لمدينة السحرة من مناسبة يتزين فيها الطاغية لاستعراض علوه وتكبره، إلى واقعة كانت حدثًا تاريخيًا لزوال سطوته. ومن ناحية أخرى ظلت حدثًا في الأذهان لا يُنسى. حدث شهدت فيه الإنسانية إبطال الخداع والاحتيال كمصدر للقوة والاستعلاء. واستطاع موسى بعصا مقياسه التي استعادت استقامتها استرداد موازين الحق واعتراض وتلقف الأفعال المعوجة. فلم يحرر موسى الناس من قبضة الاستبداد فحسب، بل كشف خداع النظم الطاغية وانتصر على حيلهم المُلتفة.

واستعاد موسى للناس ليس فقط تحررهم من الاستعباد بل أيضًا الحق في التحكم في كافة الأمور بحياتهم. كالحق في حرية الإرادة، وحرية المعتقد، وحرية الاختيار، وحرية التفكير التي لطالما سيطر عليها الطغاة وتلاعب بها المخادعين المهرة للملوك. فكان قبس الشعلة التي أتى بها موسى أنسًا وضياءً يرى به الناس أن دورهم في الحياة كان شيئًا أكبر وأكرم من التيه في الأيام عبيدًا للطغاة. حقًا، لقد أظهر موسى بهدي القبس الذي أتى به أن أول قوانين العتق من العبودية هو تقويم ما باليمين للخروج من ظلمات الخداع والتضليل. وكان ذلك أول الوصايا للعِتق من أغلال الاستعباد.

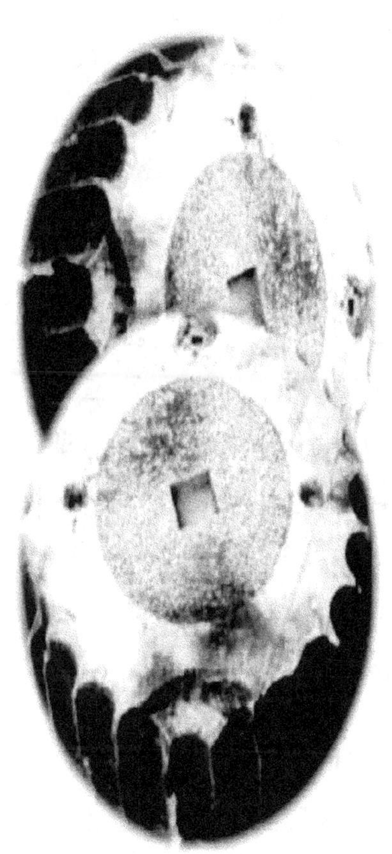

لذلك، فالتأريخ الخاطئ لحقبة موسى، أو نسبة الأحداث الهامة بمسيرته إلى زمان أو مكان لم تتواجد فيه الظروف المستهدفة، يُخرج صميم رسالته عن موضعها ويُذهب بأهميتها. وبصرف النظر عن الأماكن والمواقع، فاختزال الأحداث المحورية التي حُدد ميقاتها بدقة لفك أسر الإنسانية من قيود استبداد ملوك طغاة لمجرد قضية انتقامية لزُمرة صغيرة ظنت نفسها المختارة، أضل الكثيرين في متاهات بعيدة. وأعاق سير عدالة القانون المُنظم لمسيرة الإنسان.

وبدلًا من الاستدارة عن طُرق النُظم الطاغية والتوجه نحو أرض البَرَدَيس كقبلة وملاذ، اتخذ البعض الاتجاه المعاكس تمامًا. فوصلوا إلى القرن الحادي والعشرين معتقدين أنهم يتتبعون قبس الشعلة التي سار بها موسى. بينما في الواقع، هم يتتبعون نفس خُطى فرعون. الملك الأكبر الذي طغى في البلاد التي سيطرت عليها امبراطوريته عابرة البلاد ومجامع البحار ومجاري الأنهار.

❁ أوبئة قوم فرعون

لسنوات عديدة، ظل الكثيرون يبحثون عن أدلة لسلسلة من الأوبئة أصابت قوم فرعون لدرجة أخلَّت باستمرارية الحياة كما سُجِل بالنصوص المقدسة. وعلى الرغم من أن موسى وصف هذه الأرض بعلامات كثيرة مُميزة منها علامتين بارزتين، إلا أن الكثيرين لا يزالون غير متأكدين أين يبحثون. فتجاهلوا علامة الثعبان الكبير بحادثة كرنفال مدينة السحرة الشهير وغفلوا عن العلامة المتعلقة بالحجر الرخامي شديد البياض البيضاوي الشكل الذي أخرج من باطن الأرض.

ولأنهم ذهبوا كالمعتاد إلى الأرض التي كانت في زمن موسى مؤسسة جيدًا على الجانب الأيمن للبحر الأوسط، لم يعثروا حتى اليوم على أدلة أوبئة أثرت على استمرارية الحياة. والأغرب أنهم أغفلوا حقيقة شديدة الوضوح. وهي أن هذه الأرض لم تكن فقط متزنة خلال زمان موسى، بل لها سجلات مذهلة لا يمكن تجاهلها تؤكد على استمراريتها التاريخية بدون أي انقطاع. (ملحق ق. ٧٤-٧٦)

وحتى يومنا هذا، ما زال الكثيرون يبحثون عن أدلة لهجرات جماعية حدثت في عهد موسى خارج الأرض التي كان فيها فرعون كما أشارت النصوص المقدسة. ونظرًا لأنهم بحثوا في نفس الأرض المؤسسة جيدًا على الجانب الأيمن من البحر الأوسط، لم يجدوا أي أدلة على هذه الهجرات. على العكس تمامًا، تشير السجلات أن هذه الأرض ظلت دائمًا الملاذ الآمن لجموع الناس الذين أخرجوا من ديارهم من شتى بلاد الأرض عبر التاريخ.

وفي المقابل تُظهر الاكتشافات الحديثة أن مدينة السحرة القديمة على الجانب الأيسر من البحر تضررت في زمن الملك الأكبر بزلزال هائل وعدد من الانهيارات الطينية أثرت على استمرارية الحياة بالجانب الأيسر بأكمله. ولبقاء هذه المدينة مدفونة تحت أمتار من الطين حتى القرن العشرين، لم ينتبه إليها أحد. رغم أن بها عديد من الآيات البينة كجسد صرح البارثينون المتوتد بآلاف الأوتاد الخشبية على أعالى التلال. وأن اسمها أشتق من اسم ثعبان كبير، وفيها الحجر البيضاوي شديد البياض الذي أخرج من باطن أرضها. والذي هو الآن من الآثار الشهيرة المميزة للمدينة ويعرف بحجر سُرة الأرض أو (البيضاء) وبسببه اعتبرت المدينة آنذاك مركزًا للأرض. (ملحق ت.٢٥-٢٦)

❖ الصَلب والحقيقة

استخدم كتاب المثاني مصطلحات شديدة التخصص لتبيين صفات أخرى فارقة في التعريف بفرعون المذكور بقصة موسى ولفت الانتباه إلى هويته. يشير كتاب المثاني إلى أن فرعون هذا كان يُعاقب مُعارضيه والمتمردين على حكمه والثائرين ضد سيطرته بالصلب. أيضًا، يحدد كتاب المثاني بصفات دقيقة نوعية عقوبة الصلب التي استخدامها فرعون لمعاقبة أتباع موسى. تصف المصطلحات المُحكمة في كتاب المثاني أن هذا الطاغية كان يستخدم طريقة فريدة في تنفيذ عقوبة الصلب. وهي الصلب في قطعة خشبية واحدة مع ربط الأيدي والأرجل من الخلف. ولم يستخدم الصليب ذو القطعتين المعروف. (ملحق ت٢٧.٠ ؛ ق. ٧٧)

وأضاف دليل الرحلة قائلًا: على الرغم من أن هذه النوعية من عقوبة الصلب وحدها يمكنها أن تكشف الحقيقة الكاملة عن هوية فرعون وموقع المكان الذي أتى منه بهذه النوعية من العقوبات والعقائد والتقاليد، إلا أنها ظلت مهملة كدليل حتى اليوم. فالصَلب بهذه الطريقة لا يُعرف فقط من هو هذا الفرعون الطاغية الذي عاصر زمن موسى، بل أيضًا يحدد زمانه ومكانه في زمان ومكان استخدام هذه العقوبة.

وجدير بالذكر أنه لم يُسمع عن استخدام الصَلب كوسيلة للعقاب في الأرض المؤسسة جيدًا على الجانب الأيمن من البحر الأوسط والتي اختلط أمرها خطأً على أنها أرض فرعون. وفي الواقع، كانت عقوبة الإعدام صلبًا مرفوضة تمامًا وغير متوافقة مع القوانين القضائية المتبعة في تلك الأرض في ذلك الزمن والموثقة جيدًا في سجلات لا نهائية. من ناحية أخرى، كانت جميع أنواع الصَلب، في كل مرحلة من مراحل تطوره المختلفة وسائل لتنفيذ عقوبة الإعدام في الجانب الأيسر من البحر الأوسط وأيضًا موثقة جيدًا بأدلة دامغة لا يمكن إنكارها. وليس من قبيل المصادفة أن الصلب على قطعة خشبية واحدة كان أحد وسائل التعذيب التي استُخدمت بشكل خاص في عصر الأنظمة الطاغية، وخاصة الإمبراطورية العملاقة للملك الأكبر.

الميقات الموعود

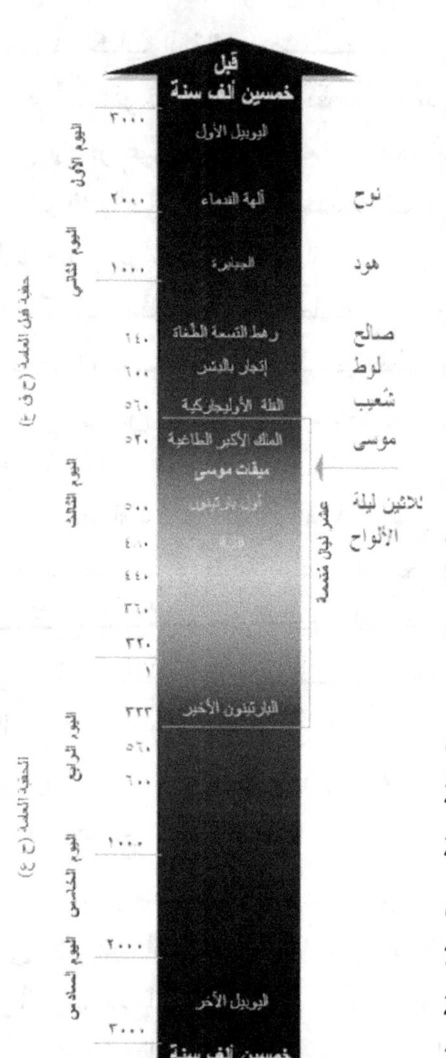

حقًا، كان موسى المُحرر الذي أخرج الناس من ظلمة استعباد الطغاة وسار بهم في أنس نور القبس الذي جاء به إلى أن أوصلهم إلى الملاذ الآمن. ومع ذلك كان ميقات موسى مجرد بداية الضربة الأولى على الطغيان. أما القضاء على نظم حكم الطاغية بشكل نهائي فقد عُهد لإتمامه ميعاد لاحق. وأضاف الدليل قائلًا: نظرًا لأن الميقات الذي حُدد لموسى كان في بداية موعد الخروج من الليل إلى وضح النهار، فهناك حاجة إلى معادلة زمنية أخرى لتوجيه السير خلال ما تبقى من زمن الليل والوصول في بالميقات الموعود بالضبط.

وأوضح دليل الرحلة أن معادلة توقيت الليل هذه تختلف قليلًا عن تلك المستخدمة سابقًا لتحديد طول اليوم في مسافة الستة أيام.* فمعادلة توقيت الليل تقدر قيمة طول الليل مقارنة بالطول الكلي لليوم الكامل. مرة أخرى، لا داعي للقلق. فلا علاقة لمعادلة توقيت الليل بالنسبية. فهي معادلة بسيطة تشير إلى أن الليلة الواحدة في عبور الزمان (ل ع ز) تمر كألف شهر في توقيت الإنسان (ت ن).

*صفحة ٢٧: حساب توقيت الإنسان

وفقًا لكتاب المثاني، فالميقات المحدد لموسى للبدء في مسيرته كان في الليلة الثلاثين بالضبط. وبما أن الليلة الواحدة تساوي ألف شهر، فإن الثلاثين ليلة تعادل ٢٥٠٠ سنة كما هو موضح: { بـمـا أن: ١ لـيـلـة (ل ع ز) = ١٠٠٠ شهر (ت ن)؛ أي أن الـلـيـلـة الـواحـدة تـعـادل (٨٣,٣سنة) إذًا: ٣٠ لـيـلـة (ل ع ز) = ٢٥٠٠ سنة (ت ن)}. والوصول إلى ذلك الميقات في الليلة الثلاثين كان كمثل قطع مسافة خمسة وعشرين قرنًا من بداية عبور الزمان، حتى الوصول إلى سنة ٥٠٠ من الحقبة قبل العامة (ح ق ع). بعد ذلك أضيفت عشر ليالٍ إضافية من البدء في مقصد موسى في الليلة الثلاثين حتى إتمام تحقيق ما عُهد به من خلاص من نظم الحكم الطاغية بشكل نهائي. وطول مسافة العشر ليالي الإضافية يزيد قليلًا عن ثمانية قرون،} (١٠ (ل ع ز) = ٨٣٣,٣ سنة (ت ن)}. لذلك، فإن الميقات الموعود لإتمام مقصد موسى استمر من سنة ٥٠٠ (حقبة قبل العامة) إلى سنة ٣٣٣ (حقبة عامة). (ملحق ق. ٧٨)

بعبارة أخرى، وقعت أول ضربة على الطغيان حول سنة ٥٠٠ (ح ق ع)، بينما الضربة النهائية لإتمام القضاء على الطاغية كنظام للحكم كانت في سنة ٣٣٣ (ح ع). وأشار دليل الرحلة موصيًا: يُرجى من الجميع التحقق من المعلومات التاريخية الكاملة عن هذه الإمبراطوريات التي حكمت بنظم الطاغية فيما يخص الأسماء والتواريخ ومزيد من التفاصيل.

وبعيدًا عن حساب التواريخ والمواقيت، كان موسى ومن اتبعه شهود عيان على نهاية طاغية متكبر. ومع ذلك لم يكن موسى وأتباعه سوى نبضة أثارت موجات عديدة لتتبعها وتموج بنفس الاتجاه. فبعد زمان موسى مباشرة، تدافعت وتلاقت موجات تحرير عديدة ماجت وسارت في جميع أركان إمبراطورية الملك الأكبر المنهارة. وفي سنوات قليلة، عند بداية القرن الخامس (ح ق ع)، أعلن غروب شمس أول إمبراطورية استبدادية في التاريخ ووراثة الذين كانوا يُستضعفون مشارق الأرض كلها ومغاربها. ولكن التغلب على الطغيان كنظام للحكم والتحرر النهائي من العبودية للطغاة كان نصرًا موعودًا في بداية القرن الرابع من الحقبة العامة (ح ع). فكان هذا هو العهد الموعود لانتصار الإنسانية على الاستعباد وحكم الطاغية. (ملحق ت.٢٨ ؛ ق. ٧٩)

وطوال هذه الليال العشر التي مرت على امتداد ثمانية قرون طويلة، كان على من اتبعوا موسى أن يدركوا أنهم ما زالوا مثقلين ببقايا أنظمة فاسدة عاشوا بينها

عشرات السنين. ولذلك وبالرغم من أن التوقيت كان موعدًا للخروج من الظلمة وبزوغ نور الصباح، إلا أن الكثيرين لم يكونوا مستعدين بعد لوضوح البصيرة. حيث كانوا لا يزالون مُكبلين بأحمال ثقيلة من بقايا أعراف وتعاليم الأنظمة الطاغية. ولأن الكثيرين ممن تبعوا موسى كانوا مُحملين بأثقال فوضى مربكة لتقاليد وعقائد ومذاهب خاطئة تلقنوها من أنظمة طاغية النظرة غافلة الأفق، كان عليهم أن يبحثوا ليتعلموا من جديد كل ما حجبتهم الرؤى الغافلة لملوك نظم الطاغية عن رؤيته وإدراكه من قبل.

فكان على الكثيرين ممن تبعوا موسى ألا يتعجلوا بغير تعقل أو تدبر وراء أشياء غير حقيقية يمكن أن تضلهم مرة أخرى عن اتجاه الأمام في المسيرة. وكان عليهم أن يتعلموا أن يجِلوا أنفسهم من التفاضلية الوهمية ويدركوا أن الفرضيات التفاضلية هي فرضيات خادعة مضللة لا تؤدي إلا إلى فجوة عديمة الشكل بلا إستمرارية. وكان عليهم أن يتعلموا تمييز الحقائق حتى يتجنبوا استبدال الأنس والسكينة بالتصادم والصراع. ولا يزال كان على الكثيرين منهم أن يدركوا أن اتباع الصراعات الفوضوية ليس إلا ملاحقة لرماد نُسف بمجرى جارف مندفع.

فقد كان الزمان الذي فيه سار موسى بالناس إلى أرض البَرَدَيس حقًا الميقات لتعلم الدروس القيّمة التي كانت معروضة للعيان على ألواح جلية مُبينة منذ البداية في الزمان. فكان على الكثيرين آنذاك أن يدركوا أن الأمر لا يتعلق بماذا يأكلون أو كيف يلبسون، بل كيف يغيرون الخبيث والسيء بالحسن والطيب. وآخرين كان عليهم أن يتعلموا إنهاء الحنق، والتخلي عن السخط، والندم على الازدراء، وهجر الخداع، والتوبة عن الطمع، وترك الكذب، والأسف على الغضب، والتكفير عن التكبر وعدم الرضا والقسوة والانتقام. بالإضافة إلى ذلك، كان على الكثيرين ممن تتبعوا موسى أن يدركوا أن الأمر لا يتعلق بكيف يغتسلون أو ماذا يُطهرون، ولكن كيف يعتنقون الخير ويتواصلون بالحق. وبعكس قوانين الأنظمة الطاغية المتعالية، كان على كل من اتبع موسى أن يتعلموا كيف يتمسكون بالموازين القيّمة والمعايير السليمة ويتواصلون بمبادئ العدل والأخلاق.

بالتأكيد، كان هذا التوقيت ميقاتًا موعودًا لكثير من الناس وللإنسانية لإدراك الكلمات الجلية التي كتبت في ورق الجنة وبرديات أرض البَرَدَيس. الميقات الموعود لتتبع موسى إلى حيث فتح عينيه ورأى كلمات منيرة منحوتة في ألواح

مضيئة ظاهرة للعيان. الميقات لإدراك أن بني الإنسان كانوا كلهم ومنذ بداية الزمان معززين بأكرم الفضائل ومكرمين بأنعم القيم. ومن يومهم الأول على الأرض كانوا موقرين بأزين الثياب. أبدًا لم يكونوا يومًا مخزيين بظلمة أو مهانين بسوءة عرى.

ودعا دليل الرحلة الجمع قائلًا: ولرؤية بقية ما تُرك من كلمات هذه الألواح المضيئة بأرض البَرَدَيـس، من فضلكم كونوا على استعداد لخلع الأحذية القديمة من الأيام الخالية قبل الدخول من الأبواب. واعتمدوا على الآتي، فأرض البَرَدَيـس تقع بالقطب المركزي محور قلب الأرض ووادي طي الزمان والمكان. فلا يمكن أن تفوت على أحد ولا يُعقل أبدًا أن يتم تجاهلها ويستحيل على الإطلاق نسيانها. أراكم جميعًا بوادي طي الزمان- على الأبواب!

المحطة الخامسة

وادي طي الزمان

على الأبواب

كتب طائر الحكمة بشرى للثبات:
شجرة المعرفة لا تحمل للشر بذور ولا ثمار ملعونة النبات

كتب طائر الحكمة تضرعًا لأولي الألباب:
ثمرة الغرور كانت دائمًا اكل الشجرة ممنوعة الاستنبات

كتب طائر الحكمة نصيحة ليوم حساب:
ضبط الرؤى الفوضوية يكسو عرى الجاهلية بأزين الثياب

كتب طائر الحكمة وصية تفتح الأبواب:
معرفة النفس مفتاح للإدراك والاستيعاب

كتب طائر الحكمة وكتب
ليس على أوراق التوت ولا أوراق التفاح
ولكن على أوراق وأوراق من بردي

ورق الجنة

⬡ دعا دليل الرحلة الجمع أن ينضموا إلى حشد المعتدلين الذين التقوا بسلام عبر الزمان على أبواب أرض البَرَدَيـس. واستطرد قائلًا: ضعوا في اعتباركم أن الدخول إلى أرض البَرَدَيـس غير مسموح إلا بعد حضور حشد سليمان الذي هو مُعد له في الجزء الثالث من الرحلة. وحتى ذلك الموعد، وبينما الأعين لا تزال على البحر المنفلق، يُرجى إلقاء نظرة أخرى عن قرب على الشطرين المفترقين بجانبي البحر الأوسط علي مشارف انتصاف مسيرة الإنسانية. يُرجى أخذ نظرة شاملة عن الصورة الكاملة للمشهد ثم الاقتراب أكثر لأخذ نظرة أقرب على الملامح والتفاصيل في كلا من الجناحين: الجناح الشرقي على يمين البحر الأوسط والجناح الغربي على اليسار.

ونصح الدليل بتواضع: ولرؤية كيفية طي الزمان فقط كونوا على استعداد لخلع الأحذية القديمة من الأيام الخالية. فكم أنهكت هذه النعال العتيقة أعداد كبيرة من الناس في الماضي واستنزفت آخرين كُثر لقرون طويلة. فتركتهم غير قادرين على مواصلة التقدم إلى الأمام في المسيرة.

ولفت الدليل الانتباه أن هذا الموقع بأبواب أرض البَرَدَيـس كان عند فترة انتصاف مسافة الستة أيام، حقًا قطبًا مركزيًا، وواديًا لطي الزمان، وشاهدًا على الأيام. لذلك فهذه النقطة هي أنسب المواقع لرؤية الجنان التي زُرعت في ما مضى على الجانب الأيمن من البحر الأوسط وتجارة شجرة الغرور التي اتخذت مكائنًا على جانبه الأيسر. لذا استعدوا هنا للكشف عن الجذور وفحص الثمار والبذور.

وعلى أبواب أرض البَرَدَيـس، وبالرغم من أن كل الدلالات ستكون واضحة بجلاء، انتبهوا جيدًا لما تركته الأقدام من آثار. لاحظوا كل العلامات والإشارات التي جعلت من هذه الأرض جنةً لاستضافة الجموع العابرة، ومحورًا لقلب الأرض، وواديًا لطي الزمان. في نهاية المحطة، يُرجى أن تأخذوا الوقت الكافي لإدراك وتقدير كيف جُهزت الأرض لإقامة منشأة سليمان وكيف مُهدت الطرق لاستضافة حشده المشهود. تمتعوا بالمسيرة، فهي حقًا قصيرة.

الجنان

وبدأ دليل الرحلة قائلًا: لو أن أحدكم أخذ لمحة خاطفة على الجنان بالجانب الأيمن من البحر الأوسط حول سنة ٢٥٠٠ من الحقبة قبل العامة (ح ق ع)، خمسة قرون فقط قبل نهاية اليوم الثالث بمنتصف مسافة الستة أيام، لرأى هناك أناس تغمرهم السعادة والطمأنينة. فجميع الصور التي تركوها وراءهم سواء كانت لمزارعين، أو نجارين، أو بنائين، أو عمال معادن، أو صائغي مجوهرات، أو رجال دين، أو مسؤولين وحتى النساء والأطفال تصورهم جميعًا بابتسامة ساحرة لافتة للانتباه بشكل ملحوظ. تكاد تنطق صورهم في كل أحوالهم وهم يزرعون، أو يرعون، أو ينثرون البذور، أو يحصدون، أو يصطادون، أو يمهدون، أو يقطفون أو يبنون أو يكتبون أو حتى يلعبون بامتنانهم الجلي والسلام. فتشهد لهم هذه المشاهد الواقعية وتُخبر المُشاهد عبر الزمان، كم كان ينعم من سكنوا الجانب الأيمن من البحر الأوسط بحصاد أعمالهم وثمار مسيرتهم في الأيام.

فمنذ البداية قَدَر ساكني الجانب الأيمن من البحر الأوسط بامتنان غامر عرض عبور الزمان واستقبلوه كهدية قيمة لمزيد من التطور والتقدم للأمام. وفقط في نصف مسافة الستة أيام، عمروا أراضيهم وزينوا بلادهم بالحدائق الجميلة والجنان. وبكل براعة وإتقان أبدلوا القاحل بما هو وافر الخصوبة، وحولوا كل ما هو مجدب إلى مثمر في قمة الإزهار. فتبدلت في أيديهم أجدب الصحاري إلى واحات غناء، وأثمرت حقولهم أحجار كريمة وجواهر ثمينة متألقة.

فبدون إسراف أو غفلة أو إهدار تفكر أصحاب الجانب الأيمن من البحر الأوسط في كل عوالمهم، الحية منها والمادية. فتعرفوا على الخواص المميزة في الأُظم وقدروا حق التقدير البنية الطبيعية للكيانات والمخلوقات. فتعلموا أسماء الأشياء الحقيقية التي لا تقترن إلا بواقع. ولم يسموا إلا الأشياء التي لا تتوافق إلا مع الحقائق. ففهموا باستيعاب طبائع المواد وتفاعلوا بشكل صحيح مع كل الأشياء. فاحتفوا مرحبين بالحياة في كل ما جسدوا أوشكلوا، ولم يجسدوا أو يشكلوا إلا ما هو ملائم ومتوافق مع أشكال الحياة. فحافظوا على التوازن حولهم وقدسوا الميزان، حتى أن تصوراتهم الهندسية بنيت على معادلات زاهية زكية. فظلت ألواحهم وجدارياتهم

وصروحهم قائمة مهما مر عليها من الزمان لتشهد أمام العالم وتُقسم أن صنعة أيديهم كانت المعيار الذهبي.

عمل ساكنو الجانب الأيمن من البحر الأوسط بكل اكتراث حتى تناغمت إبداعاتهم بشكل خلاق مع الهدف من الزمان والحياة. وبتدبر ووعي كامل الإدراك نحتوا وأصقلوا حتى الأفكار والمعارف والآداب. فخرجت إنشاءاتهم رائعة التصميم، أنشدوا لها الترانيم وابتكروا من أجلها أرفع الآلات الموسيقية لتعزف موسيقاهم العذبة الشجية. فحقًا كان من سكنوا بالجانب الأيمن من البحر الأوسط بارعين في العمارة والهندسة، وأيضًا الطب، والكيمياء، وعلوم الفلسفة. وكانوا كذلك من الراسخين ليس فقط في العلم، بل أيضًا في العقيدة والإيمان والدين.

والأهم من كل ما سبق، أنه إلى جانب تقدمهم البارز في العمارة والزراعة والبناء والإنشاء أوجب ساكنو الجانب الأيمن للبحر الأوسط على أنفسهم التعلم والتعليم. فكرسوا أنفسهم لتقدم المعارف ونهضوا بالكتابة والتوثيق، مما اعتبر هبة تُركت للعلماء من بعدهم في كل العصور. فتجلت إبداعاتهم واضحة بشكل لا يمكن إنكاره وظل ما قدمته أيديهم كنوز ثمينة، مبهجة للعيون مهما مر عليها من الزمان.

وقد كان لاعتراف سكان الجانب الأيمن بالنعم وامتنانهم لرؤية فضلها الفضل في إلزامهم لأنفسهم بالخير والصواب. ومن ثم انتظامهم في مسيرة الحياة بلا اعوجاج أو انحراف. فتحكموا بسهولة فيما رآه الآخرين جامح ولم يجدوا صعوبة في تهذيب ما بدا للباقين خارج السيطرة. فكبحوا التعصب، وطردوا الغطرسة، وقاطعوا الجشع والطمع، وقوموا العِوج في كل أنحاء بلادهم.

واستطاع سكان الجانب الأيمن للبحر الأوسط إجلاء الظلم والعداء من أراضيهم. فأنشؤوا أول دولة ذات حكومة منتظمة وشكلوا أول وحدة ثقافية على الأرض. وبينما كانت العديد من المجتمعات حولهم تختفي فجأة وينقطع دابرها بلا أي أثر، نعم ساكنو الجانب الأيمن من البحر باستمرارية مبهرة ودوام مطرد بلا فجوة أو انقطاع. وظلت سجلاتهم باقية، تبرهن أنهم رفعوا بإخلاص الموازين الصحيحة وكانوا أمناء في إقامة المعايير السليمة والحفاظ على الميزان. فأنشؤوا حضارة عظيمة ظلت نموذجًا مضيئًا يتحاكى به ويحاكيه الآخرون على مدار الزمان. وتركوا خلفهم أمتارًا طويلة من أوراق البردي طولها آلاف السنين لتكسو بثياب من جنة أورقت بفضائل المعارف والعلوم كل من ظلوا في الجهالة عراة.

شجرة الغرور

من ناحية أخرى، أتلف من مكثوا في الجانب الأيسر من البحر الأوسط جناتهم الجميلة بالقسوة وحولوها إلى حطام. فلم يُقدروا عرض عبور الزمان ولم يروا فيه طريقًا للتطور أو التقدم للأمام، حيث فضلوا أن يتعجلوا في مسيرتهم بتصوراتهم غير الحقيقية المنتقصة. فوضعوا افتراضاتهم المليئة بالخلل مواضع التقدير واعتبروا مبرراتهم غير المنطقية وتفاسيرهم المنحازة معايير.

والأسوأ من كل ذلك، أنهم احتسبوا أن استنبات ثمار أشجار الغرور شيء جائز لهم ومقبول. وقبل أن يدروا انحرفت رؤيتهم بحدة وانغلقت لدرجة حرجة. فلم تكن نظرتهم لما حولهم نظرة غافلة ضيقة فحسب، بل كانت أيضًا مائلة مُنكبة على الذات ومتحيزة لجانب واحد. فسخروا من أي نظرة أوسع من نظرتهم. ومن ثم هجرتهم رحابة الصدر وكف عنهم التسامح، حتى، بين بعضهم البعض.

علاوة على ذلك، فقد نظر الماكثون بالجانب الأيسر من البحر الأوسط إلى العالم نظرة فوقية متعالية. فلم يستطيعوا تصور صورته المصممة بأحسن إتقان. ولم يروا سوى فوضى طاغية وفراغ حالك الظلام. إلا أنهم ولأن الغرور كان دليلهم تصوروا أنفسهم في نفس الوقت ملوكا كبراءَ وأربابًا عالية. ومن ثم تسلق غرورهم لمرتبة أعلى، فانتحلوا لأنفسهم قوى إلهية وطفقوا في تقسيم عالمهم لطبقات تجعل لهم الأفضلية. مثَملين في ظل أشجار غرورهم، لم يدركوا أن تصوراتهم الفوضوية للعالم كفراغ حالك لم تكن سوى رؤيتهم أحادية الجانب. نظرة حجبتها ظلال أشجار الغرور الخادعة وساقها الكبر لثمار الغرور المُثملة.

وفقط في منتصف الطريق وقبل انتهاء اليوم الثالث من مسافة الستة أيام، أمسى من مكثوا في الجانب الأيسر للبحر الأوسط مُقيدين بأغلال مكتسبات عقيمة ومُكبلين بمساعٍ فارغة وصراعات فوضوية بلا قيمة، فاستبدلوا السهولة بالخشونة واليسر بالعسر.وفي تباريهم في تصادماتهم اللا نهائية، عذبوا أنفسهم والآخرين في معارك بلا عقيدة، وأثقلوا المسيرة بأحمال حقًا ثقيلة.

وبالرغم أن سكن من مكثوا بالجانب الأيسر للبحر الأوسط كانت تُحيط به الحدائق الغنية الخلابة، فقد تغير ذلك وبشكل دائم بسبب تعديهم واعوجاج مسلكهم. فتحولت الوفرة حولهم لندرة وتلف جعلت حياة الكثيرين عبئًا ثقيلًا لا يطاق. فلم يضر

طغيانهم المدمر للذات بالجنان التي كانت في أرضهم فحسب، بل أوهن في أراضيهم العدالة وأخصب ثمار اليأس ذات الأشواك. فكانت الكوارث والويلات المروعة ليست إلا عواقب حتمية لما سارعوا في جلبه على أنفسهم من عذاب.

إلا أن من مكثوا في الجانب الأيسر من البحر الأوسط، لم يدركوا أبدًا أن ثمار أشجار الغرور التي استنبتوها كانت تنزع عنهم ثيابهم. فبينما اعتبروا انتزاع الثروة ومُلك السلطة حق لهم لأفضليتهم، إلا أنه في واقع الأمر، كانوا هم من ينزع عنهم هذا الغرور ثياب كل الفضائل. وبينما هم في فخرهم يتباهون بلا حياء لم يدركوا أن شجرة غرورهم تركتهم في عري كامل من كل فضل وفضيلة. حتى وعندما كانوا في كل مرة يتجاوزون فيها المدي يهوون في فجوة بلا نهاية، لم يفكروا أبدًا أن يراجعوا عواقب استنبات شجرة الغرور أو الإتجار في ثمارها. فلم يبق شيء لمن مكثوا في اليسار سوى انتظار عبور الزمان لإظهار الصورة التي لم يدركوها في البداية وأخذتهم صاعقة رفض تصورها. الصورة التي هي أكبر بكثير من تلك التي تصوروها بنظرتهم الضيقة، ولطالما حاولوا بكل عناد فرضها على العالم وحصر روعته غير المحدودة في أطرها الضيقة.

على الأبواب

وبالرغم من عباسة كل النظرات الغافلة وتجهم المساعي الجشعة المتعالية، فاللحظة التي سطحت فيها الظلمة الطاغية ليلًا لتتجاوز أبواب جنان أرض البَرَدَيـس، كانت هي نفسها، مطلع بزوغ نور الصباح. ففي منتصف اليوم الثالث بالقرب من سنة ٥٠٠ (ح ق ع)، تحرر أخيرًا الكثيرون من قيود القهر واستعباد الطغاة المتكبرين. واستعاد عددًا لا حصر له من الناس حرية الرحيل التي كانت مسلوبة منهم لقرون طويلة. فعبروا البحر ليهاجروا بعيدًا عن الأعراف الظالمة للتعاليم الطاغية. وفي ذلك التوقيت، لم يكن أمام هؤلاء العابرين سوى مكان واحد يمكن أن يستضيفهم ويسمح لهم أن يتجمعوا فيه ويقصدوه. وكان هذا المكان المقصود جنة أرض البَرَدَيـس على الجانب الأيمن من البحر الأوسط، القبلة المضيئة لكل العابرين.

فأبواب أرض البَرَدَيـس كانت القطب العظيم الذي دارت حوله أحداث كبيرة وشعوب كثيرة عبر السنين، وأرضها الوادي الذي طوى المسافات والأيام عبر الزمان. حيث كانت أرض البَرَدَيـس آنذاك بمثابة قلب محوري كبير أوى إليه الجموع القادمة من كل اتجاه وعبر كل طريق. فكانت النقطة الوسيطة التي ربطت الزمان والمكان، وواصلت البلاد البعيدة معًا بشبكة من الطرق الثقافية أتاحت لشعوب الأمم التواصل والتعارف بالرغم من اختلاف ألسنتهم واللغات لأبعد من حواجز الكلام المنطوق. حقًّا، كانت أرض البَرَدَيـس جنة ؛ لامتلاكها القلب الذى رحب واستضاف العابرين واحتضن مقصد الإنسانية على مدار السنين.

وكانت أرض البَرَدَيـس التي استضافت الجمع الإنساني قطبًا مركزيًا هائلًا أدار التاريخ والأحداث بدرجة تجعلها لا يمكن أن تفوت على أحد ولا يُعقل أبدًا تجاهلها، ويستحيل على الإطلاق نسيانها. كالهرم أقيمت قواعده على أرض متزنة، واتجهت أوجهه ناحية كل اتجاه، ولكن ظلت قمته عالية بلا ميل أو انحراف أو اعوجاج. فقط هناك على هذه الأرض المتزنة كان يمكن للناس أن يتعلموا كيف يوفقوا بين مصالحهم الخاصة ورغباتهم الفردية، ليس فقط مع مصالح جماعتهم وعشائرهم وقبائلهم الأقربين، ولكن أيضًا مع مصلحة المجتمع الإنساني بأكمله.

فكانت أرض البَرَدَيـس حقًّا الجامعة العظيمة التي اجتمعت فيها الجموع الإنسانية والشعوب لفيفًا من شتى بقاع الأرض على مدار السنين. حيث كانت أرضها جنة جرت أنهارها بالمعارف الحقيقية، فأورقت أشجارها بعلوم مثمرة في كل

المجالات، وفاضت ينابيعها بمحبة لا تنضب وسلام. لقد أثرت في العالم بطرق لا يمكن لأي بقعة أخرى في الأرض أن تدعي لنفسها نفس الحجم أو التأثير خاصة إذا ما كانت تلك البقعة حتى الآن لا تستطيع التعايش مع من أهلوها. فكانت الخزانة التي أغنت التاريخ والزمان، والخزينة التي حفظت للإنسانية صورًا قيّمةً من ذاكرة تطورها وتاريخها. وباستمرارية متصلة بلا أي انقطاع، ظلت أرض البَرَدَيس لم يغرقها طوفان، ولم تعصف بها ريح إعصار، ولم يدمرها بركان، ولم يقهرها رجز أو وباء. لقد حفظت للعالم سجلات ثمينة لقرون طويلة وأجيال. رسائل تذكيرية باقية لمن تسول له نفسه التراجع إلى جهالة النسيان، ومن يتزين له غوى الانتكاس إلى الطرق المؤذية في ماضي الأيام.

وعلى أبواب أرض البَرَدَيس أتى الرُسل والمبشرين على حد السواء إلى وسائل متقدمة لإيصال رسائلهم إلى شعوب كل الأمم. فعلى عكس العصور القديمة حيث عرقلت الحواجز الجغرافية واللغوية والثقافية الرسل والرسائل. فتحت أرض البَرَدَيس الأبواب وطويت حدود الزمان والمكان لتأخذ الكلمة شكلًا جديدًا تُخبر به وتعلم العالم بأسره. فعلى أبوابها بدأ الرُسل والمبشرون في مخاطبة الإنسانية كلها وإيصال رسائلهم لأبعد من أقوامهم، وأخوياتهم، وعشائرهم المقربين.

ومنذ ذلك اليوم، كان على الناس أن يدركوا أن الرسالة لم تكن أبدًا قاصرة على عرق، أو عُصبة، أو جماعة مختارة. وأبدًا لم يكن لها نسب مفضل أو سلالة متوارثة. وإنما هي دعوة موجهة لكل من يستطيع بكامل حريته أن يجد في نفسه السماحة واليسر لحضور الجمع الإنساني بسلام. حقًا، كانت أرض البَرَدَيس بالفعل المنارة التي أضاءت لمن ساروا في ظلمة ليل اليوم الثالث.

أعلن الدليل قائلًا: وعند هذه الأبواب وصلت الرحلة لتشهد المقصد المُنتظر. في الجزء الثالث من البحث استعدوا للبدء في تقصي الحقائق عن سليمان ومُلكه في أرض البَرَدَيس. ربما تكونوا جميعًا قد جمعتم بالفعل كل المعلومات عن الاتجاه الصحيح لأرض البَرَدَيس وعرفتم مكان موقعها عن ظهر قلب. في المحطة التالية، ستعثرون على المزيد من الإثباتات عند مراجعة التصميم والخلفية لحشد سليمان. وهناك أيضًا، سيرتبط هدفه بإنجازاته وسيضيء مقصده مرة أخرى إنشاءاته. ألقاكم في الحشد الكبير بعد الدخول من الأبواب!

الجزء الثالث

الحشـد

٦

المحطة السادسة

الحشد الكبير

حشد كبير للإنسانية
لتسر بموكبها زاهية
بزينة دولتها الباهية

قيّم مثالية وموازين
لقد أُسس المشهد بتصاميم
مبنية على علم سليم

حقول محروثة ومغضنة
ببذور فضائل مثمرة
لسكينة حاملة
مِلكية بالحق قائمة

قضاة حكيمة يزرعون
حقوق وعدالة ناقلة
ولكل ما ليس مبرَر مُبطلة

أطلق البسمة ضحكة رنانة لتنير
فالحشد أبدًا لم يكن لمصير
حطام، أو شؤم نذير!

۞ انظروا، عندما تتحد الحقائق الأكثر تفردًا في الدليل، أن أرض البَرَدَيـس كانت دائمًا محل إعجاب وتقدير جميع الناس عبر الزمان. بمجدها وروعتها وغناها وخصوبتها كانت أرض البَرَدَيس دائمًا مطورة وظاهرة بكنوز هرمية بارزة مرفوعة على أرض متزنة بلا اعوجاج. فكانت أرض البَرَدَيـس حقًا فاروسَ ومنارةً، وقبلة الأمن، ومهدَ السلام للناس والإنسانية أجيالًا وأجيال عبر الزمان. بالإضافة إلى ذلك، كان حكام أرض البَرَدَيـس الأشهَر في التاريخ والسجلات. محبوبين بين شعوبهم ومقدرين باحترام كبير من قبل سكان البلاد المجاورة. حتى قبل بداية الزمان، كانت خطاهم واسعة التقدم بشكل لافت للانتباه. جعلت كل سكان الأرض حتى الآن، لا زالوا يطمحون أن يدركوا مداه. (ملحق ت. ٢٩)

وانظروا من جديد، عندما تندمج أكثر الأدلة دهشة في البرهان، أن أكثر الجوانب روعة في حكم سليمان لم يُكشف عنها الحجاب بعد. فقد كان سليمان ومن قبله داوود حاكمين حكيمين وُهبا فضل الوصول إلى تولي الحكم في أرض البَرَدَيـس والتقرير في حقولها المحروثة بالكنوز عند نقطة محورية من مسيرة الإنسانية. بفضل وهبة وحكمة وعلوم ذكية، أوتي كلٌ من سليمان وداوود في أرض البَرَدَيـس وسائل متفوقة للحُكم وثروات وسعة ومقدرة. فأسسا لحشد كبير للإعلان عن فجر موسم جديد مشرق بالخير على الإنسانية كلها. فصل من الزمان في آنٍ واحد مثمر وبهيج، أبدًا لم يكن يومًا ما عديم الجدوى أو عقيم بلا قيمة.

وأخبر دليل الرحلة الجمع قائلًا: ورغم أن حضور حشد سليمان ليس مخططًا له في هذه المحطة، كونوا مُعدين لدراسة دقيقة لمعالم مشهد هذا الحشد والنظر بكل عناية في خلفيته. انتبهوا لكل العناصر التي تفاعلت آنذاك الطبيعية منها والإنسانية، ولاحظوا العوامل التي أثرت في وقوع ومجرى الأحداث مجردة كانت أومتعلقه بأفعال بشرية. ونبه الدليل: توقعوا في نهاية هذه المحطة أن تستعيدوا الذكر للسبب البهيج من هذا الحشد الكبير لسليمان وطبيعة أنابة داوود. والأهم من ذلك، انتبهوا للظروف والأسباب التي أوزعت كل من داوود وسليمان للبدء في مساعيهم وأعمالهم الإصلاحية.

وأضاف الدليل وكما وُعد به من قبل، بدءًا من هذه النقطة في الرحلة سيتم الاستقصاء والبحث في صحة أو عدم دقة ما عُرض في المحطة الثانية من أقـــوال ألصقت بسليمان ومُلكه وتداولت بين الناس لمئات السنين حتى يومنا هذا رغم

تناقضها وعدم اتساقها. ومن هذه المحطة وطوال المحطات الباقية في البحث سيتم جمع الحقائق والبراهين عن سليمان حتى يسترجع كل ما يتعلق بأمره سياقه الصحيح ويتم استرداد الهدف المُشرق من حُكمه الحكيم. ومن ثم تستعيد الأحداث التاريخية الهامة مواضع أهميتها بالنسبة للإنسان والإنسانية.

فعند أول وقفة في هذه المحطة، لاحظوا بكل عناية حال الجموع المحتشدة عند الوصول. انتبهوا إلى الظروف التي شكلت خلفيات الجموع القادمة من كل طريق وأثرت في نظرات الحشود الواصلة من كل اتجاه. في وقت شهد أكثر حالات التعددية والتباعد بين الثقافات والتنوع في الخلفية. ولكن لا تغفلوا أن السبب الذي اجتمعت عليه هذه الجموع المحتشدة رغم اختلافها الشديد كان الوقوف على أرض سواء.

وهناك كونوا مستعدين للنزول على الركبتين لرؤية كيف حرث داوود وسليمان خلال الحقول المغضنة بالكنوز، لزرع بذور الفضيلة لهذه الحشود القادمة من كل اتجاه. من فضلكم تأكدوا خلال هذه المحطة من الاحتفاظ بكل من جدول الزمان وعصا المقياس في متناول اليد؛ لأن التيه في الأرض الخطأ قد يؤدي إلى التخلف في صحراء قاحلة غير مؤهلة للحرث أو الزراعة والتغيب الكامل عن حشد سليمان.

بعد ذلك، وفي وقفتي العزة المغتصبة والكرامة المهددة استعدوا لدراسة حدثين حقيقيين وقعا في وقت مبكر من عهدي داوود وسليمان. حيث يكشف هاذان الحدثان عن جوانب هامة تبين الدور الحقيقي لسليمان وداوود والسبب المُضيء في مساعيهما. وكما سترون أنه، وعلى الرغم من أن كلا من هذين الحدثين الهامين ظلا حتى اليوم ذائعي الصيت ومعروفين بشكل كبير، إلا أنه وبسبب الأقوال المُبلبلة انحرف المعنى في كل منهما عن الموضع الصحيح لبلوغ الهدف منه.

في نهاية المحطة وعندما تصبح معالم المشهد واضحة، ابتهجوا للعثور على الطريق. خاصة عندما تلتف المسارات لاغتصاب العِزة، وتُهدد الأقوال الزائفة بشؤم المصير في استخفاف صريح بالعقول للنيل من كرامة الإنسان. ولا تنسوا أبدًا تقدير سبب الحق والخير الذي دفع داوود ومن بعده سليمان للتعهد والالتزام بمساعي الإصلاح لهذا الحشد الكبير.

وصول

وبدأ دليل الرحلة في التقرير عن الأجواء قبل وصول الجموع لأرض البَرَدَيس قائلًا: في أوائل القرن الخامس حقبة قبل العامة (ح ق ع)، مباشرة بعد انهيار إمبراطورية الملك الأكبر التي حكمت بنظام الطاغية. ولكن قبل صعود إمبراطورية لملك آخر لُقب أيضًا بالأكبر رغم صغر سنه المعروف. كانت حطام الأنظمة الطاغوتية متراكمة في أكوام جالوتية عملاقة في كل ركن من أركان إمبراطورية الملك الأكبر المترامية الأطراف. مآسٍ لا توصف ظلت عالقة على كل باب، زاحفة في كل ميدان، متسلقة فوق كل حائط ومُتَسوِّرة حول كل جدار.

شغب وتمرد وانتقامات وحشية اندلعت في كل ركن من أركان الإمبراطورية المنهارة لخطف وانتزاع ما تبقى مما كان يتسحوذ عليه الملك الأكبر الطاغية. وإلى جانب ذلك، كان في كل ناحية من بقايا إمبراطورية الطاغية، عائلات منقسمة مغتربة ومُشردة. أناس كثيرون كانوا مُخرجين من بلادهم ومُبعدين عن أهاليهم على مدار أجيال عديدة فقدوا فيها الطريق لديارهم والحق في أراضيهم. في مثل هذه الظروف، لم يستطع الكثيرون البقاء صامدين، وبالكاد كان يمكن لأحد أن يقف دفاعًا عن الحق دون أن يقع هو نفسه في نوع من الانتهاك. (ملحق ت. ٣٠ ؛ ق ٨٠٠)

وبالرغم من كل من ذلك، فقد كان هذا التوقيت هو نفسه الميقات المحدد ليستعيد الإنسان العزة والمنزلة الكريمة. ذلك الموعد الذي عُين لتسترد فيه الإنسانية زينة دولتها الحقة، لتتقدم في موكب مسيرتها في كامل بهاء ثياب فضائلها، غير مثقلة بخزي أو عرى أو جهالة أو إهانة.

عقود قليلة فقط من بعد موسى، حتى تحررت كتل كبيرة من الناس من قيود الطاغية. وتدافعت في موجات متدافعة حاملة الجموع الضخمة عبر البحر الأوسط بعيدًا عن القهر وهوان الاستعباد. سائرين في اتجاه قبس الشعلة التي أتى بها موسى وسار بها إلى قبلة الأمن وملاذ النجاة.

فاحتشدت القوافل المزدحمة من كل الأمم والأقوام وانطلقت عبر البحر الواحدة تلو الأخرى باحثة عن الحصن والمأوى والقبلة التي يمكن عندها استعادة الحق وتقويم الظلم والاعوجاج. ولم يكن في ذلك التوقيت أي موضع لذلك على الأرض إلا

في مكان واحد فقط. أرض البَرَديـس التي كانت البقعة الوحيدة في الأرض التي لها قلب استطاع أن يتسع لاعتناق هدف الإنسانية النبيل واستضافة كل هذه الجموع والترحاب بتنوعهم حتى في ذلك الزمن القديم.

بمجدها وروعتها وغناها وخصوبتها ظلت أرض البَرَدَيـس بهية. حتى أن البقية التي تبقت من غناها رغم كل ما اغتُنم منها أيام حكم الملك الأكبر ونظامه الطاغية، كانت بمثابة ثروات وكنوز عظيمة. فكانت فضائل أرض البَرَدَيـس قوًى دافعةً مؤثرةً تحمل لمن يحملها حق حملها الأمن والسكينة. قيّم قيمة حملت أهل أرض البَرَدَيـس على الاستقامة ورفع مكانة الإنسانية منزلة العزة والتكريم منذ بداية الزمان. معايير متزنة وقوانين عادلة جعلت أرضهم جنة مفتوحة الأبواب لكل من أتاها قاصدًا الحياة كإنسان. (مـلـحـق ق٨١.٠)

فاحتشدت على أرض البَرَدَيـس المتزنة الجموع من كل مكان وتجمعت لتُولَد من جديد دون النظر إلى أنساب أو سلالات. وفي هذه الفترة المحورية، حكم كل من سليمان وداوود في هذه الأرض معًا سويًا. فكانا هما الاثنان وفي نفس الوقت حاكمَيْن بالحق، وقاضيَيْن عادلَيْن، أدارا شؤون البلاد بحكمة وعِلم أثناء أول تفاعل بين شعوب الأمم. ذلك الاختلاط بين الشعوب الذي كان الأوسع في النطاق، والأكبر في التاريخ، والأول في مسيرة تطور الإنسانية.

ومثل المزارعين المثابرين، حرث كل من داوود وسليمان حقول أرض البَرَدَيـس الغنية بكنوز هرمية الضخامة في وقت استضافت فيه أكثر جموع الإنسانية تنوعًا على الإطلاق وأوسعها في التباعد الحضاري. فكان من بين المحتشدين الممتن، والمجتهد، والمتواضع، وأيضًا المزدر، والمنصاع، ومن يتغنم الفرص. خليط من أقوام كثيرة شديدة الاختلاف في الأعراف والثقافات والمعتقدات، اختلطت لأول مرة في التاريخ بلا أي روابط مشتركة تقربهم أو تجمعهم سوى البحث عن الأمن والحق والعدالة. (مـلـحـق ق٨٢.٠)

جموع لتوها عبرت بحرًا كبيرًا في أوسط الأرض لترحل بعيدًا عن أنظمة طاغية، فوصلت إلى الأرض التي كانت جنة بقوانينها الحاقة، وموازينها المنصفة وقيّمها المثالية. حقا قد كانت أرض البَرَدَيـس البقعة الوحيدة في هذا الميقات من الزمان التي كانت أرضها ممهدة لتستضيف مثل هذا الجمع والحشد الكبير.

عِزة مغتصبة

ذكر دليل الرحلة: أن داوود كان من الحكام ذوي الفضيلة. أُوتي الحكم في توقيت سبق مباشرة اكتمال الحشد الكبير للجموع الآتية من كل اتجاه للاستقرار بأرض البَرَدَيـس. وكان داوود هناك قاضيًا بالحق، وحكيمًا ذا علم، وحاكمًا تقيًا. إلى جانب ذلك، كان محبوبًا جدًا في أرض البَرَدَيـس ومُوَقَّرًا بشكل خاص من قبل سكان الأراضي المحيطة. كانت أحكامه حاسمة، وكلمته مرجعية، وخطابه فاصل في تسوية الخلافات والنزاعات. وعلاوة على ذلك، فقد كان داوود ورعًا، وكثيرًا ما وجد في مكان عبادته الذي عُرف آنذاك باسم (المحراب). (مـلـحق ق.٨٣)

احتفظ كتاب المثاني بسجل هام لداوود يكشف عن جانب أساسي من دوره الحقيقي. ويرتبط هذا السجل بحكم مشهور أصدره داوود في حادثة معروفة وقعت في وقت مبكر من فترة حكمه. وعلى الرغم من أن تلك الحادثة المعروفة التي حكم فيها داوود ظلت ذائعة الصيت حتى يومنا هذا، إلا أن أهميتها النسبية أُهملت، وانتُقِص من حجمها بشكل مجحف. حيث حَرفت الأقوال المُبلبلة المعاني الهامة في الحادثة عن مواضع دلالاتها الحقيقية. وبالتالي انحرف مقدار نسبة التفاوت القصوى الذي تناولته الحادثة عن بلوغ هدفه وموضعه الصحيح. بهدوء ورباطة جأش تفضلوا بالدخول إلى المحراب لتنظروا بأعينكم الأمر! (مـلـحق ق.٨٤)

كما ذُكر في كتاب المثاني، بينما كان داوود داخل محرابه، التف اثنان من الواصلين الجُدد المختلطين حديثًا في أرض البَرَدَيـس حول السور الخارجي للمحراب وهما في حالة واضحة من الخصومة. ولما كان من الظاهر عليهما أنهما من معتقد مختلف عن ذلك الذي يؤمن به داوود، إلا أنهما دخلا محراب عبادته. فشعر داوود ساعتها بالفزع منهما، حيث إنه لم يتوقع دخولهما عليه. فقد كان من الجلي أن المحراب ليس مكانًا لعبادتهما ولا حتى شكل من أشكال المحاكم التي يمكنهم أن يسعوا إليها بصورة تقليدية لتسوية خلافاتهما. إلا أن الخصمين أخبرا داوود أنهما يسعيان إلى حكم عادل في نزاعهما. وطالباه أن يحكم بالحق في اختصامهما وأن يهديهما إلى طريق سوي بلا شطط أو اعوجاج. (مـلـحق ق.٨٥)

وعندما عرضَ الخصمان قضيتهما على داوود، بدت خصومتهما ليست سوى نزاعًا اعتياديًا مألوفًا من تلك النزاعات غالبة الحدوث بين أتباع الأعراف

الأرستقراطية في القرن الخامس (ح ق ع). فقد كانا الخصمان أخاة في نظام تتحدد فيه درجة العزة بمقدار الثراء. وكان لأحدهما تسعة وتسعين نعجة والآخر نعجة واحدة. ورغم أنهما أخاه بنفس النظام، إلا أن كل منهما اختصم مع الآخر حول حقوق الملكية. فطالب الذي لديه تسعة وتسعين نعجة بحيازة النعجة الباقية مُستغلًا لصالحه أعراف العِزة الأرستقراطية للضغط على أخيه. (مـلحق ق. ٨٦)

بالنسبة لداوود وفي بادئ الأمر، بدا حل النزاع بين الخصمين واضحًا. فقرر أنه يعتبر نوع من الظلم أن يطالب الذي يتملك التسعة وتسعين نعجة حوزة النعجة الواحدة التي يمتلكها أخوه. وصرح داوود بأن الكثيرين من القادمين بخليط من الأعراف والتعاليم يجور بعضهم على حقوق البعض، باستثناء أقلية منهم أمناء. فقد كان داوود على يقين، أن الأعراف التي تمنح لكيان ما امتياز احتكار ملكية نسبتها التسعة وتسعين من كامل الثروة، وتطمح في الاستحواذ على نسبة الواحد الباقية من المئة، هي أعراف بها خلل وجائرة. ورغم ذلك اليقين، إلا أن داوود ظن أنه هو الذي كان يُختبر من خلال حالة الاختصام هذه وبشكل جاد. (مـلحق ق. ٨٧)

حسب داوود أن شهادته بأن غالبية القادمين بأعراف وتعاليم مختلطة يجورون على حقوق بعضهم البعض جعلته كقاضٍ بالحق، مسؤول. وإزداد شعوره بالأنابة كونه شاهد عيان رأى بنفسه البقايا الخَصِمة للتعاليم الظالمة ليست فقط تزحف وتتسلق أسوار المحاريب ودور العبادة، بل تبحث عن الهداية إلى طريق الاستواء وتطالب بعدالة القضاء. حتى ولما كان ذلك الاعوجاج غير المبرر قد استمد قوامه من أعراف وتقاليد خارجية لا أصيلة ولا مقبولة في أرضه، علِم داوود أنه اُنيب للقيام بعمل يحق الحق بين الناس.

من ناحية أخرى، رأى داوود أن واقعة الاختصام التي شهدها لم تكن مجرد نزاع نابع من تعاليم غير صالحة لأعراف مختلة خاطئة فحسب. بل حالة من عِزة مغتصبة تستحث وتنادي القضاء الزاكي أن يستعيدها كفضيله لطالما زينت ثياب الإنسانية قبل أن تُنْزع عنه. عندها فقط أدرك داوود إدراكًا يقينيًا أنه نُودي لينوب في قضية مهمة نداءً لاستعادة العِزة كحق واجب للناس وليست امتيازًا تحتكره طبقة دون غيرها. كحاكم تقي وقاضٍ عادل أناب داوود في إقامة العدالة وإحقاق الحق. فكانت مساعيه نموذجًا زاهرًا لاستنهاض الأمم وإحياء جميع الناس. (مـلحق ق. ٨٨)

كرامة مهددة

تابع دليل الرحلة قائلًا: كان سليمان أيضًا حاكمًا فضيلًا أوتي الحكم في أرض البَرَدَيس مع بدايات الحشد الكبير وحتى بلوغ الحشد ذروته. وكان معروفا بحكمته الثاقبة ومعرفتة الواسعة وقد أُوتي في أرض البَرَدَيس بسطة في العلم والفهم لعلوم كثيرة بالإضافة إلى وسائل متفوقة وسعة ومقدرة. وكان سليمان أيضًا فيلسوفًا ثاقب الفكر ذا هبة استثنائية في طلاقة الحديث وفصاحة الخطاب. فكان كلامه بليغًا، مُحكَمًا، ومنطقيًا له قدرة الخطابة والتأثير حتى في أكثر الحشود تنوعًا واختلافًا. وفقًا لمعايير اليوم، كان سليمان مصلحًا مخلصًا بادر بالعديد من الإصلاحات لإقامة العدالة واستعادة الخير والسلام. (مـلحـق ق.٨٩)

احتفظ كتاب المثاني لسليمان بسجل جدير بالذكر يكشف عن جانب هام من دوره الحقيقي. وكمثل ما سُجل عن داوود، يرتبط هذا السجل بحدث حقيقي وقع في وقت مبكر من فترة حكم سليمان. ولأن هذا الحدث لا زال حتى يومنا هذا يعتبر قصة أسطورية، ظلت أهميته محجوبة بغطاء سميك من الغموض وحرَّفته الأقاويل المُبلبلة عن بلوغ موضع هدفه الحكيم. بتأنٍ، تفضلوا بأخذ جولة مع سليمان وثلاثة من فرقه المتخصصة عبر وادي في سفح جبل، وانظروا بأعينكم التفاصيل الدقيقة في الحدث بكل انتباه!

كما ذُكر في كتاب المثاني، شكَّل سليمان في كل مجال قوات متمكنة، وفرقا لها قدرات عالية، ومجموعات عمل ماهرة. جنود موزعة الأدوار ومكرسة للخدمة معه في أسباب هدفت لإقامة الخير. وفي إحدى بعثاتهم الإصلاحية، جاء سليمان بثلاث من فرقه المتخصصة للإصلاح في وادٍ عُرف آنذاك باسم وادي النمل (والبعض نطقوها نيميا بدون حرف اللام). وبعد قطع مسافة في تعرجات هذا الوادي، أتى سليمان وفرقه الثلاث على مكان في سفح جبل مزدحم بالجاليات التي سكنت في تجمعات أشبه بقباب المدافن تحت الأرض. كان واضحًا لسليمان والفرق الثلاث المصاحبة له، أن من سكنوا في وادي نيميا بأكمله كانوا يائسين، مغلوبين على أمرهم، وفي حالة شديدة من الجزع والاضطراب. (مـلحـق ت.٣١ ؛ مـلحـق ق.٩٠)

فقد نظرت الطبقة المُهيمنة على أراضي وادي نيميا لمن كانوا يسكنون بسفح الوادي نظرة استعلاء كما لو كانوا حشرات ضئيلة لا تستحق الحياة. حيث اعتبرت الطبقة المهيمنة نفسها طبقة نبيلة عالية، بينما كل من سكنوا وادي نيميا أدنياء وصُغراء بلا مولد نبيل أو نسب كريم. إلا أن الجاليات التي سكنت في وادي نيميا المزدحم لم تكن سوى أناس أحرار تعرضوا إما للإخراج الظالم من بلادهم، أو الطرد بالقوة من ديارهم،أو الاختطاف. فقاسوا مرارًا وتكرارًا من ويلات مآس لاتوصف، وأدّى صادمٍ، ومعاناةٍ أليمةٍ. ولم يبقَ لهم شيء من الحياة الكريمة، إلا أن يكونوا حطاب معارك شرسة ومذابح المهيمنين البشعة. فاستهين بحياة صبية صغار، وفتيان، وحتى البنات في صراعات كانت أحيانًا من أجل المتعة، وأخرى بلا جدوى، ومن حين إلى آخر من أجل اللعب الساخر. (ملحق ت.٣١)

ولإخضاع من سكنوا بوادي نيميا المزدحم سجناء في هذه الظروف البائسة وإبقائهم حطب توقد به المعارك الفارغة، تم تلقينهم أكاذيب مُضللة وتعاليم كلها أوهام تكرههم على أوضاعهم. فتعرضوا للترهيب والتخويف بحيل ملتوية ليفزعوا حتى من الخروج مما اعتبروه مساكن، ولكنها في حقيقة الأمر كانت مصائد مهينة لا ترى النور تحت سطح الأرض. (ملحق ت.٣١)

وصل شعور من سكنوا وادي نيميا المزدحم بالتهديد ذروته، لدرجة أنه عندما أتى إليهم سليمان وجنوده ليخلصوهم من هذه الإهانة، سُمعت واحدة من سكان الوادي المزدحم تنشر الدعاية التخويفية بين البقية. فأثارت الذعر بين سكان الوادي بأسره، مروجة لشؤم الهلاك إذا ما خرج من سكنوا الوادي من مساكنهم مُدعية أن سليمان وقواته لا يدركون ما يفعلون. ولما سمع سليمان ما قالته ضحك من الصورة الزائفة المستخفة بالعقول في قولها. ولم يتراجع أبدًا عن مساعدة من سكنوا بوادي نيميا المزدحم أن يصلحوا أمرهم ويستعيدوا كرامتهم المُهدرة.

وبكل امتنان للنعم والفضائل التي كرمته وأهلة لأجيال، علم سليمان أن عليه واجب والتزام. ليس فقط في حماية حقوق الضعفاء المغلوبين على أمرهم، ولكن أيضًا في استعادة الكرامة والوقار للإنسانية. بإخلاص ووعي أدرك سليمان ما في الأمر من خير وتحديات. وبوازع نابع من امتنان عميق علم سليمان علم اليقين أنه دُعي إلى مهمة عاجلة وأناب في الإصلاح واسترداد كرامة الإنسان المُهددة. وبدون تأخير، بدأ سليمان في التنظيم لحشد كبير لإصلاح الفضائل المُكرمة لثياب الإنسانية وإقام الخير والحب والسلام بين جموع الناس. (ملحق ق.٩١)

معالم المشهد

بابتسامته المُبهجة أطرى دليل الرحلة على كل من وجد معالم المشهد واضحة رغم ازدحام وتداخل الخلفيات في تعرجات الطريق. وأضاف أنه لم يكن من السهل على الكثيرين الإفلات من تشتيت وبلبلة الأقوال الزائفة. خاصة خلال العبور في المناطق الوعرة ذات التضاريس القاسية. وكان أكثر المُشتتين على الإطلاق، هؤلاء الذين هيمنوا على الأراضي حول وادي نيميا (النمل) المزدحم.

لقد تفرد المهيمنون بوادي نيميا بتفصيل الأساطير الخارقة لصرف الباحثين عن الحقائق بعيدًا عن الطريق. فلم تفلت أدق التفاصيل من مؤتفكاتهم. افتراءات أسطورية مرة ومُخادعة مرة أخرى ومروجة لشؤم المصير مرات ومرات. لقد أحبوا سرد القصص الخيالية عن نمل يتكلم، مرة عن ملكة نمل تُحادث حكيمًا، ومرة عن نمل عامل، ومرة عن جيوش من النمل محاربة. ولكنهم لم يتفوهوا ولا مرة بكلمة واحدة عن أناس كثيرون قلّلَ من شأنهم واستُخف بهم وكأنهم أقل من النمل حتى جردوا تمامًا من كرامتهم وإنسانيتهم. وكثيرًا ما تعرضوا لمذابح شرسة واستخدموا كحطب لإشعال المعارك في نفس البقاع التي هيمن عليها المهيمنون بوادي نيميا. (ملحق ت.٣١

ومرة أخرى، أثنى دليل الرحلة بغبطة على كل من ظل مثابرًا في ثبات خلال معالم المشهد رغم اختلاط وتداخل الخلفيات في الطريق. ورغم اعوجاج الذين التفوا حول أسوار دور العبادة في طرق ملتوية بلا نهاية. وأضاف، أن أكثر من أثاروا البلبلة وتسببوا في العناء على الإطلاق، هم أولئك الذين اصطنعوا الحيرة عندما سُئلوا عن النسبة الفريدة في تمثيل أقصى نسب التفاوت. نسبة التسعة والتسعين إلى الواحد.

فقد فضل هؤلاء المُبلبلون ثغاء الحملان متعنتين أن هذه النسبة الواسعة التفاوت بين الواحد والتسعة وتسعين، لم تكن لأكثر من إبراز الشجار على الماعز. وتجاهل المُبلبليين الحقيقة خلف اختصام الأخاة. بل وتظاهروا بعدم تذكر أي شيء عن اختصام قائم يشهده الناس في الوقت الحاضر، بنفس الشكل والموضوع، وحتى نفس مقدار نسبة التفاوت. غير قانعين أبدًا بامتلاك نسبة التسعة وتسعين من الثروة، ادعوا لأنفسهم بغير حق، الحق في الاستيلاء على كل الباقي. فظلت غير متناسبة ومختلة

التوازن، هي العلامة المميزة لمن سعوا للاستحواذ حتى على الواحد الباقي من المئة.
(ملحق ت.٣٢)

وأضاف الدليل قائلًا: على الرغم من كل الأساطير قديمة أو حديثة على حد سواء. فإن الحكم بين الجموع متعددة التنوع والخلفيات في زمان لم يعترف فيه الكثيرون بعد بحقوق بعضهم البعض لم يكن سهلًا أو هينًا، حتى في جنة أرض البَرَدَيـس. فقد كانت العوامل المؤثرة في هذا الحكم مليئة بعلاقات مركبة ذات طبائع تراكمية بعضها ثقافي، وبعضها اجتماعي، وبعضها يتعلق بأعراف معتادة، وبعضها الآخر نابع من تعاليم توارثتها الناس منذ القدم على مدار الأجيال.

وأوضح الدليل قائلًا: مثل هذه المرحلة في تطور الإنسانية لم تتطلب حكامًا على قدر عالٍ من الحكمة فحسب. بل استوجبت أيضًا بنية راسخة ذات أسس قوية وقويمة على أرض لها مكانة عزيزة ومُحببة إلى القلوب بدرجة عالية. أرض كانت بمثابة المنارة التي أضاءت للناس بحكام وقادة حكموا بالحق في المكان الحق والزمان الحق لإنارة الطريق حتى في أكثر الظروف تعقيدًا. تلك التشابكات المتداخلة والمتعددة العلاقات بدأت فقط في التكشف والظهور للعيان مع بداية عهد داوود، ولكن لم يتم فهم المدى الكامل لها والإحاطة بكل أبعادها إلا في عهد سليمان. (ملحق ق.٩٢)

بحكمته الثاقبة أدرك سليمان الأبعاد المختلفة لصفات وطبائع الأمم التي احتشدت في أرض البَرَدَيـس خلال فترة حُكمه. متفكرًا وموعن النظر، حلل بعمق ودرس بدقة الأعراف والتعاليم التي شكلت الخلفيات، وحددت النظرات، وتحكمت في أفق إدراك هذه الحشود التي اختلطت ببعضها البعض لأول مرة في عصره.

والأهم من ذلك أن سليمان استطاع أن يكشف عن جذور العديد من المبررات الخاطئة التي تسببت في الاختصام بين الناس. فأزاح ظلمة الحُجب التي حالت رؤية الكثيرين لفترات طويلة ورفع الستر عن طبيعة الوسط الذي أمد الطغيان وساق طبقة من الناس لأن تدعي لنفسها بلا مبرر الأفضلية للاستحواذ بلا وجه حق على الامتيازات. حقًا، قد أمسك سليمان بكل الرؤى الغافلة والتصورات التي حثت المتعالين على اغتصاب السلطة والاستحواذ على المُلك. الاختصام الذي نزع ثياب النعم والفضائل عن الإنسانية، وطرد الكثيرين من الطريق غير شاكرين.

وعلق الدليل مؤكدًا: أنه مما لا شك فيه أن كلًا من داوود وسليمان أنابا في إصلاحات واسعة عند نقطة محورية في مسيرة الإنسانية. فقد حكم كلاهما بالحق بين الناس في زمن تشابكت فيه الظروف واختلطت فيه وتداخلت العوامل والخلفيات. والأهم أن كل منهما أناب في العديد من الإصلاحات والمساعي الحكيمة لاستعادة عزة الإنسانية المغتصبة وكرامتها المهدرة. فحرثا في حقول أرض البَرَدَيس الغنية بالكنوز كمزارعين مثابرين يغرسان بذور الفضائل لهؤلاد المحتشدين من جديد. فأناب داوود وسليمان في رتق ما نُزِع من ثياب الإنسانية واستعادة العزة والكرامة التي زينته وترصع بها ذات يوم.

أعلن دليل الرحلة قائلًا: وللوصول إلى حشد سليمان ولمس البراهين الدالة على هدفه ومساعيه، لن يكون هناك مزيد من الالتفاف حول الحوائط وأسوار المحاريب كما فعل المختصمين. والأهم، لن يكون هناك مزيد من التنقيب والحفر تحت الأرض لتعقب أقوال زائفة وتحريفات مستخفة بالعقول. كالتنبؤات الخاطئة عن المصائر المشؤومة التي استُغلت لإشاعة الخوف ونشر اليأس لعصور.

لذلك في المحطة التالية، الجميع مدعوون لأخذ جولة عبر حشد سليمان الجامع في أرض البَرَدَيس لرؤية البراهين الجلية لمقصده المنير. ولا يفوتكم أخذ نظرة عن قرب على الجودة والبصمة والصنعة في منشآته والأعمال التي سُخرت في تحقيق الخير المرجو من هدفه. فستجدون هناك أيضًا دلائل جديدة تبين جوانب من حكمة سليمان المُحيلة وتثبت أن مساعيه لم تكن أبدًا عقيمة أو بلا جدوى.

ومن دواعي السرور الإعلان أن الجولة في أرض البَرَدَيس في المحطة القادمة ستكون عبر مركبة مدهشة إلى أبعد الحدود. ستُحلق بكم هذه المركبة لتأخذكم في تجربة حقيقية لتقدير بعض الأسباب التي امتازت بها أرض البَرَدَيس وأتاحت لسليمان تحقيق مقصده البهيج. على سبيل المثال لا الحصر، كونوا مستعدين لخبرة شيء من تقدم اللآلية والأداء والمقدرة والإمكانات بالإضافة إلى التكنولوجيا والسعة والابتكار. آلية ستُبدي لكم بعض العجائب ملموسة في صورة واضحة جلية. إلى لقاء بمحطة زابورا. آمل أن تجدوا المركبة رائعة والتجليات نعمة ملموسة!

المحطة السابعة

زابورا

أعمال شكر متجلية

لم يكن أبدًا سرًا لإخفائه
فشُكر سليمان وداوود أعمال متجلية
بوضوح غير عادي

بابتسامة شهيرة فريدة من نوعها
تلوح في الأفق شاهدة ومُعلِنة
أن ما تركاه من أثر
أعمال شكر باقية

صروح ظاهرة للخير داعية
وفي كل فصل من فصول الزمان فاصلة
أبدًا لم تكن يومًا ما عقيمة، أو بلا فائدة

ولكن الغافلون لازالوا في الأبواق يتصايحون
بكتابات مقدسة حملوها
ولم يستطيعوا حملها

✡ أعلن دليل الرحلة قائلًا: استعدوا في هذه المحطة لاستكشاف مذهل جديد تتجلى فيه بوضوح البراهين. هذا الاستكشاف سيكون بواسطة الانتقال من خلال مركبة رائعة في رحلة لن تُنسى عبر أرض البَرَدَيـس. وعلى الرغم من وجود خمس نقاط توقف على الطريق، إلا أن المركبة ستتخذ مسلكًا مفتوحًا بلا أي عوائق لتجتاز كل الحواجز وتصل بالجموع إلى أكثر الأماكن دهشةً ودلالةً وبيانًا.

واستعدوا أيضًا لخبرة شيء من تقدم اللآلية والسعة والابتكار. والنظر في أدلة ستُظهر إلى جانب الهدف المبهج لسليمان، الجودة والبصمة والصنعة في أعماله وما سُخر لتحقيق الخير المرجو من هدفه. فستجدون مساعيه لازالت مُثمرة، أبدًا لم تكن عقيمة أو بلا فائدة. وفي نهاية الطريق، إذا ما نظرتم للوراء في زيف التصورات المُتكهنة بمصائر مشؤومة وهلاك كالحطام، ابتسموا كما فعل سليمان.

أولًا وقبل الانطلاق، من فضلكم احرصوا على التوقف عند تجلية زابورا. وهناك استعدوا لأخذ فكرة عن المركبة التي ستنقل الجموع في هذه الجولة كما نقلت الحشود قديمًا لتشهد التجليات الرائعة في أرض البَرَدَيـس. فإلى جانب النظر في بنيتها المدهشة، سيكون هناك شرح مُفصل لاسمها المميز. وأيضًا توضيح لكيفية عملها في إظهار العجائب التي ساقت الاستنارة قديمًا وعبر الزمان.

ولكن قبل مغادرة التجلية، تأكدوا من التواصل مع الجموع المحتشدة في أرض البَرَدَيـس. حاولوا التعارف على المقيمين، وأيضًا على المارة والعابرين. سيُسهل ذلك معرفة السبب الذي جعل زابورا مركبة حقًا قيمة. وسيوضح أيضًا دورها في حمل وبيان البرهان الذي ساق تقدم الإنسانية في الظروف آنذاك، كما ستُظهر الوقفات التالية بعد تجلية زابورا.

الوقفة الثانية ستكون عند حصن داوود. وهناك، يُرجى أخذ الوقت الكافي للنظر في روعة التصميمات ومناعة التعزيزات الدفاعية التي اشتهر بها عصر داوود. كما يُرجى التفكر والتأمل الوافي في فضل هذه التحصينات في استرجاع العِزة المغتصبة، واستعادة الشكر والامتنان للناس. ولا تنسوا أن تنظروا في البصمة المميزة في أعمال داوود وأثارها الباقية. ليس فقط من تأمين من كانوا مُفجعين من بأس وعدوان من زحفوا بتعالٍ للهيمنة على السلطة والثروة. بل أيضًا دورها بالغ الأثر في تعزيز الإنسانية من احتيال الظلمة التي هددت بتجريد ثيابها من زينة الفضائل.

بعد حصن داوود مباشرة، وبدون توقف بالمنتصف، من فضلكم واصلوا المُضي إلى أعمال الشكر البارزة لسليمان، وكونوا مُهيئين هناك أن تُسحروا. وفي هذه الوقفة، انظروا كيف تمكن سليمان من أن يقود الرياح ويسوقها بالرخاء حيث شاء وكيف استعاد الكرامة للإنسان. تنعموا بالمظاهر الواضحة الجلية التي جعلت الأراضي والطيور والبحار وحتى السحاب تُهلل في عبور الرخاء الذي صاحب مرور هدف سليمان البهيج.

وعند الوصول إلى نقطة الخروج إلى النور من جديد، يُرجى الانتباه إلى دور العلوم المتقدمة لأرض الـبَرَدَيـس في التمهيد لتأسيس البنيان الذي أتاح للأقوام عديدة التنوع التي احتشدت بها أن تبصر وتستبين الآيات المعجزة. انظروا عندما تُضيء هذه العلوم الأشياء التي غفل عنها الكثيرون لقرون وعصور بالرغم من وضوحها. وانظروا حين تجعلها قناعات يقينية سهلة الإدراك والمنال متاحة لكل من أراد أن يعي. وانظروا من جديد، عندما يُدرك أخيرًا من لم يستطيعوا تمييز الحقائق وعجبوا وسخروا منها على مدار الثلاثة آلاف سنة السابقة على زمان سليمان، أن هذه الحقائق لطالما كانت متجلية وظاهرة وبشكل ملموس. آيات ومعجزات كانت تنطق في كل الأشياء وتنادي من يريد التقدم للأمام في مسيرة عبور الزمان سجلتها أرض الـبَرَدَيـس في بردياتها الطويلة وألواحها الشهيرة.

أخيرًا، لا تغادروا المحطة دون التوقف على البلبلة بجوار بوابة الملك ماريوت الذي استولى على حكم أرض الـبَرَدَيـس عقودًا قليلةً بعد عصر سليمان. هناك سيكون من الواضح كيف حجبت الرؤى الغافلة لمن عاصروا هراءات عصر الملك ماريوت الصورة المنيرة التي ظلت تتلألأ بها أرض الـبَرَدَيـس حتى نهاية عصر سليمان. وبصرف النظر عن تنافر البلبلة المُتلفظ بها عند هذه البوابة وما تسببت فيه من التباس في أمر سليمان ومُلكه. فلسوف تخروجون من هناك برؤية جلية عن سليمان وهدفه الذي بالفعل آتى ثماره المزهرة.

ولكن، كونوا على علم، أنه بالرغم من أن بوابة الملك ماريوت تقع رؤى العين في نقطة مركزية، قريبة جدًا من بحيرة كانت معروفة كمصدر شهير لنوع من الأملاح الطبيعية الثمينة. إلا أن هناك ميلًا كبيرًا لعدم الانتباه لها، بل والتغافل عن موقعها. لكن باستخدام عصا المقياس مع الاتجاه ناحية شمس الصباح، ستكون البحيرة على الجانب الأيمن من البحر الأوسط. تمتعوا برحلتكم في المركبة.

٩٥

تجليــة زابــورا

قبل دخول المركبة، من فضلكم، ألقوا نظرة على كيفية عملها. سيصبح من الواضح للجميع كيف ساقت تلك المركبة التقدم لمن سكنوا أرض البَرَدَيس قديمًا. وسيكون أمرًا جليًا كيف نقلت الجموع التي احتشدت من جديد لتشهد الأمور التي لطالما كانت ظاهرة وجلية. إلا أنهم غفلوا عنها وعجبوا وسخروا منها آلاف وآلاف السنين قبل وصولهم إلى أرض البَرَدَيس.

بدءًا من اسم المركبة، استخدم كتاب المثاني وصف (زابورا) كمصطلح مُحكم للإشارة إليها. وعلق الدليل: وفي معرفة معنى اسم المركبة تكمن الدلالة على فهم طبيعتها وكيفية عملها. (ملحق ق.٩٣)

وبدأ الدليل في التقرير: مصطلح زابورا مشتق من فعل بمعنى جعل الأشياء غير المُدركة تتضح بجلاء لحواس المرء الإدراكية في صورة ظاهرة وملموسة. ونظرًا لأن الناس منذ العصور القديمة وحتى الآن، اعتمدوا بشكل أساسي على حاسة البصر لفهم عالمهم. فقد اعتُبر عرض الأمور بما يجعلها ظاهرة لرؤية العين من أكثر الطرق فاعلية للتنوير. لأنها تجعل المفاهيم والمعارف غير المرئية تظهر بوضوح وتصبح جلية. وفي الأزمنة السابقة، وعلى الرغم من أن زابورا كوسيلة لشرح ونقل المعارف، كان يمكنها مخاطبة الحواس الإدراكية الأخرى كالاستدلال النظري أوالإستنتاج البياني على سبيل المثال. إلا أنها اعتمدت بشكل أساسي على الوسائل المرئية لإظهار الدلائل. لذلك، كانت البرهنة على الأشياء من خلال أساليب التعبير المكتوبة أو المصورة، وعرض الأمثلة المرئية، وحتى الرسوم التبينية جميعهاتُعتبر من أدوات وآليات زابورا في إيصال المفاهيم والعلوم.

وأضاف الدليل أنه تاريخيًا، استخدم سكان أرض البَرَدَيس مصطلح زابورا منذ العصور القديمة. فاستخدموه للإشارة إلى التنوير الذي يُحدثه المعلم أوالشخص الحكيم أوحتى النقوش والصور الإيضاحية. وكذلك استخدم سكان أرض البَرَدَيس مصطلح زابورا في الإشارة إلى الكتب والكتابات المُستخدمة في إيضاح المعارف، والتثقيف، ومشاركة الخبرة، وتوصيل الخبر.

حتى يومنا هذا، لا يزال مصطلح زابورا مستخدمًا في أرض البَرَدَيس والمناطق المجاورة لها بنفس المعنى ولكن بنطق مختلف قليلًا. حيث أُطلق كلمة

(سَبورة) وتُستخدم بشكل شائع للإشارة إلى أي سطح يمكن استعماله لتوضيح المواد التعليمية والأمور النظرية في صورة جلية. مثل السبورة البيضاء أو السبورة السوداء، وحتى سبورة ألواح التابليت وسبورة اللوحات الذكية.

لذلك تعد زابورا أول وسيلة استخدمت لشرح المعارف والعلوم بطريقة تظهرها بأشكال مرئية تُمكن الناس من إبصارها وفهمها. فكانت زابورا الوسيلة لإيضاح المفاهيم غير المرئية في الأشياء والظواهر وإظهارها في صورة أكثر وضوحًا. فكانت زابورا الطريقة العلمية آنذاك في قراءة التصاميم بالكون وشرح القوانين والمبادئ غير الظاهرة في الأشكال والكيانات المحيطة بصورة جلية ليزداد فهم الناس لها واليقين. كالصور التي لا حصر لها على الألواح والجداريات والصُحف المُنشرة في أرجاء أرض البَرَدَيـس على سبيل المثال.

وتكمن أهمية هذه الخاصية في وسيلة زابورا أنه، في الوقت الذي كانت فيه الناس مقيدة بأغلال تعاليم عتيقة، كل عُصبة وجماعة وعشيرة تدعي لنفسها الحصول على عهود إلهية مُنحت إليها بشكل خاص بفضل سلالتها المفضلة أو أنساب طبقتها غير العادية. كانت زابورا اللغة التي أظهرت الحقائق ودللت على البيّنات في الكون ببراهين ملموسة. فكانت الوسيلة لقراءة الآيات والحقائق في كتاب الكون المفتوح بشكل يُفصلها ويجعلها قناعات يقينية مؤكدة. كما أنها أيضًا أتاحت للناس الوصول إلى المعارف وجعلتها سهلة المنال لأي إنسان يسعى لأن يعي أو يدرك حقائق ما يحيط به في عالمه. فكانت الوسط العبقري لنقل وإيصال المعارف والمفاهيم المسطورة في الكون المحيط دون الاعتماد على وسيط بين المصدر والمتلقي.

لهذا كانت زابورا وسيلة صريحةتُجلي المعجزات في الكون وتسوقها لمُخاطبة الجموع بمنطق وعقل بغض النظر عن خلفياتهم أو طبقة سلالاتهم. كانت زابورا هي اللغة الملموسة للعلوم البيّنة التي يمكن التحدث بها إلى العُصب والزمر من كل الأمم، مهما كان نوع تبجيلها العقائدي أو ولائها الطائفي. ودون الاعتماد على أي نوع من العهود الإلهية التي ادعاها البعض لسلالاتهم وأعراقهم بلا أي دليل عليها. فظلت زابورا الحكمة والعلم الذي أزهر في أرض البَرَدَيـس منذ بداية الزمان. والذي أثرى التفاهم والتواصل بين التعدديات التي احتشدت بها في زمان داوود وسليمان، وإلى الآن.

وفقا لكتاب المثاني، وُهب داوود من بين كل الصالحين فضل أن يُؤتى به إلى حيث تعلم حكمة وعلوم زابورا. وبخلاف الرسل الذين أوتوا آيات كانت جلية وبيّنة، ولكنها كانت غامضة على إدراك أقوامهم فعُميت عنها أبصارهم. أوتي داوود زابورا، حيث عُلم لغة الحكمة والعلوم البيّنة التي تُظهر للأعين بجلاء لا شك فيه الآيات والمعجزات التي لم تدركها الحشود العديدة من الناس حتى عصره وحتى وصولهم لأرض البَرَدَيـس. (مـلـحق ق.٩٤)

فَمَثل زابورا لداوود ومن بعده سليمان، المركبة التي ساقت هدفهم المنير ليصل لجموع شعوب الأمم التي عبرت البحر الأوسط لتحتشد في جنة أرض البَرَدَيس. فكان زابورا المعرفة العلمية التي سهلت لداوود وسليمان أن يبرهنوا للجموع في عصرهم على البيّنات التي لا يمكن إنكارها في الأرض والبحار والسماوات والخليقة بأكلمها. ربما ساقتهم هذه الحقائق البيّنة أن يكونوا من الشاكرين لمقصد الاستنارة للإنسانية والهدف من العبور في الزمان.

حقًّا، قد كانت هبة عظيمة أن يؤتى بداوود وسليمان إلى حيث تعلما لغة الحكمة ومنطق العلوم والبراهين المُبينة. حيث حرثا سويًا في تلك الأرض الغنية بالكنوز الهرمية للمعارف ولآلئ العلوم التي مكنتهما من إظهار التجليات المنيرة في الكون في صورة حقائق يقينية وقناعات بينة لهؤلاء الذين لم يستطيعوا إدراكها من قبل. وإلى جانب كون زابورا وسيلة لإظهار الحقائق ومركبة للعلوم الحكيمة التي ساقت التطور والتقدم. اعتبر زابورا أيضًا ومنذ ذلك الزمن القديم وسيلة داوود وسليمان للحُكم بين الحشود واسعة التنوع التي اختلطت في عهدهما لأول مرة في التاريخ ومسيرة الإنسانية.

فكانت العلوم الحكيمة التي أزهرت منذ القدم في أرض البَرَدَيس زابورا لداوود وسليمان وآلية، ومقدرة، وسعة، ووسيلة، وإمكانية، وحتى تقنية وابتكار أنارت المسيرة وأتاحت للناس السير في بيان. فكانت زابورا وسيلة العلم المنيرة في إظهار عجائب الكون وآياته بصورة جلية ملموسة. ربما وجد المحتشدون من جديد في أرض البَرَدَيس، المعرفة التي تسوقهم إلى الشكر والامتنان،والعلم الكاشف للحقائق، واليقين الذي يسوقهم للتقدم والتطور لبلوغ الهدف المُحيل للإنسانية.

حصن داوود

في أوائل القرن الخامس حقبة قبل عامة (ح ق ع)، ومنذ واقعة المحراب،[*] علم داوود أنه نُودي لِيُنيب في استعادة العدالة وإقامة الحق بين الناس بما ينهي الاختصام ويسترد العِزة المُنتزعة من ثياب الإنسانية. وبحكمة منبعثة من واجب ما أنيب فيه، وكمبعوث أوتي به إلى حيث حكمة المعارف بأرض البَرَديـس، تعلم داوود العلوم الباهرة في هندسة الحصون والتعزيزات الضرورية للحفاظ للناس على عزتهم وأمنهم.

ليس ذلك فحسب، فإلى جانب علوم هندسة الحصون، تعلم داوود أيضًا علوم صناعة الآلات الدفاعية وتقويم وسائلها كخط أول في الدفع والوقاية لتقوي القلوب. فتعلم داوود علوم تأمين المستضعفين وكل من كانوا مُكرهين أومغلوبين على أمرهم في جميع أنحاء الأرض المعمورة آنذاك. وليس فقط من بأس الطامعين في اغتصاب كامل الهيمنة، بل أيضًا من عدوان الذين لم يتوانوا عن استخدام العنف والخداع، ومن لم يخجلوا أبدًا من اللجوء إلى الاحتيال. فتعلم داوود كل التعزيزات الجوهرية اللازمة لاستعادة الفضائل لكل الناس، كي يستطيعوا استئناف مسيرتهم في عبور الزمان في شكر وامتنان. (ملحق ق.٩٥)

وفي الأرض التي أقامت القوانين الصالحة ورفعت المبادئ الحقة والمعايير المتزنة القيّمة، وأسست أفضل النظم القضائية على الإطلاق، بدأ داوود أكبر المشاريع لتحصين العدالة وإقامة الحق. كونه قاضيًا بالعدل، وحاكمًا بالحق أناب داوود في إقامة الحقوق التي تُحصن ضد الوقوع في مخالب هوى من استحلوا انتزاع فضائل الإنسانية لأنفسهم دون غيرهم. سويًا مع الممتنين من أهل أرض البَرَديـس،

---

[*]صفحة ٨٦: المحراب

وبكل آلياتهم المتقدمة، بدؤوا مشروعًا رائعًا كان نموذجًا مضيئًا احتذت به آنذاك جميع الأمم. انظروا إلى البصمة الباقية علامة لصنعتهم المبهرة.

كما هو واضح، فإن أثار الأعمال التي تركها داوود وحشود المخلصين الذين عملوا معه في أرض البَرَديـس ظلت قائمة إلى الآن لتشهد، أن أعمالهم كانت على مر الزمان شكرًا باقيًا. جيوش من العمال والعلماء والخبراء المجتهدين في كل مجال سخروا إلى جانب الحكمة والمعارف والعدالة القضائية في أرض البَرَديـس أحسن آلياتها في البناء والتصنيع. قوى دافعة بآليات عظيمة عملت مع داوود بإخلاص في خير الإنسانية. فأتقنوا وحسنوا علوم التعدين والتطويع السليم لكل المواد. فتوصلوا لتقنية ألانت في أيديهم الحديد ليطيع أمرهم للتسخير في خدمة هدفهم النبيل. فتحركت لإرادتهم الجبال الشامخة وسبحت طائعة أمرهم بامتنان.

فكانت علوم أرض البَرَديس المتقدمة في هندسة الفيزياء الطبيعية آنذاك والتي لاتزال حتى اليوم تحير العلماء، الآلية لداوود وحشود الشاكرين الذين عملوا معه لتصميم أحسن الكيانات الدفاعية وأكثرها عبقرية. فلم يحسنوا في الصناعات الدفاعية فحسب، بل قوموا وأصلحوا فنونها. فأصقلوا البناء وهذبوا المبادئ وطوروا العمليات. وأبدعت مجموعات العمل المحتشدة مع داوود إقامة الحصون المنيعة. وعلموا الأمم كلها صناعة الأنسجة القوية للتدرع والدفع وأيضًا بناء القلاع الضخمة ذات الجدران المزدوجة وأجهزة الدفاع التكتيكية التي لم تنتشر للبلاد المحيطة قبل عصره. فكان نموذج الدفع الذي ابتكروه بكل آلياته المنيعة ليس أسلوبًا لتأمين ووقاية شعوبهم فحسب، بل مثالًا ألهم أهل الأرض كلها أن يحتذوا به منذ زمانهم. (ملـحق ق٩٦.٠)

ودَفع داوود والمخلصون ممن احتشدوا معه من الشاكرين من أهل أرض البَرَديـس بأس المعتدين الذين استاقوا تعاليمهم من الفوضى والجنوح. فأبعدوا المُزدرين وأوقفوا الطامعين وأحقوا الحق وأنهوا الاختصام. ودافع داوود والشاكرون من أهل أرض البَرَديـس ليس فقط عن أمن الديار وسلامة المحاريب وكنوز وثروات الحقول، بل أيضًا عن عِزة الإنسان وتقوى القلوب. فعززت حصون داوود في النفوس الشكر العميق وأيقظت العالم بأكمله ليغني ويسبح بأعذب أناشيد الامتنان.

حقا حشد داود الشاكرين
خبراء صوتيات موهوبون وعلماء طيور فطينون
ومعماريون بارعون ومهندسي الطبيعة العاشقون
احتشدوا جميعا لحضور
غناء الطيور

من مطلع النهار حتى غسق العشاء
وما بينهما من أوقات
رصدوا رنين الأجنحة تعزف مقدار المسافات
ومن أشكال الإصطفاف وارتفاع الأسراب
تعلموا قراءة معدل تغير السرعات

فخبروا شفرة تغريد الطيور
وفطنوا منطق الطير في الأجواء وجوانب الجبال
وفوق جداول المياه

وبتآلف النغمات، دونوا ألحان تردد الموجات
عند سطح البحر وفي أعلى المستويات
وبحسن في الإستماع رسموا الخرائط
لميل زوايا الرياح وأدق علامات التغير في المناخ

ولأبعد الحدود
ترددت أصداء أغانيهم الرنانة في قلب أغلظ الجبال
وأسمعت ترانيمهم أعماق التضاريس القاسية

فظلت بصمتهم والأثر في صنعتهم
أعمال شكر باقية
تبث التطور المُحـيل
بتناغم وامتنان كبير

أعمال الشكر البارز لسليمان

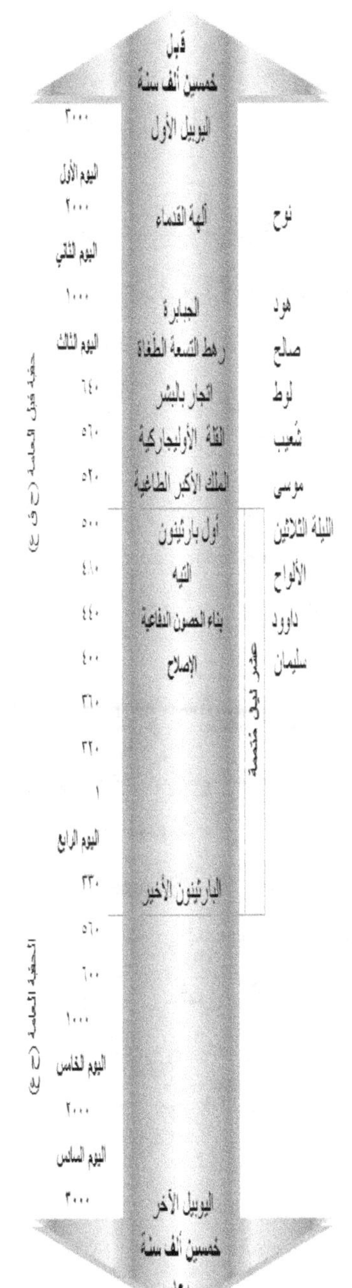

كانت التعزيزات والتحصينات التي بدأها داوود عملية كبيرة ذات حجم مهول. تطلبت وقت أطول من زمن داوود في الحكم حتى يكتمل تمام غرضها المُحيـل. ولذلك، كان سليمان هبة عظيمة لداوود كوريث وامتداد لتحقيق أهداف حكمه. كونه شديد الإخلاص، أناب سليمان في خدمة نفس القضية وكان كل سعيه لإنجاز نفس الغرض. فأتبع سليمان الفترة المزدهرة لحُكمه المشترك مع داوود بحقبة أخرى رائعة من فترة حُكم حكيم. (ملـحق ق.٩٧)

ولم يكن سليمان هبة لداوود فحسب، بل كان هو نفسه موهوبًا بهبات عظيمة جعلته هدية كبيرة للإنسانية كلها. بفضل المعارف الزكية وعلوم أرض البَرَدَيـس المتقدمة، تعلم سليمان في وقت مبكر من فترة حُكمه مبادئ المنطق الناطقة في كل ما حوله في الطبيعة وأيضًا المفاهيم والأفكار. فعُلِّم سليمان ليس فقط فهم اللغات المختلفة للأمم التي احتشدت بأرض البَرَدَيـس في عصره، بل أيضًا فهم المنطق في عاداتهم والتعاليم التي شكلت خلفياتهم والثقافات.

فكان سليمان قادرًا على تحليل الأسباب التي أثرت في السلوك وحكمت الرؤى والمواقف. وفهم كيف تفكر الشعوب المختلفة، وكيف يحكمون في مختلف أمورهم. وفهم أيضًا كيف إستدللوا، ولماذا تشككوا في الحقائق، وما الذي استدرجهم للوصول إلى استنتاجات وقناعات مليئة بالخلل. لقد أدرك سليمان فهم العديد من الألسنة وقدّر حق التقدير معرفة المنطق المُؤثر في تعاليم أهل تلك اللغات. (ملـحق ق.٩٨)

وإلى جانب حكمته الفلسفية العميقة وتعلمه علوم المنطق، كان سليمان موهوبًا بهبة البلاغة. فكان خطابه قويًا وشديد الإحكام المنطقي إلى أبعد الحدود. فامتلك أمر اللغة وزمام توجيه الخطاب بحديث بليغ، طلق، ومؤثر وفي أكثر الأحيان رنان ومزهر. ولكونه حاكمًا من أرض البَرَدَيس، كان سليمان أيضًا مُمَكَّنًا بقوى هائلة ومدعومًا بسعة غير محدودة من الآليات والموارد، ليس فقط لمخاطبة الجموع المحتشدة بأرضه، بل للقيادة والتأثير الفعال في كل الأمم والجمع الإنسانيلأجيال وأجيال بعد عصره. فكانت كل مساعيه إصلاحَ بَناءٍ بشكل غير عادي.

ففي بداية فترة حكمه ومنذ واقعة وادي النمل (نيميا)،* ولأنه شديد الوعي وموزع في الإصلاح، بدأ سليمان أعمالًا إصلاحية واسعة. وأناب في إصلاح أوضاع من كانوا مسجونين في البؤس ومن كانوا مهانين بزيف مخاوف استخفت بالعقول. ومهد سليمان التربة لاستعادة حقوق المغلوبين على أمرهم واسترداد الفضائل والكرامة كحق واجب لكل الناس. فكان عصره تحت الشمس حقًا فصلًا مشرقًا بالفضائل التي لطالما كرمت وزينت ثياب الإنسانية.

وفي الأرض التى كانت اليابسة التي قامت عليها أقوى الدول ذات الحكومة الأشهر في صيت انضباطها، والموطن لأفضل وأقوم الكيانات القانونية، تعلم سليمان النسبة الذهبية للتصاميم الأكثر قدسية. سويًا مع الخبراء الألباب من أهل أرض البَرَدَيس، رفع سليمان أعمدة الحكمة لدعم مقصد الحشد الإنساني. بمعارف حكيمة وعدل واستقامة أرسوا الأسس لأول مجتمع متنوع في التاريخ. فكونوا على أرض البَرَدَيس أول حضارة ألفت بين الحشود من الناس، وجاء فيها على مر العصور شعوب الأمم المختلفة لفيفًا من جميع أنحاء الأرض.

وعلى عكس الأنظمة الجائرة بالأراضي المجاورة، لم يكن في أرض البَرَدَيس لا عبودية ولا عمل قسري. ولذلك قد حُفظت حقوق كل من احتشدوا في أرض البَرَدَيس في عصر سليمان. حتى حقوق من كانوا يعتبرون في الشعوب الأخرى

---

*صفحة ٨٨: وادي النمل

صغراء بني الإنسان. وعُومل الجميع بشكل عادل دون النظر إلى الطبقات مهما كانت الأعراق أو جينات السلالات. فسواء كان النفر مواطنًا أو وافدًا، شاغلًا لمنصب مرموق أومؤديًا لعمل متواضع، كانت حقوقهم جميعًا محفوظة. فقد كان عصر سليمان في أرض البَرَدَيس، أوانًا تم تحديدة بعناية، لتشهد الإنسانية مرحلة نضج عظيمة. تحولا ثوريًا ليس فقط لإصلاح الخلل وعدم الاتزان، بل تطوريًا في تقدم الحضارة الإنسانية. (ملحق ق. ٩٩)

علاوة على ذلك، شكل سليمان فرقًا بارعة في كل مجال وكل نطاق بري وبحري وأيضًا الأعمال المتعلقة بشؤون سرية غير مُعلنة. فاحتشد لخدمة الخير في سبب سليمان العمال المهرة، والبناؤون الموهوبون، والنحاتون اللامعون، والعلماء الأكفاء، والخبراء، وحتى الغواصون والخابرون بعلوم الأجواء والرياح. كل منهم موزع في دور مُعين. عملوا جميعًا بجهد وإخلاص وبدون أي زيغ أو انحراف عن الأمر المحُدد لهم. فالتزموا بدقة بدورهم واتباع هدف سليمان المُشرق.

فكان سليمان وكل جنوده ناجحين لدرجة أن سكان الأراضي المجاورة ظنوا أن سليمان سخر مخلوقات غامضة وأرواحًا غير مرئية لإنجاز هذه المهام الضخمة. لكن في واقع الأمر، لم تكن حشود سليمان وقواه العاملة إلا جيوش من العباقرة من كل جنس، ومن كل جين وسلالة، ومن كل خلفية إنسانية. (ملحق ق. ١٠٠)

في أرض البَرَدَيـس، ذائعة الصيت في تقدم علوم الكيمياء آنذاك والتي لاتزال تحير العلماء حتى الآن، استطاع الكيميائيون الفطينون خلق الوسيط المثالي لأكثر التفاعلات سلامة وثباتًا. وزنوا بدقة العناصر وقدروا بشكل صحيح الخصائص الحقيقية للمواد. فحفزوا أكثر التبادلات نفعًا وإفادةً وطوروا المراحل وجوَّدوا العمليات في تقنيات كالتقطير والبلورة. حتى أن القير المعتم سميك الكثافة أصبح في أيديهم قِطرًا مُسالًا، يتشكل بسهولة لمواد جديدة. بعضها مُشع، وبعضها شفاف وبعضها الآخر تُرك غير نافذ. حقًا، لقد وازنوا معادلاتهم وعادلوا حدة كل القوى المتفاعلة في تحولات معتدلة متوازنة.

فعمدًا أقامت حشود سليمان وقواه العاملة كما أراد مبانٍ جذابة. بمرُكبات عبقرية الكيمياء، كسو البنيات حسب توجيهاته بأطلية بعضها مُصقل اللمعان وبعضها معزول وبعضها عاكس كالمرآة. وعمدًا شيدوا له الصروح الفاخرة والمدن جميلة المعمار، والتماثيل الفخمة، وأيضًا المحاريب. وبتعليمات سليمان، بنوا له الموانئ

الحيوية، والفنارات الراسية، وأيضًا عَبَّارات ضخمة جابت البحار. فوضعوا علامات التواصل البحرية لتوجيه كل من أبحرفي ظُلمة البحر الأوسط.

أينما أرسى هؤلاء العباقرة منشآتهم، سواء فوق الأرض أو غاصوا لتأسيسها تحت سطح البحر، غيروا العالم حولهم محليًا وعبر البحار. فلم يكتفوا بتوجيه الإبحار والإرساء للسفن والعبارات. بل جعلوا الأرض تحت أقدامهم محور ارتكاز للكتل الممتدة عبر القارات. بكل تأكيد، لقد أدار سليمان دفة رياح التغيير بالنمو والازدهار. فكانت حكمته لا يمكن إنكارها، فقد حركت حتى السحاب للاحتفال بعبور إنجازاته البهية بهدية من أمطار الرخاء. (ملحق ع ١٦.؛ ق١٠١.)

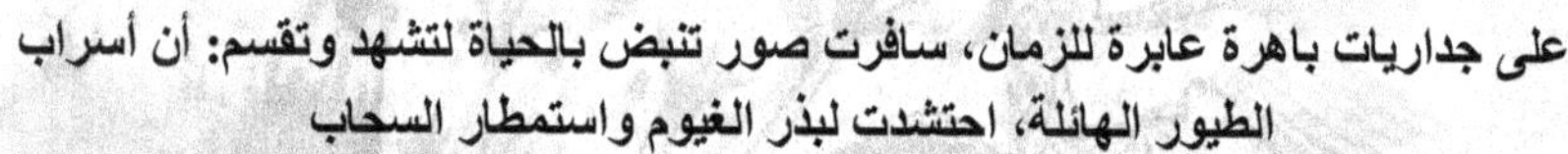

على جداريات باهرة عابرة للزمان، سافرت صور تنبض بالحياة لتشهد وتقسم: أن أسراب الطيور الهائلة، احتشدت لبذر الغيوم واستمطار السحاب

قبل الطائرات الضخمة والنفاثة، اصطفت الطيور البحرية طويلة الأجنحة في مثلثات كهيئة الطائرات الورقية العملاقة، حاملة على ريش أجنحتها الخفاقة بلورات الأملاح البراقة

وفي طبقات الجو المتوسطة داعبت تيارات الهواء ناثرة حبات البحر الأوسط المتلألئة وكريستالات مركباته الفضية شديدة الكثافة

مختفية لمدة شهر، ومعاودة للظهور شهر بعد شهر، دفعت الطيور عبر البحر الهواء الهابط من أسفل إلى أعلى، وساقت مع رياح التغيير أمطار الازدهار وفي رواحها والغدو أذاعت الطيور الرخاء والنمو

إلا أن العلماء الجدد لا زالوا في جلبة يتصايحون، مُدعين أن بذر الغيوم أمر جديد في العلوم. لم يبقى لهؤلاء المستجدين من العلماء إلا أن يقروا بطريقة علمية، الطريقة السليمانية في الاستمطار وتوجيه الرياح

الخروج إلى النور من جديد

حقًا، كان داوود وسليمان من الشاكرين لاختيارهما لتعلم لغة الحكمة والعلوم-زابورا. فبضياء هذه العلوم الباهرة، وبهاء هذه المعارف المتقدمة، مُسحا حاكمان حكيمين في فترة محورية في مسيرة الإنسانية. فترة عبرت فيها الحشود أكبر بحار أوسط الأرض وطوت المسافات عابرة للقارات وأتت لفيفًا من كل اتجاه لتقف على أرض سواء تضاء طرقها بلآلئ العلوم وتورق أشجارها ببراهين الحقائق.

بحكمة ثاقبة، حرث داوود وسليمان حقول أرض البَرَدَيـس الثرية التي ظلت غصنة بكنوز هائلة حتى بعد انتهاء حكم الملك الأكبر الطاغية. فغرسا للجموع المحتشدة من جديد على أرضها الفضائل الناقلة. هذه الأرض التي كانت جنة بأوراق برديها التي امتدت بطول ثلاثين قرنًا من الزمان بعلوم كست من كانوا عراة ومن نزع عنهم الغرور ثياب الفضائل بثوب مُذهب من المعرفة. أرض البَرَدَيـس التي كانت جنة بأوراق علوم كان عمرها آنذاك ثلاثة آلاف سنة على الأقل. حكمة ومعارف كُتبت بحروف مضيئة في أمتار طويلة من البردي، ونُسخت في أعداد لا تُحصى من الألواح، ونُقشت على جداريات عظيمة ظلت معروضة للعيان عبر الزمان لمن شاء أن يقرأ أو يتعلم.

هناك في أرض هذه الجنة، تُرجمت آيات الكون العظيمة بكلمات بينة وصُورت على الألواح بصور جلية مُشرقة لهداية ليس فقط المحتشدين في أرض البَرَدَيـس في زمان داوود وسليمان. بل كافة الأمم التي أتت ضيوفًا عليها واستضافتهم أرضها الواحدة تلو الأخرى على مدى القرون العديدة، لأجيال وأجيال بعد فترة حكم داوود وسليمان.

وحقًا كان داوود وسليمان من الممتنين لفضل الإتيان بهما إلى حيث حكمة ومعرفة زابورا. تلك الوسيلة المثمرة في إظهار آيات الكون المُعجزة وجعلها علوم يقينية ظاهرة وملموسة. زابورا، اللغة البليغة في إيصال الهدف البهيج للزمان والحياة والخليقة. المركبة والطريقة التي أبدت تجليات الكون بجلاء لا يمكن إنكاره، وكانت الأمل لمن ظلوا لقرون طويلة في معاناة رؤى من حطام تصوروا العالم بنظرة فوضوية عابسة. فكان كلُّ من داوود وسليمان حق المبشرين ببداية فصل جديد من الزمان وأوان مشرق لتحـول حكيم وبشرى بحُسن مصير.

فكان هذا الزمان هو الأوان لكثير من الشعوب للخروج من ظلمات النظرات الغافلة التي عاشوا بها قرون إلى نور أرض البَرَدَيـس. الأرض التي كانت المكان الوحيد آنذاك الذي جرت به أنهار لا تنضب من علوم ومعارف جعلت الكون كتابًا مفتوحًا لمن أراد أن يقرأ أو يتعلم ما يزيد به الإيمان واليقين.

نموذج مضيء بعلوم في حد ذاتها لغة الكون في البرهان أن العلم والمعرفة ما هما إلا آليات لتعزيز الإيمان. علوم جلية مادية وطبيعية كانت الشعلة والقبس لمن شاء التقدم للأمام. فإذا ما اقتُطعت من هذا الهدف وفُصل العلم عن الإيمان فقد الإنسان الضياء وضل في مسيرته طريق الصواب.

وفي الخروج إلى النور من جديد في أرض البَرَدَيـس، كان على أكثر المحتشدين في ذلك التوقيت مراجعة معتقداتهم ورؤاهم الغافلة. فقط ليدركوا أن معجزات الكون التي غفلوا قرون عن إدراكها كانت طوال الوقت ظاهرة ومتجلية. حيث نبهت علوم أرض البَرَدَيـس المتقدمة في حسابات الفلك ورصد النجوم الآلاف والآلاف من الناس إلى الدقة البالغة في حركة الشمس والقمر والأجرام. ربما استطاعوا أن يستدلوا أن هذا القدر الفائق من الانضباط لا يمكن أن يكون ناتج لفوضى أو عشوائية.

وكذلك، كان نموذج أرض البَرَدَيـس المنير بقوانين ومعايير، قائمة بالحق بلا انحراف أو اعوجاج، أكبر مثال يُعلِم من احتكموا لأعراف الطغاة أن: كنوز الأرض تظل وفيرة ومتجددة إذا ما استدامت بلا جشع أو إفساد. فكان على الغُصب والطوائف الإقرار: أن مجاري المياه مالحة كانت أم عذبة، على الرغم من شدتهما، عند التقاءهما لا تبغيان على بعضهما. وبنفس الطريقة، كان على البعض أن يتعلم قراءة: أن النجوم في الفضاء أعلاه والأشجار على الأرض أدناه، كلاهما يتألق في بهجة، بصرف النظر عن نسبية الارتفاع في موضعه. أمم وحشود كان عليهم إدراك أنه: فقط بعدم التنازل عن التوازن، رفعت السماء عالية في اتزان.

وفوق كل شيء، كان على المحتشدين من جديد في أرض البَرَدَيـس أن يدركوا أنه: على الرغم من أن كل مظاهر العالم المحيط وإن كانت حقًا جلية وبديعة، إلا أنها غير دائمة، عابرة في عرض شديد القصر. في نهاية عبور الزمان، وعند الخروج من حواجز المكان وعوارض الزمن، فإن كل ما كان مثقل أو معاق بمواد مادية

مؤقتة سيأخذ في صاعقة ذلك الانتقال. فوجب التحرر من أثقال المواد الموقوتة التي تُساق بحركتها إلى إنقضاء وفناء.

والأهم من ذلك، ففي أرض البَرَدَيـس عند الخروج إلى النور من جديد، كان على الناس أن يدركوا أن الهدف من عبور الزمان لم يكن أبدًا الصراع في نزاعات تصادمية أو التخاصم في معارك إثنينية. لكنه كان، ومنذ بداية الزمان، تقدير القيّم وتمييز الحقائق التي تؤدي للتقدم والتزكي حتى الوصول للطور المنشود.

إدراك بهذه الدرجة من الثورية على التفاضلية العنصرية التي ملأت البلاد المحيطة والأجواء آنذاك، لم يكن ليجد له أي مكان سوى الأرض التي كانت جنة لسعتها وقابليتها الاحتفاء بجميع الناس وتكريمهم دون اعتبار لطبقاتهم أو الأعراق. الأرض التي اعدت جنة لقضائها العادل، وقوانينها الحقة، وموازينها المستقيمة، ومعاييرها المتزنة، وتقدمها اللغوي والعلمي.

تلك كانت الأسس التي مهدت الأرض لاستقبال الحشود والأعمدة التي أقامت البنيان للتواصل والتعارف بين بني الإنسان. هذه الجنة التي أقامت المبادئ القيّمة، كانت البقعة الوحيدة على الأرض التي كثيرًا ما سمحت للأفراد من كل الأمم بالصعود حتى لمناصب القوة. في الوقت الذي كان يزدري فيه الأخوان غير الشقيقين بعضهما البعض للاختلاف في فرع من فرعي السلالة.

بلبلة على بوابة الملك ماريوت

أعلن دليل الرحلة قائلًا: أنه بالقرب من بحيرة ماريوت (والبعض نطقوها ماروت) هذه اصطنعت الأقوال المتضادة المتنافرة ضد سليمان ومُلكه عقود قليلة بعد فترة حُكمه. فقد كانت مياه هذه البحيرة من قبل صافية، ولكنها بسبب الهراء والبلبلة ببوابة الملك ماريوت تعكرت. لكن لا داعي للقلق، فكما وُعد سابقًا، فالهدف هو عدم البقاء في هذه البلبلة فترة أطول.

كما هو مرئي بوضوح، فبحيرة ماريوت هذه تتمتع بموقع مركزي جذاب على مدخل حيوي لأطول أنهار الأرض، وأغنى البرازخ، وأكبر بحر في وسط الكرة الأرضية (البحر الأوسط). كانت هذه البحيرة معروفة جدًا في زمان سليمان بموانئها

المحورية وفناراتها البارزة ومراسيها لعبّارات كانت كالجواب لأنها جابت البحار والبلاد. فمن موقعها بالقرب من البوابات الشمالية للقمة الدلتية الشكل لأرض البَرَدَيـس، كانت تؤدي إلى مناطق الأراضي العليا في أقصى الجنوب. كما كانت المدينة التي تمر بها بحيرة ماريوت والتي هي أكبر المدن الواقعة شمال أرض البَرَدَيـس، كالقطب المركزي الدوار الذي أدار حوله أهم الأحداث الإنسانية والوقائع التاريخية.

ولأن المنطقة بجوار بوابة الملك ماريوت كانت مكانًا مدهشًا ومركزًا محوريًا طوال فترات التاريخ، أصبحت بعد عقود قليلة من حكم سليمان، مقرًا للغرباء عن المبادئ القيّمة لهذه الأرض. سعى هؤلاء الغرباء للأرض المحيطة ببحيرة ماريوت كقطب يدير تجارة ثمار أشجار غرورهم،* ومحورًا يسوق طموحاتهم السيادية. وليس أبدًا كأرض بَرَدَيـس أو جنة لمبادئ قيّمة. فلم يكن لدى هؤلاء الغرباء أي دافع على الإطلاق للسعي لتمييز الحقائق، أو التحقق من ظنونهم الواهمة. أو حتى مراجعة معتقداتهم القديمة التي جعلتهم يغفلوا إدراك المعارف اليقينية.

لذلك، كان استيعاب هدف سليمان الجامع للإنسانية، بالنسبة لهؤلاء الغرباء عن المبادئ القيّمة لأرض البَرَدَيـس، شيئًا لا يمكن تصوره. وكان مجرد التفكير في أن الكرامة واجب لكل الناس، شيئًا بالنسبة لهم مستحيلًا وباعثًا على السخرية. لذلك، شرعوا في الادعاء أن مقصد سليمان عقيم بلا أي جدوى أو أهمية. فتخلفوا تمامًا عن حشده الجامع واتبعوا تلاوات كل ما يُدنس مُلكه. وحتى الآن، ظل كل ما تلوه عن سليمان والمعارف المتقدمة لأرض البَرَدَيـس عند بوابة ماريوت مجرد هراءات وبلبلة.

علق الدليل قائلًا: إلا أن أكثر هذه البلبلة تهافتًا وغرابةً حتى اليوم، كان سوء تفسير الغرباء للآثار والمعمار الباقي بأرض البَرَدَيـس. باستثناء عدد قليل من التفاسير للكم الهائل من التراث الدال على ثقافة أهل أرض البَرَدَيـس، فقد استندت

---

*صفحة ٧٥: شجرة الغرور

معظم شروح هؤلاء الغرباء إلى تصورات مسبقة، ومعلومات تأسست في ثقافات وتقاليد أخرى مختلفة تمامًا عن ثقافة أهل الأرض. وبدرجة تتنافى مع كل منطق كانت تحليلاتهم غير معقولة على الإطلاق وغير متسقة مع الحقائق الظاهرة والبراهين البينة هناك. فغالبًا ما ربط هؤلاء الغرباء عن المبادئ القيّمة لأرض البَرَدَيـس تفاسيرهم الغريبة بأنواع من العبادات الغامضة كتلك التي كانت منتشرة في جانبهم الأيسر من البحر الأوسط في القدم. وحتى يومنا هذا، لا زالت افتراضاتهم المتصورة عن أرض البَرَدَيـس إما متأثرة بآراء متعصبة، أو مُلتبسة بأحكام مسبقة، أو مائلة نحو تفاسير نِدية.

وعلى الرغم من الكم الكبير من المحاولات القديمة والحديثة في تفسير الحجم الهائل من آثار أرض البَرَدَيـس الباقية، فإن غالبية هذه التفاسير لا زالت حتى اليوم غير مقنعة. ذلك لأنها كانت ولا زالت محدودة إلى حد كبير بقناعات المفسرين الثقافية ومتأثرة بخلفياتهم العقائدية في أكثر الأحيان. فظلت العديد من تصوراتهم ليست فقط متناقضة وخلافية، بل واهية تعجز عن الصمود أمام الأدلة الواقعية شديدة الوضوح في أرض البَرَدَيـس. وأضاف الدليل قائلًا: لتصور حجم هذه المأساة، يُرجى إلقاء نظرة على الحالة الافتراضية التالية.

افترضوا أن سبعين رجلًا مثلًا وجدوا أنفسهم فجأة في بلد أكثر تقدمًا من بلدهم بما يزيد عن عشرين قرنًا من الزمان على الأقل. فإلى جانب إصابة هؤلاء السبعين رجلًا بصاعقة الصدمة الحضارية من الاختلافات الثقافية الكبيرة بين البلدين. لن يتمكن أحدهم من وصف أي شيء في البلد المتقدم إلا بعبارات لن يكون لها أي معنى إلا في تفكيره، الذي هو متأخر عن الواقع وغير متوافق مع الحقائق. وبكل تأكيد، فإن تفسيرات السبعين رجلًا لحجم المعارف التي اكتسبتها البلد المتقدمة في فجوة الألفي سنة الفاصلة بين ثقافتهما، ستكون مجرد تخمينات غير حقيقية متأثرة بحُجُب تفرضها خلفياتهم الثقافية ولا يجب أن يُعول عليها. ومما لا شك فيه أيضًا، أن تصوراتهم إذا ما أُخذ بها ستحجب العلوم المتقدمة في هذه الأرض بحُجُب معلوماتهم غير الكاملة وغيوم تأخرهم في إدراك الصورة الحقيقية.

على سبيل المثال، تصوروا أن السبعين رجلًا هؤلاء كانوا من ثقافة تبجل عبادة الحيوانات كالثور أو العجل مثلًا ثم افترضوا أنهم بخلفيتهم هذه حضروا أحد المؤتمرات البيئية الحديثة كالتي تقام في عصرنا اليوم. فقط سيكون من المنطقي

بالنسبة للسبعين رجلًا أن يعتقدوا أن البيئيين الحاضرين في المؤتمر يؤدون نوعًا من العبادة الطقسية. وأن الحيوانات المهددة بالانقراض المعروضة في الملصقات العلمية ماهي إلا آلهة.

فإذا ما زار هؤلاء السبعين رجلًا الولايات المتحدة اليوم على سبيل المثال، فلن يكون من المستبعد أن يعتقدوا أن الديمقراطيين يعبدون الحمار، والجمهوريين يبجلون الفيل وأن الصقر الأصلع هو الرب الأعلى لهذه الجموع. وربما بدت الشعارات القومية الحديثة والأيقونات السياسية والإجتماعية والأشياء في المتاحف وحتى الأشكال والرسومات في الكتب الدراسية كأنها رموز لمعتقدات دينية أو قوى غير مرئية في نظر السبعين رجلًا من الحضارة المتأخرة مئات القرون.

وأضاف دليل الرحلة أنه مما يؤسف له، أن سوء فهم السبعين رجلًا هؤلاء، وبنفس درجة الخلط، استُخدم على الأقل مرتين في التاريخ عند التأريخ للثقافات والمبادئ والقيّم بأرض البَرَدَيـس. حدثت المرة الأولى عندما لم ينتبه تجار ثمار أشجار الغرور أن تجارتهم تسببت في تأخرهم بالنمو بمقدار لا يقل عن ألفي سنة. فعند أول وهلة من أخذهم صورة عن أرض البَرَدَيـس. ولكون نظرتهم متأخرة ألفي سنة. تصوروا صورة محدودة بمفاهيمهم كانت مختلفة تمامًا عن الواقع. فصدتهم مفاهيمهم وتصوراتهم المحدودة عن إدراك حقيقة الصورة. وحجبوا الصورة المبنية على المعارف والعلوم المتطورة في الجانب الأيمن من البحر الأوسط، بحجاب أساطير من عاشوا في ظل أشجار الغرور الخادعة واسعة الانتشار بالجانب الأيسر للبحر الأوسط.

أما المرة الثانية التي أُسيء فيها فهم حقيقة المبادئ القيّمة في أرض البَرَدَيـس كانت أكثر إثارة للاهتمام. فقد وقعت في حقبة أكثر حداثة تقدر بما يقرب من ألفي سنة بعد المرة الأولى. وعلى الرغم من أن الغرباء في المرة الثانية، كان لديهم أفضلية التقدم في الزمن، إلا أنهم تصوروا أرض البَرَدَيـس بنفس الصورة التي تصورها الغرباء منذ ألفين سنة في المرة الأولى. فلم يسيئوا قراءة الواقع فحسب، بل استمروا في إخفاء الحقيقة، وكتجار لثمار شجرة الغرور استحبوا الصورة المغلوطة.

وبالمثل، لم يكن من المتصور للغرباء عند بوابة الملك ماريوت الذين جاؤوا إلى أرض البَرَدَيـس عقود قليلة بعد سليمان أن يقدروا التنوع الإنساني أو يعترفوا أن الكرامة حق لكل الناس. لقد استكبروا اورفضوا التنازل عما استحوذوا عليه بدون حق

وشرعوا في إطلاق كلام متنافر ضد سليمان وتقدمه في أرض البَرَدَيـس. فأحدثوا في دعوته الحاشدة اغترابًا عميقًا، أحدث فرقة وشرذمة حتى في أكثر الجموع لُحمة وأكثر الأبنية تماسكًا.

وبالرغم من أن أقوالهم ضد سليمان كانت غير مفهومة على الإطلاق ومعتمدة بشكل كبير على إثارة مخاوف زائفة غير معقولة، إلا أنها لم تزدهم إلا إنكارًا لما كانوا هم أنفسهم في أمس الحاجة لإصلاحه. فأضلوا أنفسهم لأبعد ما يكون عن الوصول إلى حِكمة حُكمه أو إدراك الخير في مقصده، فلم يتمكنوا ليس فقط من التخلي عن قناعتهم المليئة بالخلل أو يتوبوا عن المُضي في طرقهم الاحتيالية المعتادة. بل ادعوا أن سليمان هو من أسلم بالأرباب غير الحقيقية والآلهة الزائفة. واعتبروا حكمته غير مجدية وأقنعوا أنفسهم بقطع كل ما يوصلهم إلى إدراك هدف حشده المستنير.

لقد استكبر الغرباء ببوابة الملك ماريوت بإعجابهم بأنفسهم واعتبارهم النُظم الطاغية مبجلة. وبينما سخروا وقللوا من شأن كل المبشرين والمرسلين، رفعوا ووقروا الملك الأكبر الذي كان طاغية. حتى أنهم أثنوا عليه ثناءً غير عادي في نصوصهم المقدسة، لدرجة اعتباره مسيحًا. وفي خضم حبهم للهيمنة وانتزاع ما ليس بحقهم، ادعوا لأنفسهم معارف لم ينتجوها ومؤلفات لم يوجدوا كتبها. مُعدين بافتراءات تم اختلاقها في اللحظة، حجب الغرباء الواقع في غموض تام بتصوراتهم المزيفة. فدخلوا من أبواب أرض البَرَدَيـس في تكبر واستعلاء، واستبدلوا الحقائق بأكاذيب فاضحة. حتى أنهم حتى اليوم لازالوا غير مدركين، أن ما ظلوا يتصايحون به وينفرونه في الأبواق متفاخرين، ما هي إلا كتابات أرض البَرَدَيـس المقدسة التي حملوها ولم يستطيعوا حمل ما بها. (ملحق أ.١٨)

ومع ذلك، وعلى الرغم من كل البلبلة التي تُلّيت على سليمان ومُلكه، فإن مساعيه وإنشاءاته ظلت عبر الزمان أعمال شكر باقية. بارزة وجلية في القلب الذي استضاف الحشد الإنساني، مُرحبًا بالخير في مقصده، وممتنًا ببهجة لثمار مساعيه وإصلاحاته. وبالرغم من ذلك، ولأنه ما زال هناك بقية في مسافة الستة أيام لعبور الزمان، كان أمام الغرباء عن المبادئ القيّمة لأرض البَرَدَيـس، وقت لتصور الصورة البهية التي أساؤوا قراءتها في البداية ولا زالوا حتى الآن يفضلون إبقاءها مُتوارية.

فمنذ ما يقرب من خمسة وعشرين قرنًا من الزمان أعلن سليمان، مرات ومرات عديدة، أن "لكل شيء أوان، ولكل أمر تحت السماء زمان".* ولكي يتم إدراك ما تم التخطيط له خلال هذه البرهات، فالجميع مدعون لحضور اجتماع عاجل. فقد استدعى سليمان جميع الأمم لحشد مفاجئ ونادى بنفسه قائمة الحضور وسجل الغياب.

وأكد الدليل أنه على الرغم من وجود متسع في الوقت لتغطية الأحداث المتبقية في رحلة الإنسانية عبر الزمان، يُرجى الإسراع للوصول في الوقت المحدد لاستدعاء سليمان في الجزء الرابع من البحث. في بداية المحطة، سيكون هناك مناظرة كبيرة وملاحقة واسعة لمندوب فُوض لإلقاء كتاب سليمان وحمل دعوته المكتوبة. إلى لقاء في المحطة التالية في قراءة متعمقة للبردية الحاملة لكتاب سليمان. من فضلكم ضعوا في اعتباركم أنه من هذه النقطة فصاعدًا، سيتم تفقدُ الحضور وتسجيل الغياب!

---

* سفر الجامعة – الفصل ٣:١ وفقا لعلماء الأناجيل لا توجد فترة زمنية أو اسم لصاحب البلاغ في سفر الجامعة ولكن العديد من المقاطع تشير إلى أن سليمان قد يكون صاحب البلاغ بالسفر. ويضع صاحب البلاغ قدراته الحكيمة في دراسة التجربة الإنسانية وتقييم الحالة الإنسانية. و يركز بشكل أساسي على ما يحدث "تحت الشمس". فهو يعتبر الحياة كما اختبرها ولاحظها بين آفاق الولادة والموت – حياة داخل حدود هذا العالم المرئي، ويهتم بوضح بتوضيح ما هو "خير". ويزعم البعض خطأً أن صاحب البلاغ أشار إلى عدم الجدوى من الحياة وأنها عقيمة بلا معنى أو فائدة.

الجـزء الرابع

من: سليمان
إلى: حكام الهيمنة
بإسم الإله الرحمن الرحيم

أمر السـلام
٢٧/٣١

ما معناه
"بلا تعالي أو انتحال لهيمنة،
أقروا السلام طواعية "

استدعاء

المحطة الثامنة

كتاب سليمان

إلى حكام الهيمنة

واتفقوا جميعًا بالإجماع
أن إلباس الوقائع ثياب الأسطورة، يبقي الحقيقة مجهولة

فحثوا ثم حثوا وأوعزوا
أن حاكمًا حكيمًا انتدب طائرًا وأوزعه
مفوض سياسي في أمر دبلوماسي

فلو ألمحت أو ألحظت
أن الهدهد كباقي الطيور، رموز وألقاب للأقوام منذ القدم
لشجبوا واعترضوا واستنكروا
يا له من موقف غريب كلام أخرق عجيب

فلو أنهم أخذوا محل الاعتبار ما أعلن عنه الحكيم بتكرار:
أن **"لكل شيء أوان ولكل أمر تحت السماء زمان"**
ربما استبصروا أنه سيأتي اليوم
لسماع ما لم يتم بعد عنه الإعلان

فبين البرهات والمرور في الفصول والأوقات
دع المبعوث يناجي ويوصي وينادي
مُلقّيًا على الملأ كتابًا من حكيم مكتوب باسم إله رحمن رحيم

دعوة سليمان لحكام الهيمنة
أن بلا استعلاء يقروا السلام طواعية
الأمر الذي لم يعد يمكن تأجيل النظر فيه والتقرير

◈ أعلن دليل الرحلة قائلًا: علموا جداولكم للزمن بعلامة مميزة، فالجميع مدعوون لحضور قمة مهيبة. فقد استدعى سليمان الأمم لاجتماع قمة عاجل، وبنفسه نادى أسماء الحضور وسجل الغياب. استعدوا لتشهدوا من كان حاضرًا، ومن كان غائبًا، ومن كان حضوره مكفولًا بتحذير بأمر استدعاء وإحضار. ولكن قبل البدء في هذا الاستكشاف، هناك تدريبان هامان، كلاهما لازمان للتعرف على مراسم حضور هذه القمة والأجواء.

لذلك من فضلكم تجمعوا في أول وقفات المحطة عند تلاوة البردية، وكونوا مُستعدين للمشاركة في تدريبات عملية على استخدام جهاز تحليلي جديد. ستجدون في هذا الجهاز آلية مفيدة لها مقدرة عجيبة على كشف الحقائق وإزاحة الغموض والالتباس اللذين حجبا حقيقة الكثير من الأحداث لأزمنة طويلة. كل ما هو مطلوب لمعرفة كيفية عمل هذا الجهاز هو إيقاظ التأمل وشحذ الانتباه. عندها فقط سترون الصورة كاملة وكأنكم تنظرون إليها بعين الطائر الثاقبة. وساعتها أيضًا سيمكن التعرف على أكثر الهويات غموضًا والتباسًا، كهوية مثل هوية جنس السياسية.

وبمجرد الانتهاء من التدريبين بتلاوة البردية يمكنكم أن تأخذوا مقاعدكم في اجتماع القمة. وهناك استمتعوا بتقرير عجيب لمبعوث دبلوماسي متميز تم تفويضه في نقل معلومات مكتوبة في وثيقة هامة. ولكن، قبل التحليق مع هذا الدبلوماسي اللبق في مهمته التفويضية التالية، يُرجى التجمع مرة ثانية لإلقاء نظرة سريعة على ملامح الخريطة السياسية ومعالم المنطقة لوجهته الخارجية. يُرجى العلم أنه عند تصاعد حُكم الهيمنة، حتى غير الراغبين لن يكون أمامهم أي خيار آخر سوى تحمل العرض للنبذة التاريخية المُقدمة في تلك الوقفة. كونوا مطمئنين، سيكون هذا العرض موجزًا وسيغطي فقط الأحداث الرئيسية اللازمة لجعل الانتقال في تلك البيئة الخارجية في ذلك الجو القديم واضح الرؤية بلا حُجب ضبابية أو عراقيل.

وقبل الوصول إلى وقفة المثاني وسَلسَلة السِجلات، يُرجى الحصول على عناصر مكونات الزمن. حيث أنها ضرورية لمزامنة وسَلسَلة الأحداث في أماكن حدوثها وأزمنتها الصحيحة. بعد ذلك تمتعوا بالرحلة مع المبعوث الدبلوماسي وابتهجوا واطربوا بطريقة إلقائه النابضة بالحياة لكتاب سليمان.

ساعتها ستتحد أمام أعينكم الحقائق الأكثر برهانًا وبيانًا بتوافق بالغ الدقة لإثبات أن كتاب المثاني قد حفظ كل الأدلة القاطعة للقراءة الواضحة لبردية كتاب سليمان

نقية عبر الزمان بلا تحريف أو تزييف أو نقصان. تلك البردية التي سنُظهر بجلاء أن عهد سليمان كان حقًا نقطة محورية في تاريخ الإنسان، وفجر التحول الحقيقي في التطور المُحيل للناس والإنسانية. البردية التي ستسجل كل العُصب المُتشككة في أمر سليمان تتبين أنها لم تكن تتبع عن حُكمه وطبيعة مُلكه سوى بئس الأقوال المُبلبلة.

وفي نهاية المحطة وعلى طريق عودتكم مع المبعوث الدبلوماسي والرسُل الآخرين المبعوثين من حُكام الهيمنة إلى أرض البَرَدِيس، تأكدوا من عدم إحضار أي نقد معدني من أي عملة مهما كانت. فكما سترون بعد قليل أن النقود والأموال عمومًا لم يكن لها أي حاجة أو قيمة في أرض البَرَدَيس حتى نهاية عهد سليمان.

ويُرجى الملاحظة أنه على عكس المحطات السابقة، فإن استكشافات هذه المحطة لن تركز على تقدم عصر سليمان في مجال الهندسة أو العمارة أو الكيمياء أو حتى القضاء. بدلا من ذلك، ستكون قدرات سليمان ككاتب فلسفي وسياسي بارع ومتحدث بليغ هي قلب الأحداث وموضع الاهتمام بهذه المحطة. هنا سيُرفع النقاب لكشف أن كل مَلكة وكل مهارة وُهبت لسليمان كانت مخصصة لتحقيق جانب معين من هدفه. سيصبح من الواضح أن قدراته الاستثنائية لم تكن مُفرطة أو زائدة عن الحاجة أو غير ضرورية. بل كانت مُقدرة بدقة عالية كمتطلبات جوهرية لإنجاز مهام محددة والتغلب على تحديات بعينها ارتبطت بمرحلة التطور الفريدة التي مرت بها الإنسانية آنذاك في عصره.

والأهم، في هذه المحطة لن تكون هناك حاجة لعصا المقياس لتحديد موقع أو اتجاه أرض البَرَدَيـس. لأنها عند هذه النقطة من عبور الزمان قد تم تحديدها بالفعل بعلامات لا يمكن أن تُمحى، لا من المكان ولا من الذاكرة. فبشكل أكثر ظهورًا من أي جبل بارز، كانت أرض البَرَدِيـس القلب النابض والجامعة العظيمة التي استضافت الحشد الإنساني. أرض تحددت بمعالم دالة خاصة بأرض البَرَدَيس وإنشاءات سليمان، بشكل يجعل من المستحيل تأريخ عهده أو إحلاله في أي زمان أو مكان آخر غير زمانه ومكانه. براهين جلية تربط صفاته بأعماله، وتثبت أن مساعيه وإنجازاته لم تكن أبدًا عقيمة أو بلا جُدوى أو قيمة. وأخيرًا، يُرجى الاحتفاظ بكتاب المثاني في متناول اليد وإيلاء اهتمام وثيق لجميع المصطلحات المُحكمة التي سيُلقى عليها الضوء. أراكم في تلاوة البردية.

تلاوة البردية

هلل دليل الرحلة مُرحبًا: أهلًا بكم في تلاوة البردية. استعدوا في هذه الوقفة لاستخدام جهاز تحليلي جديد لا يشبه أي جهاز آخر. فهو آلية لكشف الحقائق مصممة خصيصًا لإزاحة الأغطية الأسطورية عن الأحداث الواقعية. فأياً ما كان عمق الالتباس في أي أمر من الأمور، فإن لهذا الجهاز إمكانية عجيبة على إزالة الغموض وإظهار الحقيقة. وكما سترون أن هذا الجهاز شديد الدقة في استعادة الواقع الأصلي للأحداث ووضعه في موضعه الصحيح قبل أن يغيره التحريف أو يطمسه سوء الفهم أو الخلط في التفسير.

ولمعرفة كيفية عمل جهاز كشف الحقائق وإزاحة حُجب الأساطير، يُرجى المشاركة في التدريبين التاليين. يتطلب التدريب الأول النظر بعين الطائر لرؤية الأمور من زاوية توضح الصورة الشاملة. أما التمرين الثاني فيستلزم التنقيب في الخلفية الثقافية لبعض شعوب العصور القديمة للتعرف على واحدة من أكثر الهويات التي لخُلط في أمرها وهي هوية جنس السياسة. في كلا التمرينين يُرجى أن تقرأوا بعناية كل التفاصيل الواردة في وصف الأحداث بالإضافة إلى النبذات القصيرة المُقدمة عن المحاولات السابقة لتفسير هذه الأحداث. لا داعي للقلق، فمعرفة الحقيقة في النهاية ستكون مكفولة بكل تأكيد.

❁ النظر بعين الطائر

اقرؤوا الموقف التالي بتمعن لتدارس حقيقة الطيور في الحدث المعروض. رجل حكيم كان حاكمًا قويًا لدولة متقدمة للغاية. قاد حقبة ناجحة مزدهرة بشكل هائل. تميز عهده بالتقدم البارز في العلوم والفلسفة والبناء والتصنيع والإصلاح، وأيضًا علوم الأمن والدفاع وهندسة الحصون. أنشأ مدنًا عظيمة وأسس الموانئ والقوات الدافعة البحرية والعسكرية. إلى جانب ذلك، كان الرجل الحكيم سياسيًا بارعًا،

ومفكرًا عقلانيًا، وفيلسوفا بصيرًا، ومتحدثا بليغًا، وكاتبًا مؤثرًا كما أنه كان ناجحًا أيضًا في مجال الأعمال. بالإضافة إلى كل ذلك، كان بالدولة التي حكم فيها هذا الرجل الحكيم أكثر الحكومات انضباطا في الأرض وأقواهم تأثيرًا في العلاقات بين الشعوب والأقوام آنذاك.

ورغم كل ذلك قيل أنه عندما دعا هذا الحكيم إلى عقد اجتماع قمة رسمي حشد فيه جنوده وقواته، استدعى الطيور وقام بتسجل حضورهم، وسلط الضوء على عدم ظهور طائر من فصيلة الهدهد. بل وتساءل بشكل جدي عن ما إذا كان هذا الهدهد من الغائبين عن حضور الجمع.

وعلق الدليل قائلًا: أن الباحثين الذين استشاروا علماء الأنثروبولوجيا والمؤرخين وحتى علماء المصريات عن التفسيرات المُحتملة لتمثيل الطيور في الموقف الموصوف أعلاه، حصلوا جميعًا على إجابات أغلبها أسطورية. كما أن علماء العقائد الدينية اعتبروا القصة بأكملها مجازية، وفسروا دلالة الطيور في هذا الموقف المعروض بالتشبية الاستعاري.

ولكن بُناءً على السياق المباشر الظاهر في الأحداث، وأيضًا الأطر المرجعية القديمة منها والحديث، فإن هذا التوصيف والتمثيل للطيور بما في ذلك من تركيز على عدم حضور الهدهد لاهو أسطوريًا ولا هو مجازيًا. بل هو تصوير دقيق لحدث تاريخي حقيقي يهدف إلى لفت الانتباه لنظام سياسي مُعين من خلال إلقاء الضوء على الصفات الخاصة لمراسمه الفريدة الدالة على زمانه ومكانه.

فتاريخيًا، ومنذ العصور القديمة وحتى الآن، تم قبول الطيور والحيوانات وحتى الحشرات في جموع الثقافات كرموز قومية مميزة، وشعارات، وشارات، وألقاب، وحتى أيقونات سياسية. ويشبه هذا التصوير للأمم بالطيور إلى حد كبير التمثيل الحديث لدولة مثل روسيا مثلًا بالدب، والصين بالتنين، وإنجلترا بالأسد، ومصر بالنسر الذهبي، إلى آخره. وفي ثقافة متقدمة كتلك الموضحة في الحدث أعلاه، لم يكن أمرًا غير عادي أن تُمثل الأمم في جمع متعدد الجنسيات برموزها الخاصة بها أو أن يُستعاض عن أسمائها بألقاب وشعارات أقوامها. فالرموز والشعارات القومية قد تم تبنيها على نحو واسع من قبل جميع البلاد تقريبًا منذ القرن الخامس حقبة قبل عامة (ح ق ع) وحتى يومنا هذا. (ملحق ت.٣٣)

وبعيدًا عن البحث في تطور استخدام الرموز والشعارات عبر التاريخ، أو الدخول في تفاصيل علم الأيقونات السياسية. فإن الإشارة للمشاركين في حشد متعدد الجنسيات برموز أقوامهم المميزة، لهو من أدق وأجدر الوسائل بالثقة في تحديد هوية الأمم والشعوب عبر الحقب التاريخية المختلفة. حيث بإمكان هذه الوسيلة المحافظة على هوية الأقوام المشاركة في حدث ما غير متأثرة بأي من العوامل التي عادة ما تُغير أسماء الدول وحدود أراضيها وطبيعة الأنظمة بها عبر الأزمان. حتى الوقت الحاضر، تُعد الإشارة للأمم برموز أقوامها المميزة من أكثر الطرق صلاحية للتعريف بأمة بعينها والترسيم الدقيق لموقعها دون الاعتماد على حدودها الجغرافية التي كانت دائمة التغير في كل لحظة من لحظات التاريخ.

فظلت الاستعاضة عن أسماء الشعوب برموز أقوامهم طريقة عملية لتحديد الأطراف المسؤولة في الأحداث التاريخية خاصة بالأزمنة التي تحولت فيها مقر السلطة السياسية لخارج الحدود المعروفة للمكان وآلت لأقوام آخرين. وهو أمر كان من أكثر الأمور الشائعة الحدوث عبر التاريخ والأزمان. كما أن تتبُع الشعارات والرموز القومية يمكنه أيضًا أن يكشف ليس فقط عن الأمة المشاركة في حدث ما، ولكن أيضًا عن القوة الحاكمة الحقيقية التي كانت لها اليد العليا في وقوع الأحداث. خاصة في الأزمنة التي كانت فيها السيطرة آتية من أماكن واقعة خارج الحدود المعتادة للبلاد.

من ناحية أخرى، لن تكون البلبلة الأكثر لاعقلانية غريبة أو غير عجيبة، إذا ما تم تأريخ هذا البنيان السياسي المتقدم الموصوف في المثال أعلاه في أوان قبل زمانه أو نسبته إلى مكان خاطئ غير مكانه. على سبيل المثال، فإن تعيين موقع هذا الكيان الهائل في قبيلة صغيرة، أو نسبة نظامه السياسي المتطور إلى النظام البدائي بتلك القبيلة التي لم تمتلك آنذاك لا المقدرة ولا التأثير اللازمين لاستضافة مثل هذا الحشد متعدد الجنسيات، ينتقص بشدة من أهمية الحدث ويخرجه عن هدفه وسياقه. كما أنه أيضًا يجعل أغرب التفاسير غير المنطقية تبدو عادية. وقد يؤدي فعل هذا إلى أن يستسلم الناس حتى الأذكياء منهم لصور زائفة غير معقولة على الإطلاق. بعضهم ربما يقتنع أن ملكة من حشرة النمل كانت تتناقش وتتداول مع ملك عظيم الشأن. وبعضهم الآخر ربما يتقبل أن طائرًا من فصيلة الهدهد تم انتدابه مفوض سياسي ومبعوث دبلوماسي من قِبل ملك مشهور بالعلم والمقدرة والحِكمة والسعة والثراء.

❖ هوية جنس السياسية

نصح دليل الرحلة قائلًا: في التمرين التالي اقرؤوا بتمعن الموقف لتدارس حقيقة نوعية الجنس المذكور في الحدث المعروض. نفس الرجل الحكيم في مثال الطيور السابق، كلف أحد مبعوثيه بتقديم تقرير دبلوماسي شامل عن مهمته السياسية الأخيرة. وعلى نحو مناسب، أعد المبعوث الدبلوماسي بيانًا رسميًا مُفصلًا، ولكنه ركز وبشكل غريب على جنس الحاكم الذي أعد عنه التقرير. وبشكل ملحوظ نسب المبعوث جنس النسوة إلى هذا الحاكم في كل مرة تحدث عنه. فذكر المبعوث الدبلوماسي مرة وبشكل صريح أن الحاكم كان امرأة، وتحدث عنه بصيغة النسوة مرارًا وتكرارًا خلال التقرير بأكمله.

بالإضافة إلى ذلك، ذكر المبعوث الدبلوماسي أن الحاكمة التي أعد عنها التقرير كانت تملك سلطة عليا في سلالة ملكية موسرة للغاية وقوية إلى حد كبير. كما أشار المبعوث أن هذه المرأة كانت ماهرة جدًا بدرجة تُمكنها من أن تتحدى حكم الرجل الحكيم، وتجعلها قادرة تمامًا على وضع تسعيرة مالية على مُلكه المهيب. ومع ذلك، وعلى الرغم من تأكيد المبعوث المستمر على نسوية الحاكم، إلا أن الرجل الحكيم ظل ثابتًا فيما يتعلق بأمر الحاكم. فتحدث عنه بصيغة الجمع غير المحددة لنوعية الجنس. وفي نهاية البيان، شكك الرجل الحكيم في تقرير المبعوث الدبلوماسي وكلفه بمهام إضافية لمزيد من الاستيضاح.

علق دليل الرحلة قائلًا: أنه على مدار التاريخ تلقى الباحثون الذين استشاروا المؤرخين وعلماء الأنثروبولوجيا عن التفسيرات المحتملة للحالة الموصوفة أعلاه إجابات تجاهلت تمامًا السياق الاجتماعي والثقافي للأحداث. حتى يومنا هذا، تاه العديد من هؤلاء الباحثين ومن الذين اتبعوا هذه التفسيرات في التاريخ. باحثين عن امرأة حاكمة يمكن لها أن ترتقي لتُطابق الوصف الاستثنائي المفصل أعلاه في عصور هيمنت فيها السلطة الذكورية بشكل غالب على كل المجتمعات. ومن ثم، لم تؤدِّ التفسيرات التي تجاهلت تطور ثقافة المجتمعات إلا إلى تعميق الارتباك وتعقيد الاستنتاج. فغفل الكثيرون تمامًا عن أن تخصيص السمات النسوية لسلطة غير شرعية كان سلوكا مسجلًا جيدًا، وشائعًا بشكل بارز، في مجتمع مشهور جدًا في القرن الخامس (ح ق ع) بالهيمنة الذكورية على كل جوانب الحياة. (ملحق ت.٣٤)

ونوه الدليل قائلًا: مع أنه لا توجد أي نية لمناقشة تطور المنظور الاجتماعي لنوعية الجنس في عالم السياسة، فلا ينبغي تجاهل الإشارات المتعلقة بنوعية الأجناس عند تأريخ الأحداث التاريخية. فالأدلة المتعلقة بنوعية الأجناس إن وجدت، يمكنها أن تكون معيارًا دقيقا فارقا في التأريخ للأحداث. فإلى جانب قدرتها على كشف مرحلة التطور الاجتماعي للشعوب والمجتمعات. فهي أيضًا يمكنها تحديد هوية المجتمعات من خلال التعرف على أطرهم الثقافية ومواقفهم السياسية بما في ذلك موقفهم ونظرتهم لدور الجنس النسوي بالحقب التاريخية المختلفة.

بالإضافة إلى ذلك، فالأدلة المتعلقة بنوعية الجنس في هذا المثال المعروض يمكنها أن تكون مفتاحًا لكشف التأثير الثقافي الذي ربما دفع المبعوث الدبلوماسي للتركيز مرارًا وتكرارًا على نسوية الحاكم. كما يمكن لهذه الأدلة أيضًا أن تقدم تفسيرًا محتملًا لتشكك الرجل الحكيم في قراءة المبعوث الدبلوماسي السياسية وتقديره للأحداث. وربما كشفت عن السبب الحقيقي وراء طلب الحكيم المزيد من الإيضاحات الإضافية.

أعلن دليل الرحلة: والآن بعد أن أكملتم التدريبين، نظرتم بعين الطائر وألممتم بدلالة نوعية الأجناس في أجواء السياسة، يمكنكم أخذ مقاعدكم في اجتماع القمة. وهناك كونوا مهيئين لأن تُفتَنوا بتقرير مدهش لمبعوث دبلوماسي لبَق له قدرة فائقة على قراءة الأحداث بعين الطائر الثاقبة. ولكن لا تنسوا أبدًا خلال كل وقفات المحطة أن تبحثوا في المصطلحات المُحكمة لكتاب المثاني المُستخدمة في وصف الأحداث والأنظمة السياسية والدلالة على الشعوب والدول المُشار إليها بالأحداث.

وتذكروا أن الإشارة إلى قبيلة أو مجتمع أو دولة أو حتى مملكة بشعار قومها أو رمز شعبها لم يكن تقليدًا غريبًا حتى في عصور الحقبة قبل العامة. ومرة أخرى، فإن نسبة السمات النسوية إلى حاكم ما في مثل هذه الأزمنة القديمة لا يشير بالضرورة إلى نوعية جنس الحاكم البيولوجية. إسناد الصفات النسوية إلى الحكام آنذاك كان موقفًا سياسيا معروفا ومُسجلًا جيدًا في ثقافات معينة كوسيلة للتعبير عن الرفض للسلطة غير الشرعية، وفي حد ذاته دليل كاشف عن موقعها وزمانها. أخيرًا، فتسليط الضوء على رمز الهدهد كان للفت الانتباه إلى هوية الأمة التي تغيبت عن جمع سليمان وكان حضورها مكفول بتحذير بأمر استدعاء وإحضار من سُلطة عليا ذات سلطان مبين.

قمة وأمر استدعاء

كما ذُكر سابقًا، كان سليمان سياسيًا ذا بصيرة. حكم بنجاح أكبر دولة كان فيها أقوى الحكومات الأكثر انضباطا على وجه الأرض آنذاك. أرض البَرَدَيـس التي كانت أبوابها أقطابًا محورية أثارت وأدارت الأحداث والتاريخ في مدارها عبر الأزمان.

ومن أرض تلك الدولة كان سليمان قائدًا مؤثرًا مُمكنًا بقوى عظيمة وإمكانات متفوقة وسلطان مبين للحشد والتأثير في الجموع المختلفة والمتعددة. وفوق كل ذلك، كان كل من عمل مع سليمان لبلوغ هدفه وتحقيق إصلاحاته جميعهم استثنائيين. فمثلما كان علماؤه ونحاتوه وبناؤوه بارعين، كان سياسيوه ودبلوماسيوه ومُفوضوه موهوبين للغاية وفطنين.

كمثل الطيور، كان المحللون السياسيون والخبراء الاستراتجيون الذين عملوا مع سليمان لهم رؤية ثاقبة قادرة على تحديد أدق الأنماط وأصغر التغييرات حتى في أكثر الخلفيات تعقيدًا. أيًا ما كانت أبعاد الفترة الانتقالية التي عاصروها أو مدى الصعوبات في الأجواء المحيطة، فقد استطاع محللو سليمان الإبحار في أعماق المواقف المختلفة وخلال جميع الظروف والأجواء بكل مهارة.

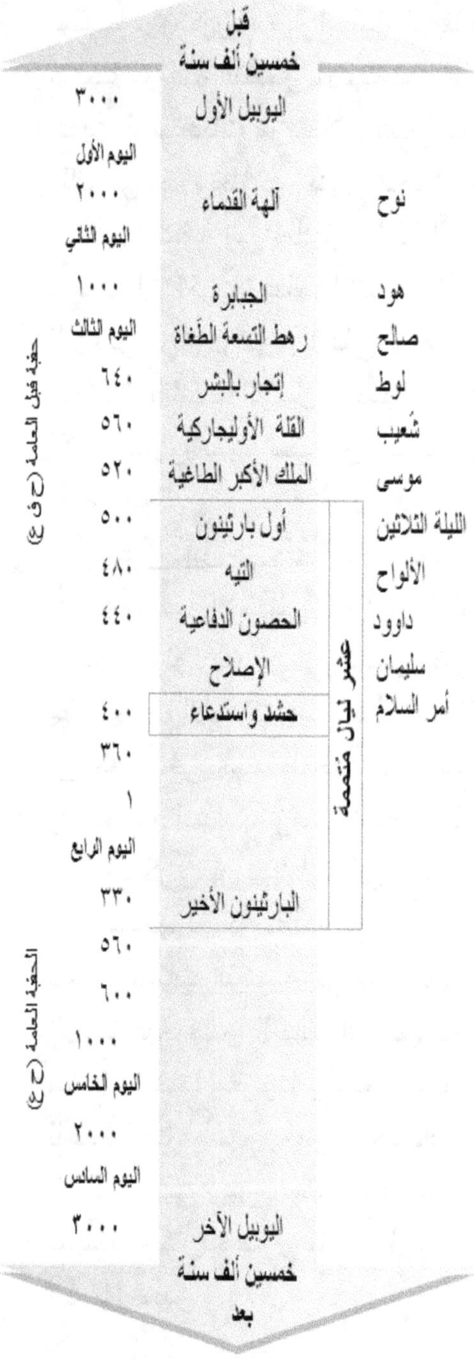

مُسترشدًا بالمبادئ المستقيمة لاستعادة كرامة الإنسان، ومُستحضرًا للفضائل المشرفة التي زينت ذات مرة ثياب الإنسانية، أقر سليمان أهمية القيم الفضيلة للناس في تقدير هدفهم في الحياة والمسيرة. بوعي وامتنان للنعم التي كرمته وأهله لأجيال، كان سليمان معنيًا باهتمام بأمر استغلال التعاليم الزائفة والمستخفة بالعقول كما في حادثة وادي نيميا (النمل)* في تجريد الناس من عزتهم وتهديد كرامتهم. ومؤكدًا على وجوب توجيه تركيز خاص على حماية المستضعفين من الذين ينكرون الاعتراف بأن العزة والكرامة حق لكل الناس، ابتدأ سليمان سلسلة من الإصلاحات الجذرية. فاحتشدت واصطفت للعمل معه في هدفه الموزع للإصلاح القوى العظيمة والإمكانات المتفوقة والأيدي الماهرة والعقول العبقرية. وبمجرد اكتمال إصلاحاته، ووضع أسس تعزيز أمن المستضعفين والمُستصغرين، وإتمام بنيان حماية وتحصين حقوق الإنسان، استدعى سليمان جميع الأمم لحضور قمة عاجلة.

وفقًا لكتاب المثاني، أرسلت جميع الأمم ممثلوها استجابة لدعوة سليمان الجامعة باستثناء الأمة التي مُثلت بالهدهد لم تكن بين الحاضرين. متسائلًا إذا ما كان الهدهد من الغائبين أم لا، كان عدم ظهوره بالنسبة لسليمان لا يعني إلا أن الأمة التي مثلها ربما ارتدت عن الحضور في الجمع الإنساني وعن السلم كافة وعن الوئام.

وبالرغم من أن سليمان كان بإمكانه إصدار عقوبة الخيانة ضد هذه الأمة أو حتى إجبارها بالقوة على طاعة أمره، إلا أنه وبكل تروٍّ طلب أن يقدم ممثلها تفسيرًا مقنعًا عن تغيبها والتقرير عن موقفها من الجمع الإنساني بأكمله. وبتصميم لا يلين وعزم على حشد الأمم في السلم حاضرين حذر سليمان الهدهد أنه إن لم يُجب دعوته، سيتم إحضاره بأمر استدعاء من سُلطة عليا وسلطان مبين. (مـلحق ق.١٠٢)

---

*صفحة ٨٨: وادي النمل

هدهد وتقرير دبلوماسي

مكث الهدهد كمبعوث بمكان غير بعيد عن أرض البَرَدَيـس وأعد تقريره الدبلوماسي المطول. أسرد في تقريره دقائق وتفاصيل كثيرة. فأدرج فيه تحليل خبراء شامل، ووجهة النظر المهنية، بالإضافة إلى وجهة نظره الشخصية. والأهم أنه أعلن عن إحاطته بمعلومات مهمة حول تطورات لأحداث جديدة في أرض كانت تُسمى آنذاك ثِييب (والبعض نطقوها سبأ). فأبلغ الهدهد سليمان بكل ثقة أن الأنباء التي جاء بها من ثِييب أنباء يقينية لم يُخبره بها أحد بعد. (مـلحق ق.١٠٣)

وبدأ الهدهد كمبعوث دبلوماسي في تغطيته قائلًا: أنه وجد في ثِييب نظامًا حاكمًا لسلالة ملكية أشار إلى حاكمها بصيغة النسوة طوال التقرير. وأفاد الهدهد أن من يمتلك الأمر بثِييب امرأة أوتيت من كل الثروات ولها عرش عظيم. ثم وجه الهدهد الانتباه إلى أنه وجد هذه المرأة وقومها يبجلون نوعًا ما من الآلهة الشمسية. (مـلحق ق.١٠٤)

واستطرد الهدهد عارضًا وجهة نظره في قوم ثِييب وحاكمتهم. فأشار إلى أن قوم ثِييب اتبعوا تعاليم مليئة بالخلل لدرجة أضلتهم تمامًا حتى بدت في أعينهم أعمالهم المختلة جديرة بالإعجاب. ونتيجة لذلك لم يعد من الممكن توجيههم للصواب أو هدايتهم إلى سبيل الحق. وشجب الهدهد واستنكر إنكار قوم ثِييب للحقائق وعدم مقدرتهم على تمييز الحق من الباطل. وفي كلمته الختامية أعرب عن دهشته لعدم تسليم قوم ثِييب للإله الذي يُظهر المخزون في الأرض والأجواء، ويعرف كل ما يخفي الناس أو يُعلنوا. وأخيرًا عرف المبعوث الإله الذي لم يُسلم به قوم ثِييب أنه، الإله الذي لا إله سواه، رب العرش العظيم. (مـلحق ق.١٠٥)

وعلى الرغم من بيان المبعوث المفصل، إلا أن سليمان تشكك في قبول تقريره وكلفه بالمزيد من الاستقصاءات. وكما أعلن سليمان، فقد أراد النظر في ما إذا كان المبعوث الدبلوماسي صادقًا في المعلومات التي قدمها. أم أن توصيفه للأحداث يعد تفسيرًا خاطئًا مبنيًا على تحيز أو متأثرًا بدجل أو رياء سياسي. ولذلك، فوض سليمان الهدهد بمهام إضافية في بعثة دبلوماسية جديدة لمزيد من البراهين والتأكيد. (مـلحق ق.١٠٦)

❋ تصاعد هيمنة ثيب

نصح دليل الرحلة قائلًا: ولكي تستطيعوا الإبحار مع الهدهد كمبعوث دبلوماسي في مهمته الخارجية إلى ثيب (سبأ)، من المهم أن تكونوا على دراية بالجو السياسي ومعالم المنطقة التي وقعت فيها المهمة. حتى يكون الانتقال في تلك البيئة الأجنبية في ذلك الزمن القديم واضحًا بلا حُجب أو عراقيل. لذلك، فمن المستحسن تحمل العرض التاريخي التالي. كما وُعد، سيكون العرض موجزًا وقاصرًا فقط على الأحداث الرئيسية الضرورية لهذا الاستكشاف وهذه الرحلة. ويجب التنويه أن هذا العرض لن يتناول إلا الحقائق المؤكدة تاريخيًا وموثقة جيدًا. خصوصًا، تلك المتعلقة بنظام الهيمنة الذي صعد فجأة إلى السلطة بعد انهيار إمبراطورية الملك الأكبر وكان لثيب اليد العليا في تصاعد هذا النظام الجديد.

وبدأ الدليل في التقرير قائلًا: وفقًا للسجلات التاريخية، في بداية القرن الخامس (ح ق ع)، مباشرة بعد سقوط الملك الأكبر ونظامه الطاغية،* استمرت الاضطرابات الوحشية في كل ركن من أركان إمبراطوريته المنهارة. فسقطت قبائل وأقوام عديدة في معارك شرسة وصراعات فوضويه لا نهائية. ومع أن كل الأطراف المتصارعة كانت خصومًا متعادية، إلا أنهم كلهم اشتركوا في شيء واحد. فقد اتفقوا جميعًا بالإجماع أن إضعاف كل الآخرين هو أفضل الاستراتيجيات. ومن ثم قاموا بتمويل أعتى أعداء بعضهم البعض، ودَعم كل طرف منهم ألد الخصوم والأنداد للطرف الآخر. وفي أسرع ما يكون أحدثوا خللًا هائلًا في توازن القوى في منطقتهم بأكملها كانت نتيجته أن هُزمت القوى التقليدية على جانبهم الأيسر من البحر الأوسط بأكمله. فدُحر على حد سواء كلٌّ من جيش المقاتلين الأقوياء الشهير، والقوات البحرية البارعة ذائعة الصيت. (ملحق ت.٣٥)

وفي الوقت نفسه، انحازت ثيب (سبأ) إلى الطاغية الذي كان كما هو دائمًا ينتظر بترقب تمويل أي نوع من الخيانة. وبتضخم متزايد في قوتها، وتصاعد متسارع

---

*صفحة ٥٣: الملك الأكبر

في سُلطتها، ضاعفت ثييب نفوذها وحجم جيوشها. وبسرعة خاطفة، مرة واحدة، أخضعت جميع الأقوام في منطقتها، واستولت حتى على أراضي جيرانها. فكان ميلاد همجية الهيمنة التي أنجبتها ثييب وصارت من يومها إلى الآن نوعًا جديدًا من الأنظمة الحاكمة. حكومة يهيمن فيها الأقوى على كل الآخرين حتى وإن كانوا غير راغبين واعتبروا تلك الهيمنة سُلطة غير شرعية. فهيمنت تلك الطبقة الحاكمة التي اعتبرت نفسها الطبقة النبيلة وفرضت سلطتها بكل الطرق غير المشروعة. ولم تتردد أبدًا للجوء إلى الطرق الاحتيالية واستخدام العنف والقسوة وحتى القوة المفرطة.
(مـلحق ت.٣٦)

وبالرغم من ثقل وزنها وظاهر سطوتها ونفوذها، ظلت الهيمنة ثمرة اختلال التوازن. وبينما شكلت ثييب لحكومتها الجديدة تحالفات من ملأ الطبقة المهيمنة، احتفظت لنفسها بغالبية الدور القيادي فيه. إلا أن ثييب بتحالفاتها ومَلئها الذين اعتبروا أنفسهم نبلاء لم يكن لديهم أي فكرة أن عُمر هيمنتهم كان قصير جدًا. فقد شن الخصوم التقليديون لثيِب انتقامهم وبنفس الطريقة المنتشرة في جانبهم الأيسر من البحر الأوسط. فبتصرفات غير مغايرة لنفس طرقهم القديمة المعتادة، دعم خصوم ثيِب كل أعدائها وناصروا أعتى معارضيها. وبنفس الطريقة بالضبط، وكنتاج لاختلال التوازن، أخذت ثيِب مباغتة بغلبة جارتها المجاورة لها.

يؤكد المؤرخون أن سلالة حاكمة تسمى مقدونيا تزايدت قوتها بشكل مفاجئ وتصاعدت إلى الذروة سطوتها مرة واحدة لتطيح بثيِب وتستولي على سلطتها. كانت مقدونيا جارة لثيِب. لم يربطهما فقط نفس الأراضي الحدودية، بل تقاسما أيضًا نفس الأرباب وقدسا نفس الإله الشمسي. حتى أن مقدونيا أصبحت معروفة فيما بعد باستخدام شعار من أشعة الشمس الآخاذة كرمز ملكي لها. (مـلحق ت.٣٧)

وأضاف الدليل أن نتائج حفريات حديثة تمت بالقرن العشرين أوضحت أن رمز الشمس الملكي لسلالة مقدونيا وجد مختومًا على أسلحتهم ودروعهم وحتى عملاتهم المعدنية التي يعود تأريخها إلى القرن الخامس (ح.ق.ع). وتؤكد السجلات التاريخية أيضًا أن سلالة المقدون الحاكمة وبسرعة عاجلة تمددت لتستولي على البقايا المتهاوية لإمبراطورية الملك الأكبر، لتصبح هي نفسها إمبراطورية عملاقة. وسلط الدليل الضوء على أنه، بالرغم من صغر سن من نُسبت إليه السلطة بإمبراطورية مقدونيا إلا أنه هو أيضًا لُقب بلقب الملك الأكبر. (مـلحق ت.٣٨)

وواصل الدليل تقريره مُثنيًا على المحللين الاستراتيجيين الذين عملوا مع سليمان قائلًا: سواء كانوا أُخبروا بتصاعد الهيمنة الوليدة في ثييب، أو كانت لديهم المقدرة على رصد حركة شمس مقدونيا المتوارية، فقد كانوا جميعًا خبراء معارف نابغيين. فبالرغم من أن بعض هذه التطورات لم تكن تبلورت بعد على أرض الواقع في عصرهم، إلا أنه لم يكن صعبًا عليهم حساب مدى تأثيرها المحتمل على المنطقة بأكملها. ليس فقط في زمانهم، بل لعصور وأجيال طويلة من بعدهم.

فقد رأى الخبراء الاستراتيجيون لسليمان أن الخصومة والقتال بين ثييب وجيرانها ستجعل الحياة مستحيلة في كامل جانبهم الأيسر من البحر الأوسط. حيث رصدوا إزاحة تكتلات كبيرة من الناس، وتوقعوا الخروج القريب لقوافل مزدحمة هربًا من هذا الجانب في البحث عبر البحر عن الحياة الكريمة. وكان من الواضح بجلاء لكل خبراء سليمان، أنه على الرغم من أن ثييب وخليفتها مقدونيا كانتا تهيمنان بغير حق على السُلطة والقوة، إلا أن هيمنتهم لم تكن لتصمد طويلًا. فقد قُدر لفترة سلطتهما في الحُكم مدة جدًا قصيرة.

حقًا كان المحللون السياسيون والخبراء الاستراتيجيون لسليمان كمثل الطيور في رؤيتهم الثاقبة. فقد تمكنوا من القراءة الدقيقة للمشهد بأكمله حتى قبل تجسده على الأرض. ورغم التغير السريع في خلفيات الأحداث في عصرهم، قيموا حجم اختلال توازن القوى، وحسبوا الزمن اللازم للتصعيد، وحددوا بدقة قيمة المدى الذي إذا ما تم تجاوزه أدى إلى تعجيل معدل الهبوط. فقد فهموا جيدًا أن تفضيل المُضي في اضطرابات الطرق الملتوية للصعود والهيمنة، هي وإن طالت، طرق أفعوانية دوارة عقيمة الجدوى. وعلموا جيدًا أن القوة المكتسبة في مثل هذا الصعود الجائر هي نفسها تمامًا وبنفس المقدار القوة التي يتم فقدها عند تجاوز المدى والتسارع في السقوط.

وإلى جانب ذلك، كان من بين المحللين السياسيين لسليمان، من هم كمثل الهدهد، مقتنعين بشدة بأن القوى الطاغية كتلك التي ساقت الحشود الضخمة للخروج والشتات من ديارها، لن تُصقل أو تُهذب أبدًا، حتى وإن هبطت في أرض من جنة. وبالرغم من ذلك، كان سليمان ثاقب النظر في عدم قبول أي رؤية مُفصلة كانت أو مُحتجبة بدون أدلة فعلية وبراهين واقعية من أرض الأحداث.

❖ المثاني وسَلسَلة السجلات

أبدى دليل الرحلة إعجابه قائلًا: أن مشاهدة الخبراء وهم يُقيمون حجم التوازن في القوى، ويحسبون زمان التصعيد في الأحداث، ويقدرون مقدار الحدود الفاصلة التي إذا ما كُسرت أدت إلى تعجيل معدل السقوط، لهو أمر حقًا مُلهم. فهو في حد ذاته يُعرف العناصر الأساسية للمكونات الزمنية الأصلح لمزامنة الأحداث في تسلسلها الزمني الصحيح. حِكمة تُظهر وبطريقة موثقة وقبل أن يفوت الأوان العناصر الزمنية اللازمة لوضع الأمور في أماكنها وأزمانها المحددة حتى وإن تغيرت الخلفيات في حركتها خلال العبور في الزمان.

وبناءً على ذلك، عند التأريخ لعصر التدرع،[*] الذي علم فيه داوود أهل الأرض إقامة الحصون المنيعة لحماية المسالمين، انتبهوا إلى التوقيت الذي بلغ فيه حكم الطاغية ذروته[†] والتوقيت الذي سُقط فيه. مع الأخذ في الاعتبار: أن الطغاة لم يسمحوا أبدًا لمن استضعفوهم ببناء الحصون أو الحوائط الدفاعية، وأنه لم يكن هناك حاجة لمثل هذه المُنشآت قبل غزوات الطغاة. لذلك، لا يمكن لعصر بناء الحصون أن يسبق فترة غزوات الملك الأكبر وتمدُد أول إمبراطورية طاغية. بدلًا من ذلك، فتوقيت عصر بناء الحصون كان في الفترة التي أتبعت مباشرة غروب شمس الإمبراطورية الجالوتية الطغيان بعد الضربة الأولى[‡] على الملك الأكبر ونظامه الطاغية في أوائل القرن الخامس (ح ق ع).

---

[*] صفحة ٩٩: حصن داوود
[†] صفحة ٥٤: إمبراطورية الملك الطاغية
[‡] صفحة ٦٧: الميقات الموعود لأول ضربة على الطغيان

وبالمثل، عند تحديد التوقيت لإصلاحات سليمان، حيث حفظ حقوق المغلوبين على أمرهم* والذين نُظر إليهم بدونية نظرة استعلاء من المهيمنين الذين أهدروا الكرامة الإنسانية. كونوا على دراية بالتوقيت الذي ولدت فيه الهيمنة. تأكدوا من عدم تأريخ الأحداث التي اتخذت أشكالًا ومراسم معروفة جيدًا في أنظمة الحكم الهيمنية في توقيت يسبق القرن الخامس (ح ق ع). فقبل القرن الخامس من الحقبة قبل العامة لم تكن الهيمنة كنظام للحُكم قد وُلدت بعد. ولم يكن تَشكل لملأ نبلائها لا تحالفات ولا مجالس عليا ولا محافل أو اجتماعات. والأهم من ذلك، فإن التأريخ الخاطئ لهذه الأحداث المذهلة في اتساع التفاوت بين التسعة والتسعين والواحد تفقد دلالتها في تحديد سياق عدم التناسب والاتجاه الشهير لمن فضلوا الهيمنة والتعالي،† والإستحواذ حتى على الواحد الباقي من المئة لأنهم لم يكونوا قد ولدوا بعد.

علاوة على ذلك ولكن في المقام الأول، عند التأريخ للحكمة الفلسفية لسليمان التي لم تكن هبة زائدة عن الحاجة، بل صفة جوهرية وُهبت له عمدًا لتحقيق جوانب هامة من هدفه الإنساني الجامع، يُرجى التأكد من الوقوف على الأرض الصحيحة. تدارسوا تقاطع جميع عناصر مكونات الزمن: الحدث، المكان، والحركة عبر الزمان. ولكن تأكدوا من ثبات الموقع فوق أرض متزنة راسية. انظروا إذا ما كان هذا الموقع قطبًا مركزيًا أدار التاريخ والأحداث وإذا ما كان له قلب جعله أول بيت استطاع أن يستضيف الحشد الإنساني بترحاب.‡ وتأكدوا من أنه حقًا كان المحور الأوسط الذي طوى المسافات البعيدة ويسَّر التواصل بين الأمم والشعوب، وأثرى التفاعل بين الناس. المنارة التي أضاءت منذ القدم حتى قبل بدء سَلسَلة الأحداث في الحقبه العامة.

ومع الأخذ في الاعتبار أن دعوة سليمان كانت دعوة جامعة لكل الشعوب والأمم. لذا، تأكدوا من أن أرضها كانت أرضًا متقدمة في الكتابة والترجمة. وتأكدوا أيضًا أنه كان لدولتها ليس فقط المقدرة بل الفاعلية على استخدام الوثائق المكتوبة في

---

*صفحة ١٠٢: إصلاح سليمان
†صفحة ٩٠: نسبة التفاوت الفريدة
‡صفحة ٧٧: القطب المركزي

الاتصالات الخارجية بطريقة لها تأثير بين الشعوب والأمم. وكونوا مُطمئنين؛ لأن العثور على مثل هذا الموقع ليس بالأمر الصعب. لأنه في ذلك التوقيت من الزمان لم يكن على سطح الأرض سوى مكان واحد يُمكنه ملء موضع بذلك الحجم. البنيان الوحيد ذي العنوان الذي يمكن لكتابات سليمان الفلسفية ومراسلاته الملهمة وخطبه الثاقبة المؤثرة أن تُرسل ويتردد صداها في كل الأرجاء عبر الفصول والأزمان. الصرح الذي قدر حكمة سليمان وبصيرته وبلاغته وعلومه ومنطقه كصفات أساسية لبلوغ هدفه وسوق أسبابه. والبيت الذي استقبل حكم سليمان كعصر مُشرق وحكمة مثمرة، لا مُلك أجوف عقيم وبائس.

وفي المقابل، فقد كان من المعروف أنه قبل القرن الخامس (ﺣﻕﻉ)، خارج أرض الﺑَﺭَﺩَﻳـﺱ عاش الناس في الأرض على هيئة مجموعات صغيرة يفصلهم عن بعضهم البعض العديد من الحدود والحواجز. منها على سبيل المثال لا الحصر الحواجز الجغرافية، والحواجز السياسية واللغوية الثقافية. غير أن أغلب هذه الشعوب آنذاك كانوا مُستعبدين. لم يمتلكوا لا حرية الإرادة ولا إمكانية التحرك والانتقال ولا حتى المقدرة على التفاعل اللازم لاستيعاب الآخرين أو حتى الاعتراف بالحد الأدنى من حقوق بعضهم البعض. ومن ثم فتأريخ الحكمة الفلسفية لسليمان في مثل هذه الأماكن الصغيرة خارج أرض الﺑَﺭَﺩَﻳـﺱ قبل القرن الخامس (ﺣﻕﻉ)، يقيد رسالته ويتعارض مع جوهر مقصده. فإذا ما تم هذا التأريخ الجاحف لعصر سليمان اختُزلت دعوته الجامعة إلى عُصبة صغيرة جدًا جعلت حشد الناس حول هدفه الجامع أمرًا ميؤوسًا منه.

وكتلك الباغية التي ادعت حق في طفل ليس طفلها وقبلت أن يُمزق جسده بالسيف لتأخذ من جثته ما ليس بحقها. فقد أبقت هذه العُصبة جسد الإنسانية في تشرذم وانقسام. مثقلًا بالعداء وممزقا في تضاد تفاضلية زائفة. جسدًا وبنيانًا لإنسان عاجز عن التقدم في هدف الإنسانية الجامع نحو تحول مُحيل في مسيرة الإنسان.

وعلى عكس هدف سليمان تمامًا، فقد كان تقليص إنجازاته الهائلة لتتناسب مع إمكانات بقعة قبلية بدائية صغيرة جدًا. عجزت إمكاناتها المتواضعة آنذاك عن تقديم أي شروح تبرر إنجازاته المتقدمة في كل المجالات كانت المغالطة التي عرقلت تطور الإنسانية. والأسوأ من ذلك، فقد جعلت هذه المغالطة أناسًا كثيرين يتقبلون أكثر الصور غرابة ولاعقلانية كتفاسير وشروح للتقدم الرفيع في عصر سليمان. فادَّعى

البعض أن سليمان سخَّر قوى غامضة في تأسيس إنشاءاته، وجادل آخرون بأنه وظف كيانات خفية لإنجاز خطواته العملاقة في علوم الهندسة والفيزياء والكيمياء وغيرها. والأخطر من كل ذلك، أن هذا الزيف وهذه المغالطات تسببت في أول فصل بين العلم والإيمان، والذي كان من المفترض أن يكون الآلية للتقدير والتمييز الصحيح للحقائق والبراهين. فأبعدت هذه المغالطات العلم كلغة كونية ذات براهين مادية جلية عن الهدف منه كوسيلة يقينية لترسيخ الإيمان ومركبة تسوق التقدم للأمام بمسيرة الإنسان.

بالإضافة إلى ذلك، فإن حصر مُلك سليمان الرائع في بقعة لم يكن لديها المقدرة على تحويل حكمته الفلسفية المنطوقة إلى نصوص مكتوبة أو ترجمة خطاباته البليغة لمشاركتها بين الشعوب والأمم، مغالطة جسيمة. فقد استبدلت هذه المغالطة صورة وسائل سليمان الجوهرية كالحكمة والفلسفة والفضائل والمبادئ والإمكانات بصورة أخرى زائفة تبدو فيها وسائله وكأنها عقيمة بلا قيمة. ونتيجة لذلك تبدل عند الكثيرين بريق حكمة سليمان الفلسفية وكتاباته الموقِظة للوعي والإدراك بقصص بائسة غير عقلانية. فأمضى عدد كبير من الناس قرونًا طويلة في حيرة والتباس. بعضهم يعتبر ملكا طاغيةً مسيحًا،* والبعض الآخر يعتبر أحداثًا تخريبية رهيبة في التاريخ إصلاحات. فخفت في آذانهم نشيد أبلغ الأناشيد واختُزلت في أسماعهم خطابات سليمان رنانة البهجة إلى رثاء متنافر وبكاء.

وبالرغم من كل هذا الغموض، المتعمد وغير المقصود. فبالقرب من أبواب أرض البَرَدَيس في ذلك التوقيت كان هناك موقع وحيد تألقت فيه روائع العلوم والفلسفة والحكمة والقانون والفنون والآداب في عرض مهيب متاح حتى الآن لكل العيان. الأرض التي كانت الدار التي حوت الكتب المرجعية القيمة للمعارف الأصلية، والمكتبة التي امتلأت بجواهر أثمن الكتابات العلمية والأدبية. هناك في تلك البقعة المنيرة استعد كمٌّ هائل من صحف المعارف والعلوم الزاكية لكي تُتَرجم

وتُنشر في العالم أجمع. فكانت أوراق أرض البَرَدَيـس أوراقًا من جنة. أتاحت للعراة الذين نزع عنهم الغرور ثياب الفضائل، والأميين الذين لم يُجهدوا أنفسهم في تعلم لا الكتابة ولا القراءة، وأصحاب النظرات التفاضلية المتصارعة، أن يدركوا أخيرًا ما لم يتمكنوا من تمييزه على مدار ثلاثة آلاف سنة كاملة في أول ثلاثة أيام في مسافة الستة الأيام في عبور الزمان.

فعلى سبيل المثال، في ذلك التوقيت كان الإغريق على وشك أن يتعلموا أن ورق البردي ليس مادة طعام تؤكل. وإنما أوراق من جنة استُخدمت لكتابة وتدوين المعارف لآلاف من السنين لتكسو عرى من نزع عنهم جهالة النسيان ثيابهم. وعلى سبيل المثال أيضًا كان المتقاعسون من البلاد الإغريقية القديمة وما حولها من الذين اعتقدوا أن لغتهم يجب أن تكون لغة عالمية، لكنهم لم يسعوا في صياغة لا أحرف ولا أرقام على وشك أن يتعلموا القراءة، والكتابة وعلم الأعداد، وأيضًا التحدث بكلام منطقي عقلاني. حقًّا، قد كان جهدًا هائلًا لتنقية البلبلة* القديمة من ألسن هؤلاء الذين اختلطوا لأول مرة في أرض البَرَدَيـس في ذلك التوقيت. لاسيما عندما كانت الكتب المقدسة على وشك أن تكتب لأول مرة في التاريخ.† (ملحق ت. ٣٩-٤٠)

وهنا أعلن دليل الرحلة قائلًا: والآن بعد أن حصلتم على عناصر مكونات الزمن اللازمة لمزامنة وسَلسَلة الأحداث بالسجلات التاريخية في تسلسلها الصحيح. وتحققتم بأنفسكم من الخلفيات والأجواء التي أحاطت بالأحداث آنذاك. تتمتعوا بالتحليق مع الهدهد والإبحار معه في مهمته الدبلوماسية شديدة الأهمية.

واستطرد الدليل قائلًا: الجزء الثاني من تقرير الهدهد والذي سيُلقى فيه أجزاء هامة من بردية كتاب سليمان كما هو مُسجل في كتاب المثاني، زاخر بالمعلومات البينة والمصطلحات المُحكمة. ونصح الدليل أنه إذا ما تم الانتباه لهذه المصطلحات بعناية، ستُرسم على الخريطة صورة جلية المعالم عن حقيقة ثييب (سبأ) المرتبطة

---

*صفحة ١١:أقوال المشككين

†صفحة ١٠٨: بلبلة على بوابة الملك ماريوت

ارتباطا وثيقا في كل النصوص المقدسة بقصة سليمان. فسوف تُحدد هذه المصطلحات المُحكمة بخطوط دقيقة دقائق الزمان والمكان وتفاصيل المواقيت لمجريات الأحداث بين سليمان وحُكام ثييب.

إضافة لذلك، فإن كتاب سليمان الذي أنتم بصدد الاستماع للمبعوث الدبلوماسي وهو يُلقيه، يحدد بمصطلحات دقيقة شديدة التخصص في وصف البنية السياسية لثيب وطبيعة نظامها الاجتماعي والثقافي والعقائدي وحتى النظام النقدي بها آنذاك. ورغم تعرض العديد من برديات أرض البَرَدَيس المحتوية على قدر هائل من المعارف والآداب والعلوم وأيضًا المراسلات المكتوبة بما في ذلك الكتابات الفلسفية لسليمان للسرقة والانتحال، ونسبة أكثرها فيما بعد إلى مؤلفين مزيفين كما هو معروف. فإن كتاب المثاني حافظ على بردية احتوت على كتاب لسليمان قيّم حتى اليوم في حالتها الأصلية مُطهرة ونقية من كل تزييف وتحريف.

وسوف تجدون هذه المصطلحات من كتاب المثاني مُحكمة الدلالة والبيان في تبديد الغموض وإزاحة حُجب الأساطير والالتباس وإظهار الحقيقة فيما يتعلق بأمر سبأ (ثيب) وسليمان. مصطلحات شديدة الإحكام تبدد البلبلة وتُجيب بالأدلة والبراهين التي لا تقبل الجدال على كل الأقوال والأسئلة التي ظلت حتى اليوم عالقة بلا إجابة. فبينما تستعيد هذه المصطلحات المُحكمة من بردية كتاب سليمان الصورة الكاملة بتفاصيل كل الظروف، فهي أيضًاتُثبت أنها من أصلح الوسائل للتأريخ بتسلسل دقيق لقصص سليمان الحقيقي والتاريخ.

ومهما كان حجم التغير في خلفية الأحداث خلال حركتها في عبور فترات الزمان، فستستعيد المصطلحات المُحكمة ببردية كتاب سليمان من جديد، وتحت ضوء شمس هذا اليوم الجديد، الإدراك لجوهر مقصده البهيج وهدفه المُحيل. ولكن لقراءة المكتوب في هذه البردية ومعرفة المحتوى بكتاب سليمان والذي أنتم بانتظاره منذ بداية الرحلة، هناك حاجة لمبعوث دبلوماسي لبق الخطاب وموهوب جدًا في الإلقاء. بمرح تسائل الدليل:هل رأى أحدكم الهدهد حاضرًا بين الطير!

كتاب سليمان

مُتذرع بقلب رحيب وصبر وتسامح لم يُعكره تضاد، أو عداء، أو غضب، أو بطش، أو استعلاء، أرسل سليمان ذو السلطان العظيم والقوة والنفوذ الهدهد مبعوث إلى حكام ثبيب (سبأ) ببردية كتابية ووثيقة رسمية. بصادق الاهتمام وعظيم الإخلاص والإمتنان، نظم سليمان الفيلسوف الحكيم، والقاضي الحق، والكاتب ذو البصيرة كتاب كان في حد ذاته عطاءً كريم. كلمات من نور بوسعها أن تُغير أكثر الأمور ظلمة وترهيبًا إلى بهجة وسرور.

وبكل إلمام بخلفية قوم ثبيب وتفهم عميق لِدِنيتهم ومحيطهم وإدراك مدروس لما يعصف بمجتمعهم من خلل وعناء، كان كتاب سليمان عطاءً للمُداواة والوئام. وبكل ملاءمة للتنفيذ على الأرض، كان ما كتبه سليمان عطاءً قابلا لتحقيق النفع لثيب وجميع الأطراف. وبكل فاعلية ورفق وثقل تأثير، كان كتاب سليمان عطاءً قادرًا على تحريك أكثر القلوب تطبعًا بعادات أضر الأعراف، لتُلين تحجرها وتلطف أقسى طبائعها لفضائل. فلم يكن كتاب سليمان مجرد نداء لرتق المودة وإنهاء العداء. بل عطاءً يمد بمزيد من سلام. ضياء ووئام إذا ما مس قلب أضرى الوحوش في أوحش الغابات جعله يفيض حبًا وخيرًا وأمانًا.

علاوة على ذلك، وبالرغم من أن الهدهد كان دبلوماسيًا ذكيًا ومتحدثًا رسميًا حسن العبارة، إلا أن سليمان أمرة بالالتزام بمهام محددة فوضت إليه وأعطاه تعليمات معينة لتوصيل الكتاب. بعبارات صريحة طلب سليمان من الهدهد أن يُلقي نص الكتاب على حكام ثبيب. وبعد ذلك وبدون أن يتدخل في شأن إتخاذهم القرار، ينتظر ليعرف ما أقروا به قبل أن يرجع إليه بالجواب. وأفصح سليمان عن نيته بوضوح. فقد أراد أن ينظر فيما إذا كان حكام ثبيب سيقررون بكامل الحرية التخلي عن الهيمنة ويقروا طواعية بأمر السلام، أم إنهم سيتمسكون بالهيمنة غير المشروعة التي انتحلوها لأنفسهم بلا حق أو مبرر. (مـلحق ق. ١٠٧)

وليس ببعيد جدًا عن أرض الْبَرَدَيـس، حلق الهدهد حاملًا البردية التي حوت كتاب سليمان إلى حكام ثييب. وبفطنة وكفاءة دبلوماسية، استمر الهدهد في تغطيته ووصف الحقائق والتفاصيل المتعلقة بمهمته. وبعبارات إخبارية غنية بالمعلومات، رسم الهدهد لقطة تقريرية للملامح الفريدة لثييب وتفاصيل بنيتها وهيكل حكومتها. وبمصطلحات كاشفة منتقاة بعناية لتنطق بالقصة الحقيقية، صور الهدهد الخصائص المميزة لنظام الحكم في ثييب وأعرافها السياسية. بكل تأكيد، لقد كان للهدهد عين الطائر الثاقبة لكشف موقع ثييب، وذكاء الدبلوماسي للتعرف على حكامها وتحديد مكانهم وزمانهم على الخريطة السياسية.

وكما هو موضح فلم يذكر الهدهد حاكم ثييب بالاسم ولا مرة واحدة. وظل ينسب جنس النسوة له وتحدث عنه كما لو كان امرأة خلال تقريره. وأكد الهدهد أن حاكمة ثييب كانت ملتزمة بقواعد حازمة تفرض عليها أن لا تقطع أي أمر أو تُصدر أي قرار أو مرسوم بدون أن يشهد عليه تحالف طبقة النبلاء في جلسة رسمية تضم الملأ الجامع لهذا التحالف. وكان تقرير الهدهد واضحًا، فقد أشار أنه على الرغم من أن حكومة ثييب قد تبدو في ظاهرها كأي نظام ملكي، إلا أنها في واقع الأمر كانت نظاما هيمنيا نمطيا. تسيطر فيه طبقة حاكمة اعتبرت نفسها النبلاء على السلطة وتفرض سيطرتها بالقوة حتى على غير الراغبين في هيمنتها.

وفقًا لكتاب المثاني، قام الهدهد كمبعوث مفوض بإلقاء نص كتاب سليمان على حاكمة هيمنة ثييب. وكما أمره سليمان تمامًا، لم يتدخل لا في مفاوضات ولا في شأن اتخاذ القرار واستمر في تغطية الأحداث وتسجيل تفاصيل مهمته كمبعوث دبلوماسي. أشار الهدهد أن حاكمة هيمنة ثييب عقدت جلسة رسمية دعت فيها الملأ مجالس تحالفات الطبقة المهيمنة على الحكم.

وفقا للهدهد، افتتحت حاكمة الهيمنة الجلسة بالثناء على جمع الحاضرين والتعريف بدورها ودورهم. ثم واصلت الجلسة مؤكدة على محدودية دورها الذي يفرض عليها عدم القطع في الأمور أو إصدار القرارات بدون شهادة ملأ المهيمنين بالموافقة. وطالبت الملأ باتخاذ قرار في الأمر المعروض عليها.

بعد ذلك وجهت حاكمة الهيمنة خطابها لملأ المهيمنين مُعلنة أنها استمعت إلى نص كتاب ألقي إليها وصفته بأنه كتاب كريم. ثم طالبت جمع مجالس المهيمنين أن يقرروا في الأمر الذي ألقي عليها من مبعوث سليمان باسم إله رحمن رحيم. وتلت

عليهم نص الأمر والذي كان فيما معناه أن "لا يتعالوا بانتحال الهيمنة، ويقروا السلام طواعية". (ملحق ق.١٠٨)

وبعد تفكر ملأ مجالس هيمنة ثييب في الأمر الصادر من سليمان والتقدير لحجم قوتهم وبأسهم، أعلنوا عن قناعتهم التامة أن مجالسهم تؤول إليها قوى عديدة. وشددوا على أن القوى المتعددة التي تؤول إليهم ذات قوات شديدة البأس. وخلصوا إلى أنهم بهذه القوى يكونوا غير مُلزمين بالتسليم أو الإقرار بأي أمر سوى هيمنتهم، ولا حتى أمر السلام الصادر من سليمان باسم الرحمن الرحيم. ولكنهم وكما هو في قواعد الهيمنة، أعطوا الكلمة الأخيرة لحاكمة ثييب وطالبوها بالتقرير وفقا لما خلصوا إليه.

من: سليمان
إلي: حكام الهيمنة
بإسم الإله الرحمن الرحيم

أمر السـلام
٢٧/٣١

ما معناه
"بلا تعالي أو انتحال لهيمنة،
أقروا السلام طواعية "

ورغم أن سليمان لم يُشِر من قريب أو بعيد في كتابه لحكام ثييب أن عرضه كان دعوة لإقامة حكم ملكي، كما أنه لم يُلمح بأي شكل من الأشكال أنه هو نفسه كان ملكا في أي نظام ملكي. وفقًا للهدهد، أعربت حاكمة ثييب عن مخاوفها من كل الأنظمة الملكية قائلة: إن الملوك إذا دخلوا مجتمعًا أخلّوا بقواعده وأعرافه، وجعلوا من هم أعزة في طبقة النبلاء أناس كما وصفتهم أذلاء. وكانت هذه المقولة من حديث حاكمة هيمنة ثييب الجُملة الوحيدة التي أقر الهدهد كمبعوث دبلوماسي باتفاقه مع ما جاء فيها. (ملحق ق.١٠٩)

وأضاف الدليل مؤكدًا: كما هو واضح فقد ارتبط الأمر في كتاب سليمان ارتباطا مباشرًا بحدث سياسي حقيقي على أرض الواقع. إلا أن الثمار المرجوة من هذا الأمر وكما هو واضح أيضًا، كانت تمتد لما هو أبعد من أي مكسب سياسي مؤقت. ولمعرفة المزيد عن استجابة هيمنة ثييب لأمر سليمان للسلام، يُرجى العودة مع الهدهد المبعوث ومجموعة الرُسل الآخرين الذين أرسلت بهم حاكمة ثييب إلى أرض البَرَدَيـس. وعند الوصول استعدوا لأخذ مقعد في مجلس جمعة عظيمة، وكونوا

مهيئين لحضور مداولة بديعة تكشف عن حقيقة أمر سليمان، ومرجوع هيمنة حاكمة ثييب، والخطة المدروسة لسليمان لاسترداد السلام.

وأخبر الدليل: يُرجى العلم أن موعد رجوعكم إلى أرض البَرَدَيـس مع الهدهد ومجموعة الرُسل المبعوثين من حاكمة ثييب سيكون في أواخر القرن الخامس (حق ع). فكونوا يقظين لأنه بالرغم من أن العملات المعدنية قد سُكت لأول مرة في التاريخ في القرن السادس (حق ع)، وعرفت في مناطق ليست بعيدة عن أرض البَرَدَيـس خاصة مثل ثييب بحلول منتصف القرن الخامس (حق ع)، إلا أن العملات لم تكن لها أي قيمة تمامًا في أرض البَرَدَيـس في فترة رجوعكم. وضعوا في اعتباركم أيضًا أن النقود عمومًا ظلت مقيدة للمعاملات الداخلية فقط في نطاق نفس المجتمع، ولم يتم قبولها كوسيلة للتبادل أو طريقة للتعامل المالي عبر البلاد المختلفة حتى أواخر القرن الرابع (حق ع). لذا، احترسوا من تجار المال والعملات الذين يحاولون جعل نقودهم جذابة. ويُرجى عدم تبديل أو تحويل أي أصول ذات قيّم حقيقية إلى هذه العملات المعدنية، حتى لو تم سكها بالأشعة الأخاذة لشمس ماقدونيا، أو سُبكت برموز أرباب ثييب الشمسية. (ملحق ت٤١.٠)

ومع ذلك، يمكنكم أن تضيفوا العملات المعدنية والتبادلات النقدية إلى عناصر مكونات الزمن. فهي حقًا مؤشر مُعتبر في تأريخ الأحداث بدقة وإعادة ترتيب تسلسل السجلات التي تم التأريخ لها سابقًا بالخطأ. فلا يجب قبول تأريخ أحداث تدور حول تبادل نقدي أو مالي عبر البلاد أو المجتمعات المختلفة قبل بدايات القرن الرابع (حق ع). ومراعاة أن الفترة التي استخدمت فيها ثييب النقود في نفس الحين الذي اعتبرت فيه أرض البَرَدَيـس النقود شيئًا بلا قيمة، يمكن اعتبارها عامل هام من عوامل التأريخ لعصر سليمان.

إلى لقاء في أرض البَرَدَيـس في المحطة التالية عند العرش الكيرال. لا حاجة لاتجاهات أو إرشادات طريق. فهو عرش حقًا بلا مثيل. فما بيمينه لا يتطابق أبدًا مع في الشِمال. حتى أن صورته ليس لها في هذا العالم نظير. فدائمًا ما تبدو في عين وهمٍ كالصورة المعكوسة في المرآة. لذلك اطمئنوا فلا يمكن لأي عين أن تمر به غافلة!

المحطة التاسعة

عرش كيرال

وصرح مُحيل

آلهة منسلخة على حافة الهاوية
تطمع في الهيمنة فترة ثانية
بحرفية مكرت خدعة من أيامهما البالية
فسَكت العمُلة، وأسمتها هدية

سبكتها لامعة، يا لها من مداواة
وراهنت أنها تشتري كرسي أحكم الحكماء
فأطلقت العير بعد العير، للمكر والتضليل
ومنحتهم رتب الأرباب والنبلاء من الطبقة الراقية

بكل فخر، تلذذت المكاسب الفوضوية
ووصمت المعرفة بالرغبة الخاطئة والمعصية
فجردت الإنسانية من زخارف ثيابها الزاهية
واستقطبت الجمع المتكامل في لجة تضاد الإثنينية
وما تسوقه من خصومة لا نهائية

بلا تمييز قد غفلت الحضور
أن الصرح كان مزيج، بلورات حساسة للضوء
بتألق تعكس آثار ما يلج فيه من خطوات
وتلتقط للنمط المُتبع صورة كامنة لميقات

وكأنه ألقي على كرسيه جسد مادي لعرش كيرال
بأبعاد أبعد من أبعاد المادة وهياكل الأحجار
بتجانب يميني يساري فريد، لم يكن لمثله لا ناظر ولا نظير
فأبدًا لا تحل محله ولا تغشاه
حتى الصورة المنعكسة في مرآة من رآه

❈ مُبشرًا قال الدليل: من فضلكم ابتهجوا للوصول لواحدة من أكثر الاستكشافات روعة في الرحلة وربما في مسافة الستة أيام ككل. وتهيؤوا لتكونوا من الأوائل القلائل في اكتشاف كنز ثمين ظل كامنًا لفترة طويلة. ولا داعي للقلق لما قد يُوحي به عنوان هذه المحطة. فلن يكون هناك أي تنقيب في علوم الكيمياء الجزيئية أو تناظر الأجسام الهندسية. واطمئنوا تمامًا فلا الجدول الدوري للعناصر الكيميائية، ولا حتى أوراق الرسم البيانية سيكون لهما أي حاجة لإدراك التحول الذي يحدث في هيكلية العرش الكيرال والصرح المُحيل موضع البحث في هذه المحطة. فكل ما هو مطلوب الحضور الواعي والتدبر المقصود. وساعتها فقط سيصبح الانتقال بين أبعاد المواد، وكذلك الذهاب والإياب عبر ماضي ومستقبل الأحداث من أسهل ما يكون.

إلى جانب ذلك، حاولوا ألا تحكموا على الأشياء من مظاهرها الأولية. فلربما كانت بعض الأمور لا زالت تمر بأطوارها التحولية. انتظروا أوان ظهور تفاصيل الصورة الكامنة حتى يُمكنكم القراءة الواضحة. فبعض أحداث هذه المحطة تمتد جذورها رجوعًا بالماضي لفترات عتيقة. وفي الحاضر لا زالت تبدو متغيرة وغير مستقرة، ولكن لن تظهر المعالم الحقيقية لصورتها النهائية إلا في زمان مستقبلي. وكونوا على علم أيضًا، أنه في هذه المحطة قد تبدو للأمور أوجه وجوانب عديدة. البعض منها ظاهري، والبعض حقيقي، والبعض الآخر كامن ومتوار لا تدركه الحواس الخاصة بإدراك المواد المرئية.

من ثم، تأكدوا جيدًا من مراجعة الظنون والافتراضات قبل تحديد المواقف واتخاذ التصورات. ولكن تجنبوا بأي ثمن من الأثمان المواقف المزدوجة. وابتعدوا كل البعد عن الصور المتصورة بنظرات إثنينية متضادة. في النهاية، سيكون من الواضح سبب تسمية المحطة باسم خاصية الكيرالية الكيميائية. تلك الخاصية التي تجعل بلورات العناصر تبدو وكأن لها تجانب يميني يساري فريد يجعل صورتها دائمًا كالصورة المنعكسة بالمرآة، بلا نظير. (ملحق ع ١٧٠)

وفي أول وقفات المحطة عند تمدد المال، دققوا بتمحيص شديد فيما أسمته نُظم الهيمنة هدية وفرحوا بها على أنها شيء مناسب يتكافأ مع الإقرار بأمر سليمان للسلام. بينما كانت في الواقع، مجرد حيلة من حيلهم المعتادة وتخطيط ماكر لرجوعهم من جديد للاستحواذ على السُلطة الشاملة والهيمنة.

بعد ذلك، خُذوا مقاعدكم مع ملأ سليمان بمجلسه الموقر. وكونوا على استعداد أن تُبهروا بالمداولات المهيبة التي ستبرز تفاصيل التصميم الذي سيستدعي به سليمان

حكام ثييب للتخلي عن الهيمنة، والدخول طواعية في أمر السلام بكامل الإرادة وبلا إرغام أو إكراه أو حتى جبرية في الاختيار.

ولكي تدركوا طبيعة العرش الكيرال ومادة الجسد الذي أُلقى على كرسي الحكم لسليمان وعاتق حكومته أنظروا نظرة غير مُنساقة داخل صرحه المُحيل. تفكروا في جميع الشروط التي أمر سليمان ملأه باتباعها والعناصر التي أكد بكل حزم بعدم السماح بها. ولا تدعوا نسبة السمات النسوية لحكام الهيمنة يشتت انتباهكم. تذكروا ما ذُكر بالمحطة السابقة أن إسناد الصفات النسوية إلى الحكام في هذه الأزمنة لا يشير بالضرورة إلى نوعية جنس الحاكم البيولوجية. بل كان موقفا سياسيا معروفا للتعبير عن السلطة غير الشرعية في بعض الثقافات.

وقبل مغادرة الصرح المُحيل، لا تفوتوا المرور بمعرض الصور الكامنة. راجعوا النظر في الخواص الساحرة للبلورات الضوئية الحساسة وقدرتها الفائقة على التقاط صور لا مثيل لها أثناء مرور الجموع والحشود المختلفة عبر أرض البَرَدَيس. ولكن، سواء بدت الصور المُلتقطة بهذه البلورات معتمة أو براقة أو حتى متوارية وغير مرئية، فإن القراءة الحقيقية لتلك الصور لن تكتمل إلا عند ظهور كل تفاصيلها وإن كان ذلك في أوانٍ مستقبلي. ومن فضلكم كونوا على علم أنه ستُلتقط صورة كامنة لهذه الرحلة أيضًا أثناء مرورها عبر الصرح المُحيل في أرض البَرَدَيس. وبالطبع ستظل هذه الصورة كامنة مُتوارية حتى اكتمال البحث!

أضاف الدليل: هناك شيء آخر تُعتبر معرفته من الضروريات للاستكشافات في هذه المحطة وأيضًا لاختبار حدة الانتباه قبل البدء في البحث. فمن فضلكم عينوا بدقة على جداولكم للزمن الفترة الزمنية التي لم يكن مسموح فيها بعد باستخدام الأموال في أرض البَرَدَيس، بينما كانت ثييب (سبأ) في نفس التوقيت تسُك الكثير من العملات. ملاحظة: ليس هناك أي حاجة لتحديد السنة التي كانت تُسك فيها هذه العملات بالضبط، ولا حتى اسم ملكة ثييب (سبأ) التي كان يتم سبك صورتها وأشعة الشمس التي قدسها قومها على قطع النقد المالية آنذاك!

١٤١

تمدد المـال

تعالى حكام ثييب على التخلي عن الاستحواذ على السلطة والهيمنة. حتى بعد الاستماع لإلقاء المبعوث الدبلوماسي لكتاب سليمان والتفكر والتقدير لما فيه من عطاء. بل استاؤوا أيضًا من أن يأخذوا محل اعتبارهم التسليم والإقرار بأمر سليمان للسلام.

فقد كان مجرد تفكير المهيمنين آنذاك بعدم انتحال السلطة لأنفسهم شيء مخالف تمامًا لأعرافهم. بل وأيضًا من الأمور المشجوبة بإجماع عنيف بين جموع الملأ عندهم. ذلك لأنهم قد استحبوا التصادم والصراع واعتبروا حقوق الآخرين مِلكًا لهم إذا ما استحوذوا عليها ببطشهم.

في الواقع، لقد استنكر المهيمنون ليس فقط الإقرار بالسلام، بل أيضًا رفضوا الاعتراف بالكرامة كحق لجميع بني الإنسان. وكان من الواضح أن النظام الوحيد الذي حرص حكام ثييب على الحفاظ عليه هو نظام هيمنتهم. والكرامة الوحيدة التي اعتزموا على حمايتها كانت العزة والتعالي للسلالة الحاكمة لطبقتهم المُهيمنة.

وعلى الرغم من أن المهيمنين في ثييب لم يصرحوا علانية برفضهم الإقرار بأمر سليمان للسلام. إلا أنهم وبكل مكر تشبثوا بأعرافهم البالية التي لطالما منحت لهم الامتيازات غير المُبررة. وقرر مالك الأمر

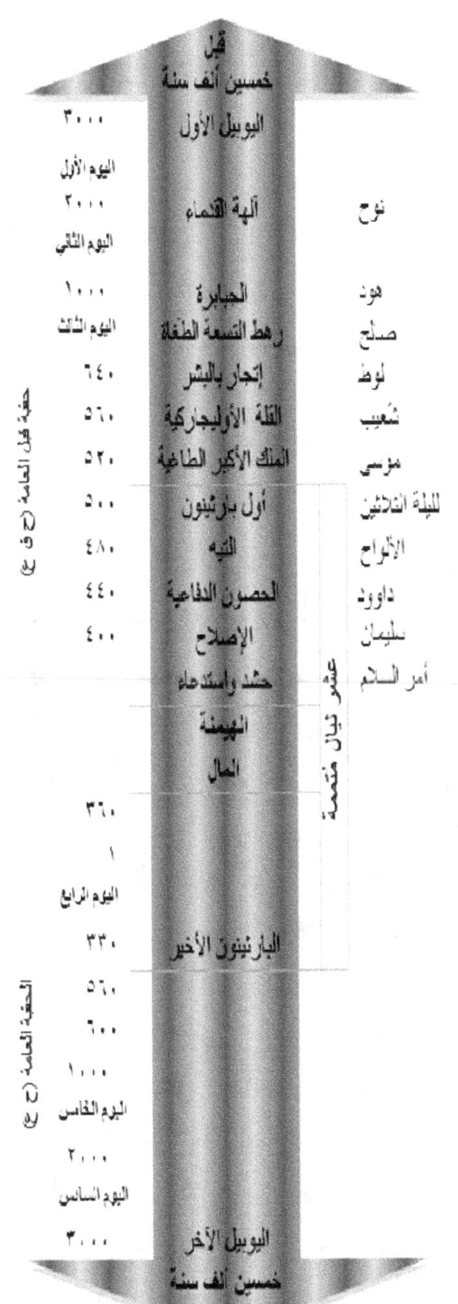

بثييب الذي وصفه المبعوث الدبلوماسي بأنه امرأة، إرسال الرُسل بهدية مالية إلى سليمان. وبكل ثقة انتظرت المالكة بهيمنة ثييب أن تعود هديتها المالية على قومها بمرجوع لائق. (مـلـحق ق٠٠١١٠)

ففي منتصف اليوم الثالث من مسافة الستة أيام، أوائل القرن الرابع بالحقبة قبل العامة (ح ق ع)، كانت خيارات من أراد الاستحواذ الكامل على السلطة واستعباد الناس مرة أخرى محدودة. خصوصًا بعد زمن موسى الذي بطل فيه مفعول الادعاءات التقليدية للألوهية. ولم يعد للتظاهر بالسلطة الربانية لا سحر ولا فاعلية. في تلك الحقبة التي استُنفدت فيها الحيل القديمة للاستعلاء في الأرض بغير الحق وانكشف زيف كل الاصطناعات العتيقة، فكر المهيمنون بثييب في حيلة جديدة. حيلة تخفي تساقط جلود وجوه أربابهم المنسلخة وتحقق لهم رغباتهم المتعالية في إخضاع الناس في العبودية التامة لهيمنتهم.

لامعة ومصقولة، كانت العملات المعدنية قناعًا سحريًا جديدًا للمهيمنين. تغليفة مبتكرة لنفس خِدعتهم العتيقة. حصانهم الشهير لطروادة لإخفاء مكرهم المعتاد وإرساله في صورة هدية ملفوفة بغلاف براق. فكان المال القناع الاستراتيجي الجديد ليس فقط لاستطالة زمان انتزاع المهيمنين للسلطة. ولكن مكر مبتكر لاسترجاع ادعاءهم القديم في العلو والأفضلية. وإن لم تكن هذه المرة بانتحال الربوبية أو الألوهية لأنفسهم حيث كان سحر مفعولها قد بطل بالفعل على يد موسى. (مـلـحق ت٠٠٤٢)

بالإضافة إلى ذلك، فقد كان من الواضح أن حكام ثييب كانوا بالفعل يمتلكون الثقة الهائلة في أموالهم. فقد كان يبدو عليهم وبشكل مؤكد أنهم قد قاموا بتجريبها مُسبقًا وتأكدوا من أنها وسيط سار ومُرض لتحويل ما يحلو لهم. وبشكل لا يمكن الشك فيه أو إنكاره، أن هيمنة ثييب كانت قد استخدمت المال من قبل أن تُرسله هدية لسليمان وتأكدت من قدرته على شراء النفوذ، وولاء الجنود، وذمة من كانوا في المناصب وحتى ذوي السلطان والسلطات. (مـلـحق ت٠٠٤٢)

إلا أنه، في وسط هذا الوسط من المكر والاحتيال، غفل المهيمنون في ثييب عن حقيقة أنهم هم الأكثر فقرًا. ذلك لعدم مقدرتهم على تقدير أمر سليمان للسلام أو حتى الاعتراف أو الإقرار بما فيه من عطاء. وفي تلك الحقبة ذائعة الصيت في التقدم وازدهار العلوم في أرض البَرَدِيـس، كان قوم ثييب يكادوا يكونون مُعدمين تقريبًا من كل علم أو معرفة حقيقية. ولم يكونوا بارعين في أي شيء سوى التثبث بأوهام أعرافهم العتيقة التي كانت تُبجل طبقات الأنساب التي عفى عليها الزمن.

فأقنعهم غرورهم غير المُبرر أن سلالتهم كانت أفضل من وُلد. وسولت لهم أنفسهم اغتصاب السلطة واعتبار رغبتهم في الاستحواذ على المُلك امتيازًا مستحقًا لأفضلية نسلهم. غير آبهين أبدًا أن جموع عظيمة من الناس كانت تهجر ديارها وتنزح عن أراضيها بثييب والمناطق حولها هربًا من لأَلُ لمة التي أحدثتها هيمنتهم. ظل المهيمنون في سُباتهم غيرمتنازلين عن عادات استحواذاتهم البائسة. وبينما انطلقت الحشود في قوافل ضخمة عبر البحر الأوسط بحثًا عن حياة كريمة، استمر مهيمنو ثييب في إنكار أنهم هم من في أمس الحاجة لإصلاح العوج في أمرهم.
(ملـحق ت.٣٥-٣٧)

غفل المهيمنون عن إدراك أن أمر سليمان للسلام كان عطاءً لمساعدتهم على إنهاء صراعاتهم التصادمية الأليمة. ودعوة رحيمة لإيقاف تدميرهم لذاتهم في معاركهم التي بلا عقيدة. وفي غير وعي تام، غفلوا عن إدراك أن الطريق الذي أمده إليهم سليمان كان مُفعمًا بالضياء، لإخراجهم من ظلمة الفوضى التي حاصروا أنفسهم بها. واستهانت هيمنة ثييب بأمر سليمان للوئام الذي كان من شأنه أن يسوقهم للخروج للنور من جديد في ضوء شمس يومهم الجديد.

وبينما كان سليمان يُقدم لهيمنة ثييب عرضًا لواقع جديد بلا حدود ويفتح لهم باب الوصول لقوى حقيقية غير نهائية. كان المهيمنون بثييب يمكرون بإعادة إحاكة حيلهم القديمة لتجريد الإنسانية من ثياب فضائلها وانتزاع عزتها وكرامتها لأنفسهم. غير أنهم كانوا على وشك أن يتعلموا أن سليمان بما أوتي في أرض البَرَدِيـس، لم يكن بحاجة إلى كل ما سكوه من مال أو قطع نقودهم اللامعة. وكان المهيمنون بثييب على وشك أن يدركوا أيضًا أن معاملاتهم النقدية البائسة لم تكن سوى وسط لتبادل غرورهم، ولكن في هاوية التآكل والانحلال حتى الوصول إلى حالة من الاضمحلال التام.

ملأ سليمان

وعندما وصل رُسل هيمنة ثييب بهديتهم المالية لسليمان، تأكد سليمان بما لا يدع مجالًا للشك أن ما أوتي في أرض الـبَرَدَيـس كان أكثر خيرًا من أي شيء يمكن أن تأتي به قطع نقودهم المعدنية. ولم يخفَ على حِكمته أن مهيمنين ثييب كانوا يكنون كل الحب والتبجيل لأموالهم لدرجة أنهم فرحوا بها كهدية مناسبة ومقابل يكافئ في نظرهم وزن الإقرار بأمره للسلام. ولكن الأهم أن سليمان، لم يكن لديه أدنى شك من أن ثييب وقومها كانوا محجوبين تمامًا عن إدراك حقيقة العطاء الذي عرضه عليهم. (مـلـحق ق.١١١)

كونه موزوعًا للإصلاح،* قرر سليمان البدء في عمل إصلاحي آخر. تصميم يستدعي به هيمنة ثييب لإدراك أوجه الحقيقية التي كانوا في غفلتهم محجوبين تمامًا عنها. وبدأ سليمان في تأسيس بناء جديد يمكنه حتمًا في نهاية المطاف أن يستدعي قوم ثييب للتخلي النهائي عن الهيمنة والتسليم بأمر السلام طواعية.

وكان سليمان على ثقة تامة أن تصميمه سيجعل المهيمنين يتنازلون عن تعاليهم وينتهون عن مكرهم والخداع. بل وأيضًا يتعهدون وبالإجماع بالإقرار بأمره للسلام بكامل حريتهم وبكل ابتهاج. ولإنشاء هذا البنيان، عقد سليمان مجلسًا موقرًا حشد فيه ملأً مّن أفضل علماء أرض الـبَرَدَيـس. واستدعى كذلك الخبراء والمبعوثين والقادة ذوي النفوذ وآخرين لمُداولة تصميم تام بلا اختلال أو عدم اتزان لتعزيز عطائه وأمر السلام. وطالب سليمان من ملئه بإنجاز هذا البنيان بالكامل قبل الزمان المُقدر لوصول حكام الهيمنة لأرض الـبَرَدَيـس. (مـلـحق ق.١١٢)

وعلى الرغم من ضخامة الإعدادات لهذا التصميم، تلقى سليمان عرضين باهرين من اثنين من أعضاء ملئه المخلصين. العرض الأول قدمه أحد العباقرة ذوي القوة والثقة والنفوذ. حيث عرض مقدرته على إخضاع سلطة الهيمنة بثييب إلى حُكم سليمان قبل نهاية فترة حُكمه. أما العرض الثاني فقدمه أحد الأعضاء ذوو العلم

والمعرفة بالعلوم المدونة في صحف أرض البَرَدَيـس وبردياتها المنيرة. وقد عرض هذا العالم القدير أن بإمكانه إخضاع النُظم الهيمنية لحُكم سليمان وقبل أن يرتد إليه أمره للسلام بالإقرار المرغوب فيه، أي بالإجماع التام. (مـلـحق ق.١١٣)

فكان هذا العالم القدير حقًا على علم بالعلوم اليقينية المكتوبة. حيث تمكن من معرفة نوعية التغييرات الفكرية التي تحتاجها الأنظمة الهيمنية حتى تستطيع التخلي عن هيمنتها. وأيضًا أخذ في حسابات تصميمه معدل التطور اللازم لكي يصل المهيمنين بثييب إلى درجة الوعي والإدراك المطلوب لهذا التخلي. وهكذا، قدر العالم القدير بملأ سليمان طول الفترة التي ستستغرقها هيمنة ثييب حتى تستيقظ من سُباتها، ثم تعي لتمييز الحقائق، ثم تقرر أخيرًا التوبة عن الاستحواذ والإقرار بأمر سليمان للسلام.

حقًا كان ملأ سليمان من خبراء أرض البَرَدَيـس علماء أمناء جديرين بالثقة. في وقت مبكر من التاريخ، آمنوا بتطور المعارف كأصلح الوسائل لحمل تقدم الإنسان في مسيرته للأمام. بالنسبة لملأ سليمان، كان العلم والإيمان جسدًا واحدًا غير قابل للتجزئة. حيث أن البرهان على ارتباطهما كان واضحًا في كل هيئة وكل كيان بشكل لا يمكن إنكار هدفه في تعزيز اليقين وإنارة طريق مبين للاستنارة.

سابقين لزمانهم بزمان، نجح ملأ سليمان من علماء وخبراء أرض البَرَدَيـس في بلوغ وإدراك الحكمة من خلال المعرفة والعلم بالحقائق في كل شيء حولهم. فوصلوا إلى مستوى معرفي عالٍ جعل أرضهم منارة أضاءت لمن عانوا لإيجاد مخرج من فوضى الاختلالات لمن تصوروا الكون بنظرة غافلة ضيقة. حتى أن أوراق أرضهم كانت أوراقًا من جنة امتدت بطول القرون الطويلة لتكسو عرى من نزع عنهم الغرور ثياب فضيلة العلم بمعارف منيرة. والأهم من كل ذلك، ظلت انجازات ملأ سليمان من علماء وخبراء أرض البَرَدَيـس الأساس الذي استقرت وارتكزت عليه علوم ومعارف العالم خلال فترات الزمان مُنذ عصره وحتى الآن.

وعلى عكس ملأ مجالس الهيمنة الذي اقتصر على من كانوا يُعتبرون نبلاء من الطبقة الحاكمة، جمع سليمان العقلاء ذوي الهبات الفكرية ممن لهم الثقل والثقة ولديهم المقدرة على القيام بمهمته. وعلى الرغم من الاتهامات الكاذبة التي زعمت أن سليمان شن المعارك العنيفة لقتل خصومه ومعارضيه، تصرف سليمان بتسامح وصبر شديدين. حتى أنه وعندما استاء مهيمنو ثييب من الإقرار بأمره وتخلفوا عن

حضور جمعه،* بل وعرضوا عليه المـال في المقابل، قرر سليمان أن يرسل إليهم مبعوثه برسالة رسمية أخرى للمرة الثانية.† (ملــحق ت.٤٣)

في رسالته المكتوبة الثانية، أمر سليمان المبعوث أن يلقي على حكام الهيمنة أن يستعدوا لعواقب الاستعلاء ومرجوع مساومتهم على عدم الإقرار بالسلام. وتوعدهم بكتابه الثاني أنه سيوقف مؤامراتهم المخزية بقوى مذهلة لم يسبق لهم من قبل مواجهتها. وأكد سليمان أن قواه وسائل عبقرية غير تقليدية. مُقدرة بدقة عالية ليس فقط لكشف غرور حكام الهيمنة، بل لإخراج أكثرهم استعلاء من الجمع الإنساني في خزي فقدان التاج وتمزق ثيابه بلا فضائل إنسانية. (ملحق ق.١١٤)

ولتحقيق هدفه المُحيل، أوتي سليمان عطاء غير محدود من قوى هائلة، وموارد مُعجزة، وخزائن وثروات وافرة ينفق منها أو يمسك كيف شاء بلا كلفة أو حساب. وعلى الرغم من أن قوافل المهيمنين لم تكن لتصل إلى أرض البَرَدَيـس إلا بعد انتهاء فترة حكم سليمان، إلا أن تصميمه العبقري كان قد اكتمل إنشاؤه بالكامل وكما أراد قبل ظهور جحافلهم بزمان. مما جعل سليمان في غاية الامتنان لرؤية أن ما أنشأه له ملؤه كان صرحًا له قدرة على إحداث تحول هائل في مسيرة الإنسان. (ملــحق ق.١١٥)

تصميم حقًا مُحيل حتى أن تقدم العالم في جميع العلوم سيكون مُستقرًا ومُرتكزًا على ما تأسس فيه حتى نهاية عبور الزمان وانقضاء مسافة الستة أيام. فقد زاد التألق في الهدف وروعة الأسس والتصميم والبنيان من إمكانية منشأة سليمان على استدعاء المهيمنين في زمانه، وأيضًا الشعوب والحكام من جميع الأمم لأجيال بعد فترة حكمه. حقًا كانت منشأة سليمان الصرح المُحيل لاستعادة الكرامة والوقار للإنسان ورتق ثياب الإنسانية بالفضائل التي كان يتزين بها ذات مرة من قبل.

---

* صفحة ١٢٤: الغائبون عن حضور حشد سليمان
† صفحة ١٣٥: الوثيقة الرسمية الأولى للسلام

عرش كيرال وصرح مُحيل

والجدير بالذكر، أن من أهم الجوانب في الصرح الذي وضع سليمان وملؤه تصاميم إنشائه لم تكن فقط أنه مُؤسس وفقا لأعلى المستويات العلمية. ولا حتى كون كل شيء فيه موقوت بدقة عالية. بل كانت إمكانية الصرح على إحداث التغير المُحيل دون إكراه أو حتى توظيف لأي من القوى الجبرية.

في الواقع، كانت جميع أشكال الإرغام وكل أساليب جبرية الاختيار ممنوعة تمامًا من أن يكون لها وجود في منشأة سليمان. فقد كان سليمان هو الفيلسوف الحكيم الذي سلط الضوء على أن يكون من خواص التصميم المقدرة على إظهار الأدلة والوقائع. وفي نفس الوقت، السماح للناظر بالحرية الكاملة في التقرير لما يحب أن يميزه وما يرغب أن يتتبعه. ذلك لأن سليمان كان على علم تام أن الحقائق كلها كانت دائمًا متجلية بصورة مرئية وملموسة لمن أراد أن يدركها ويعي وجودها.

وكان سليمان أيضًا من أكثر العالمين منذ ذلك الزمن القديم، أن التغير المُحيل في الإدراك لم يكن ليحدث على المستوى اللا شعوري أو بشكل لا إرادي. بل يتطلب تدبُّرًا وتبصُّرًا مقصودًا على مستوى فكر وعٍ مستنير. لأن سليمان كان هو الفيلسوف الحكيم الذي أشار آنذاك أن على كل إنسان أن يتفكر ويُقدر قبل أن يُقرر ما يجب أن يتعقب وما ينبغي أن يسعى في التحقق منه. ذلك مع الاحتفاظ بكامل التحكم في الارادة والمشيئة، وكل ما يسوق الحس والدوافع والبصيرة.

وببصيرته الثاقبة ووزعته الخالصة في الإصلاح، كانت إنابة سليمان في إنشاء الصرح المُحيل تخفيفًا على كل المُرهقين. هؤلاء الذين أثقلتهم القيود المُكبلة للتصورات القاصرة التي لطالما حجبت العقل وأثارت سخط الإدراك بحُجُبها وشدة ضيقها. فقد كان سليمان هو المُفكر الحكيم الذي أسس لإنشاء يستوجب على كل إنسان التحقق من صحة افتراضاته وتصوراته المتوارثة. وكان هو أيضًا الفيلسوف الحكيم الذي أرشد لمراجعة واختبار ما إذا كانت الرؤى المُتصورة للسابقين غير غافلة أو تحجبها غيوم تعيق الخروج للنور تحت شمس اليوم الجديد.

فقد كان سليمان هو من أوضح منذ القرن الخامس (ح ق ع)، أنه من أجل حدوث التغير الإدراكي المُحيل، فمن الأساسي أن يكون للناس رؤيتهم الخاصة في

تفسير عالمهم. وكان سليمان أيضًا الفيلسوف الحكيم الذي نظر في تأثير تبني النظرات العتيقة والمعتقدات المتوارثة بلا تفكر واعٍ أو إدراك مُستبين.

بالإضافة إلى ذلك فقد أوُتي سليمان علمًا بمنطق حكيم. استوجب على كل العاقلين تمييز الواقع والحقائق والتأكد من صحة الصور المُسبقة المبنية على تصورات الأقوام الأولية منذ القدم. حيث علم سليمان بمنطقه الحكيم أن لهذه التصورات الأولية تأثيرًا عظيمًا في تشكيل المفاهيم وتحديد القيم التي تتحكم في الرؤى والقناعات وعقائد التصرفات. ولذلك أمر سليمان ملأه أن يستبعدوا في تصميم صرحه كل العناصر صارخة التماثل لما كان مألوفًا في الأنظمة الأخرى آنذاك. وكذلك منع كل المكونات التي بإمكانها أسر إدراك المرء أو استدراج استجابته، فقط بسبب الاعتياد عليها وليس بسبب الإدراك الواعي لحقيقتها. (ملحق ت.٤٥ ؛ ع. ١٩-٢٠ – لمقارنة ما سلط عليه كتاب المثاني من حكمة سليمان وما نُسب لاحقًا لبعض المدعين من علوم الفلسفة والمنطق)

وبحكمته المُشرقة ومنطقه المستنير، وبتفهم عميق لعلوم التواصل الناقلة، أعطى سليمان توجيهات محددة بالاستبعاد من صرحه كل ما قد يبدو مألوفًا في الأنظمة الهيمنية. وعلى الرغم من أنه لم يكن في نُظم الهيمنة أي شيء يشبه ما تأسس في صرح سليمان المُحيل. إلا أن سليمان شدد على منع كل ما قد يرتبط بصلة بتصورات المهيمنين المغلوطة عن العرش والسلطان.

ليس ذلك فحسب، فقد أمر سليمان أيضًا أن يُصمم الصرح بشكل يجعل كل ما في عرش الهيمنة يبدو صغيرًا ومستنكرًا بلا أي مزايا تدعو للغرور أو التعالي. وشرح سليمان منطقه بوضوح مُعلنًا أنه أراد النظر في ما إذا كان بإمكان حكام هيمنة ثييب تمييز الحق واتباع الحقيقة. لأن الهدهد كمبعوث كان قد أشار سابقًا في تقريره الدبلوماسي أن المُهيمنة بثييب التي نسب لها الصفات النسوية قد ضلَّت وقومها تمامًا بالتعاليم العتيقة التي توارثوها ولم يعد من الممكن هدايتهم.* (ملحق ق.١١٦)

الصورة المتوارية

جيلان اثنان تقريبًا بعد حكم سليمان، ولكن قبل بداية القرن الثالث (ح ق ع)، بدأ حكام الهيمنة وأقوامهم في الاستيقاظ من سُباتهم الذي استمر ثلاثة آلاف سنة طوال. تابعين فيها أعراف موروثة وتعاليم لم تبجل إلا الأنساب وسلالة الطبقة الحاكمة. وبعد انقضاء ما يقرب من ثلاثة أيام كاملة في مسافة الستة أيام، بدأت المُهيمنة بثيب في التخلي عن الآراء الغافلة لأسلافها التي لطالما حجبت رؤيتها وقومها لعصور طويلة حتى منتصف مسافة عبور الزمان.

فبعد فترة طويلة من تباطؤها وتأخرها في الإدراك، وصلت المُهيمنة بثيب أخيرًا إلى أرض البَرَدَيس. لتبدأ في رؤية ما منعها إعجابها المُتوارث بنفسها من رؤيته في الماضي أو حتى تمييز وجوده. فقد وجدت في أرض البَرَدَيس عرشًا رائعًا قائمًا على العلم والمعارف المتقدمة، وأيضًا راسخًا ومُقدرًا بين كل من سكنوا أرض البَرَدَيس منذ زمن طويل قبل أن تعي هي أو تستيقظ.

وفي أول وصولها إلى أرض البَرَدَيس، وكما سُجل في كتاب المثاني، وُجهت المُهيمنة بثيب لتأخذ صورة عن المنشأة التي صممها سليمان وملؤه. وتمامًا كما أمر سليمان، لم يكن في منشأته أي شيء يرتبط في ظاهره أو جوهره بأي صفات مشتركة مع عرش هيمنة ثيب. ولم يكن هناك ولا جانب واحد من جوانب الأُظم الهيمنية يتشابه أو يتماثل مع أي شيء في منشأة سليمان. إلا أنه وفي بداية مجيئها إلى أرض البَرَدَيس تصورت المُهيمنة بثيب أن كل ما أُنشئ فيها، وعلى مدار كل القرون السابقة، وكأنه عرش لها.

وبالرغم من أن عرش أرض البَرَدَيس كان قائمًا على علوم جهلتها المُهيمنة بثيب تمامًا. كما كان أيضًا مرفوعًا على قيّم قيّمة لم تؤمن هي وقومها بأي منها، بل أيضًا استنكروا الاعتقاد بها. إلا أنها تجاهلت الواقع والحقيقة وانزلقت في تحقيق إعجابها المعتاد بنفسها وأهميتها الذاتية.فانتحلت لنفسها كما تعودت الامتيازات في استلاب ما ليس بحقها. حيث صدها وحجب رؤيتها ما تلقنته من تعاليم موروثة تطبعت عليها طباعها وساقت إدراكها وقومها منذ القدم. فاستدلت المُهيمنة بثيب على

الفور برؤية أفسدتها الصورة الأولية التي تصورها قومها. وادعت لنفسها بغير الحق الملكية لكل ما رأته في أرض البَرَدَيـس.

وعلى الرغم من أن المعرفة العلمية التي تأسست عليها كل منشآت أرض البَرَدَيـس كانت فائقة بدرجة تتجاوز بكثير أعلى درجات إدراك المُهيمنة بثييب وتتخطى حدود كل ما كان في وسعها آنذاك. ادعت المُهيمنة بثييب وفقًا لتعاليمها الموروثة أن لها كل الحق في انتزاع ذلك المُلك وبأي ثمن. حتى وإن استخدمت العنف والظلم والإكراه، أو الاحتيال والخداع، أوحتى الكذب والحنث باليمين.

فكان من الواضح أن المُهيمنة بثييب لم تفقد فقط المقدرة على تمييز الواقع. بل غفلت تمامًا عن إدراك حقيقة المواد التي تاقت وقومها للاستحواذ عليها والاستئثار بها لأنفسهم دون غيرهم. لكنه وقبل زمان وصول هيمنة ثييب لأرض البَرَدَيـس بزمان،عُلِّم سليمان حقيقة العرش والسلطان. ففهم حق الفهم الخلفية التي شكلت المفاهيم الهيمنية بثييب وساقت طموحات المهيمنين وأقوامهم. فعلا كان سليمان من القلائل الذين أسلموا رؤيتهم إلى الخير والحق والإصلاح. (مـلـحق ق.١١٧)

ثانيًا، وكما قرر مجلس الملأ لسليمان وسُجل في كتاب المثاني، قُدر للمُهيمنة بثييب الدخول في الصرح المُحيل أثناء مرورها في أرض البَرَدَيـس. ومرة أخرى، وعند أول وهلة من وقوع نظرها على الصرح، اعتقدت أنه ليس سوى ساحة صراع. وكانت هذه الرؤية حقًا كاشفة عن المعايير الإثنينية التي ساقت لإختصام مُهيمنة ثييب مع الآخرين وكانت الأرجل التي ارتكزت عليها نزاعاتها الفوضوية على مر السنين.

تلك الرؤية المبنية على تصورات ضاربة القدم جعلت المُهيمنة بثييب تحسب أن الصرح المُحيل لعبور الزمان ما هو إلا لجة تموج فيه وتلج الجحافل في معارك تخاصمية متضادة. تسوق الخصومة بين أطرافها أفضلية السلالات ونوعية الجينات المتوارثة. فاستحلت المُهيمنة بثييب تفريق الصفوف للاستحواذ لسلالتها المتعالية على كامل السُلطة. فلم تُعِق هذه التصورات الفوضوية المُهيمنة بثييب عن تمييز حقيقة الصرح ومادته فحسب. بل ساقت لتخاصمها مع جميع الأطراف الأخرى وإحداث انقسام في الجمع الإنساني المحتشد في أرض البَرَدَيـس منذ أول يوم في مرورها عبر الصرح. والأسوأ من ذلك، أن عقائد الأقوام الهيمنية ومفاهيمهم المتصورة منذ الأزل غيَّرت تمامًا أطرهم المرجعية وشوهت نظرتهم لذاتهم، والآخرين، والعالم بأكمله.

ومع مرور الزمان، وكما قدر العالم بالعلوم اليقينية المكتوبة من ملأ سليمان وذُكر في كتاب المثاني. فقد وُضع في التصميم ما يجعل المُهيمنة بثيب تُدرك وتعي أن الصرح المُحيل لم يكن أبدًا ساحة صراع ولا ميدان معركة تلج فيه الأطراف المتضادة في تصادم وخصام. بل جمعًا موقوتًا لعناصر محددة الأمور والأغراض.

وعلى رغم من أن الواقع كان دائمًا رائع التجلي والظهور، ولأنه لم يكن هناك إكراه في الاعتقاد أو ما تؤمن به وتهواه القلوب. كان للناظر دومًا الحرية بدون أي توظيف لقوى جبرية في تقرير ما يجب أن ينتبه له ويتابعه، وما يرغب في هجرانه وصرف النظر عنه. في النهاية، ما يراه الناظر هو ما قرر بكل وعي أن يدركه ويميزه. ومن ثم كان على الجميع التحقق من الأطر المرجعية التي استقروا عليها لقراءة وتفسير التصورات عن أنفسهم والعالم.

عندئذ فقط، أدركت المُهيمنة بثيب أنها هي من حجبت الضياء وأعتمت الرؤية على نفسها، فقد مَيزت أخيرًا حقيقة أن رؤيتها المستقطبة هي التي جعلتها في خصومة مع عالمها والآخرين. رؤية تفاضلية صورت لها العالم وكأنه نزاع بين كيانات متضادة متخاصمة. بينما في الواقع، كانت نظرتها الإثنينية الموروثة عن قومها منذ القدم، هما الساقان اللتان حملتا خصوماتها ودفعتا صراعاتها الفوضوية. عندئذ فقط، أزالت المُهيمنة بثيب حجاب هيمنتها لترى أن استحواذها على المُلك كان بدون حق وبلا أساس ولا تبرير. وأخيرًا تخلت عن تعاليها وتمكنت من حضور استدعاء سليمان لتُسلم بحرية بأمر سلام من رب العالمين والناس أجمعين وكل الأمم. (ملحق ق.١١٨)

وأخيرًا أصبح من الواضح أنه، ولا استحواذات الهيمنة ولا امتداد المال الذي فرح به المهيمنين يمكنه أن يكافئ الإقرار بأمر سليمان للسلام. لا رجوع لألوهية أربابهم الزائفة ولا مكر ولا احتيال قديم أو حديث على حد السواء، يمكنه أن يُعادل عطاء سليمان أو يحجب سببه المُحيل الذي هدف إلى تكريم الإنسانية واستعادة العزة والكرامة لبني الإنسان.

فوسط دخان سقوط النظم الطاغية وصخب تصاعد الأُظم الهيمنية الوليدة، أنشأ سليمان صرحًا مُحيلًا ليسوق نقلة تحولية كبيرة في تطور الوعي الإنساني. وكان البناء الرائع في منشأته مُصممًا لإيقاظ غير المدركين للتحقق من قناعاتهم ومراجعة النظرات الأولية الغافلة لأقوامهم. فكان ميقات عصره بالغ الأهمية ومكانه حقًا محوريًا لتوجيه هذه الفترة المصيرية في مسيرة الإنسانية.

التوقيت الذي تحررت فيه الجموع من النظم الطاغوتية، وبطل فيه خداع الذين ادعوا لأنفسهم سلطات إلهية. فخلال عصر سليمان، لم تبدأ الأمم فقط في التواصل مع بعضها والاعتراف بحقوق بعضهم البعض. بل أصبح الناس على وشك تمييز الحقائق التي تُحرر العقول من أعباء النظرات الغافلة والصراعات الفوضوية التي كبلت تقدمهم لعصور.

فمن أرض البَرَدَيـس التي كانت الشعلة والمنارة، ومركز الإبداع، وحرم المواهب والهبات وقبلة المبدعين، والقلب المحوري لكل من سعى للعلم والتعلم أعلن سليمان بداية تحول فكري مستنير في حشد جامع لجسد الإنسانية عظيم.

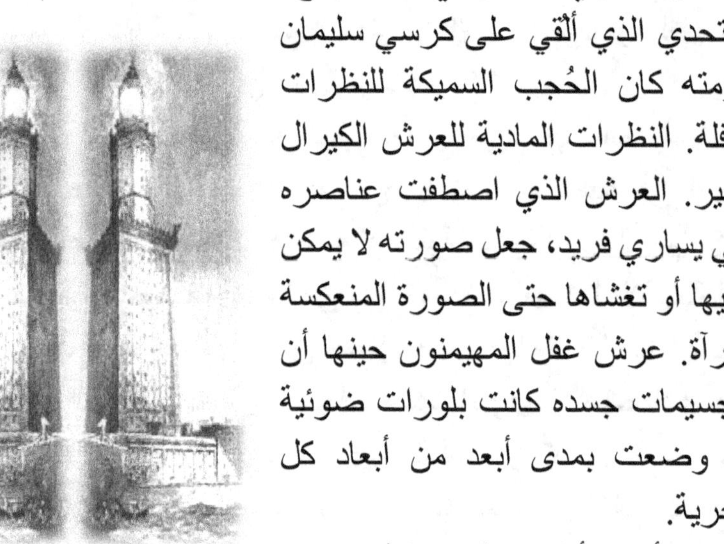

وكأن التحدي الذي ألقي على كرسي سليمان وعاتق حكومته كان الحُجب السميكة للنظرات الهيمنية الغافلة. النظرات المادية للعرش الكيرال الذي بلا نظير. العرش الذي اصطفت عناصره بتجانب يميني يساري فريد، جعل صورته لا يمكن أن تطغى عليها أو تغشاها حتى الصورة المنعكسة له في أي مرآة. عرش غفل المهيمنون حينها أن يدركوا أن جسيمات جسده كانت بلورات ضوئية وأبعاد بنائه وضعت بمدى أبعد من أبعاد كل الهياكل الحجرية.

إلا أنه تحت تأثير الأطياف المستقطِبة، تستدير بلوراته الحساسة في تلون ضوئي. ذلك لتُدير الطيف الشارد ليضل في انحرافه بعيداً. ومن ثم تلتقط هذه البلورات الضوئية صورة للمسار تظل كامنة لميقات، لتكشف مع مرور الزمان أن كل من تشتت في انحراف الاستقطاب يظل معتمًا بلا تطور أوتغير. صورة تعلن بعد انقضاء الأيام، أن ما لم يتحول في التطور المُحيل، يتقلص في نهاية المطاف إلى جسيمات غير مرئية ويتلاشى بلا هيئة ولا ماهية لشيء شديد في الصغر وضئيل بدرجة حقًا مخزية.

ففي الوهلة الأولى لم تقُدر المُهيمنة بتثييب حقيقية العرش بأرض البَرَدَيـس، وغطت صورته الحقيقية بصورة زائفة لتصوراتها المادية. انتقصت من مدى مقصده وأهميته وأخطأت قراءة حقيقية ألوانه. فغفلت تمامًا عن طبيعة ضوئه المنعكس. ولأنها اتخذت الوقفة الإثنينية الموروثة عن قومها منذ القدم، كانت رؤيتها حادة

الاستقطاب. لكنه في الأوان المُقدر، وكما تخَطط، ستدرك المُهيمنة بثييب أن نظرتها لم تكن سوى إنعكاس في مرآة كرية متكورة حول نفسها بلا استقامة أو استواء. صورة كمثل السراب لا هي عاكسة ولا هي واقعية. فبدت لها تصورتها الزائفة صورة بقيعة عميقة، إنعكس ما في جانبها الأيمن إلى اليسار، وانقلب بقاعها ما هو أعلى إلى أسفل. (ملحق ع ١٨٠)

علق الدليل قائلًا: بكل تأكيد فالتحرك بين أبعاد المادة الواقعية منها والظاهرية وأيضًا الذهاب والإياب بين الماضي الذي التقطت فيه الصورة والمستقبل الذي ستتطور فيه وتظهر تفاصيلها الكامنة لهو أمر بالفعل مُحيل. ومع ذلك، لا يمكن للجولة أن تعبر من الزمن الذي أعد فيه سليمان لاستدعاء المُهيمنين بثييب وجميع الأمم لحضور جمعه، إلى الزمن الذي ستجيب فية المُهيمنة بثييب استدعاء سليمان دون التوقف عند زمن تتويج الهيمنة في أرض البَرَدَيس. لذلك، استعدوا لحضور المزيد من الجموع والمحافل في الجزء الخامس من البحث. ولكن كونوا مُنتبهين لتمييز الواقع من السراب للتمكنوا من الحكم بأنفسكم إذا كان للأسفل الحق أن يكون كما الأعلى.

وكونوا على علم أن البحث في الجزء التالي من الرحلة سيستمر إلى الزمان الذي ثلا عصر الحكم الحكيم لسليمان. لذَلك، ستكون هناك مصطلحات جديدة واتجاهات حديثة يجب التعريف بها وإيضاحها. لذا، يُرجى التوقف عند رواق خطباء الخطاطبة قبل بدء الاستكشاف للحصول على المصطلحات والتوجيهات الجديدة لسهولة الانتقال في المحطة التالية. بعد ذلك، استعدوا لأن تُسروا وتُفتنوا معًا بأكثر محاضرات سليمان بلاغة وأحسن حُججه منطقا وإقناعًا. كما وُعد في بداية الرحلة، ستقعوا في حب الغوص في فلسفة الخير لسليمان وكشف حقيقة التحدي المادي الذي لاقاه أثناء فترة حُكمه. إلى لقاء في الجزء الخامس والأخير من البحث في الجمعة العظيمة بأرض البَرَدَيس ـ الجامعة!

الجزء الخامس

أكما الأعلى كذلك الأسفل!

الجامعة

المحطة العاشرة

الجمعة العظيمة

تعرُش الهيمنة

وقف ابن داوود معلّنا في فلسفاته
أن النزعة لحب الخير وحده
أحب وأفضل النزعات
لو أنهم أدركوا! لو أنهم أدركوا!

لم تكن حكمته عقيمة أو بلا فائدة
لكن المتعالين في هيمنتهم لم يُمسكوا ولم يبصروا
أنه حقًا قد لاحق الريح لتجري بالخير الذي أراده
لو أنهم أدركوا! لو أنهم أدركوا!

لم تكن تعاليمه لزيادة الآلام أو المعاناة
ولكن لحرث الفضائل للإنسانية
واسترجاع كامل الخير، بلا شر أو خصام أو مقاساة
لو أنهم أدركوا! لو أنهم أدركوا!

بليغة كانت خطاباته
منطقية كانت حُججه وإقناعاته
حتى أن نشيد أناشيد المُدعين أمام عبرتها
استسلم للرثاء في نحيب مُتباكٍ

۞ أعلن دليل الرحلة مبشرًا: أن الجمعة بهذه الأرض الجامعة دائمًا ما كانت عظيمة ورائعة. واستطرد الدليل قائلًا: في هذه المحطة استعدوا لقضاء خير الوقت حقًا. فحضور محاضرة سليمان الشهيرة التي بيّن فيها فلسفته أمام مجمع الحكماء بالجمعة العظيمة، تُعد خبرة حقيقية لتجربة لا تضاهى في ضيائها والإنارة. لذلك، استعدوا للغوص في أعماق حكمة سليمان كجوهر لحُكمه في أرض البَرَدَيـس في أكثر الأوقات حيوية ومحورية في مسيرة الإنسانية.

فقط، وقبل الشروع في استكشاف المحطة، يُرجى التوقف عند رواق خطباء الخطاطبة. فبجانب الجولة الترحابية في قرية الخطاطبة ومحيطها، سيكون هناك بعض الأبحاث اللغوية القصيرة. ستجدون هذه الأبحاث اللغوية مفيدة في الكشف عن معاني المصطلحات المستخدمة في وصف وعنونة بعض الأحداث الهامة في المحطة. ولكن يُرجى التحلي بالصبر التام خاصة عند تتبُّع التحولات التي طرأت على هذه المصطلحات وغيرت معانيها ومفاهيمها عبر الزمان.

فعند البحث في مصطلحات مثل: مجمع الحكماء الذي كان يطلق عليه في أرض البَرَدَيـس من قبل (صافنات الجياد). وأيضًا مصطلح الجمعة العظيمة التي أطلق عليها القادمون الجدد* فيما بعد (إكليسيا). من فضلكم أمسكوا جيدًا بلحام خيولكم (حرفيًا) طوال الطريق وحتى الوصول إلى وقفة جلبة السفاسطة في نهاية المحطة. هناك ستتكشف الحقائق وتتبدد البلبلة التي تسببت في اختلاط المفاهيم وحجبت المعاني الصحيحة لهذه المصطلحات لعصور طويلة.

وأخيرًا، للوصول إلى المكان الصحيح في الوقت الصحيح لحضور خطاب سليمان في محاضرته الشهيرة أمام مجمع الحكماء، لا تغادروا رواق خطباء الخطاطبة بدون الحصول على اتجاهات واضحة لموقع جمعته الجامعة. وهناك الجميع مدعوون رجالًا ونساءً لأخذ مقاعد بين مجمع الحكماء في الجمعة العظيمة.

---

*صفحة ٨٤: وصول

وفي الجمعة الجامعة العظيمة كونوا مستعدين لأْ تُسروا وتُبهروا بخطاب سليمان الذي عرض فيه حُججه المنيرة ومنطقه البليغ في فلسفته عن النزعة إلى الخير. استمتعوا بشروحه البينة لجانب آخر من خطته النيرة وتصاميمه العبقرية المُحيلة لاسترجاع النزعة إلى الخير إلي الذاكرة واستعادة السلام والخير التام إلى الجمعة الإنسانية.

وفي الغوص في الطبقات الرفيعة في نموذجه للتخلى، أولوا انتباه خاص إلى التحول الذي أشار إليه سليمان للتغلب على التحدي المادي وتحقيق الحُكم الحكيم. بما في ذلك التخلي عن التصورات غير الحقيقية التي صورت العالم في خصومة وتضاد وإثنينية. ولا تنسوا تقدير قيمة دعوة سليمان الممدودة لجميع الأمم والأقوام للنزوع إلى الخيروحده. وأيضًا استدعاءهم إلى اللطف واللين، وإنهاء الغلظة والعداء والاختصام، حتى يستطيعوا إجابة دعوته للسلام.

وعند الوصول إلى زمن تعرُش الهيمنة في أرض البَرَدَيـس، تأكدوا من تمييز الحقائق الواقعية من الأشياء الظاهرية غيرالحقيقية. انظروا بأنفسكم في ماهية الصورة ودققوا النظر إذا ما كانت ضبابية، أومشوهة، أو مشرقة. والأهم لاحظوا كيف تم الحفاظ على حُكم سليمان الحكيم وحمايته من البغي به وسوء الاستخدام بعد انقضاء عصره. وخصوصًا في الفترات التي نصّب فيها الحكام الجائرون أنفسهم بالقوة، وفرضوا هيمنتهم غير الشرعية على عرش أرض البَرَدَيـس بعد انتهاء حُكمه.

بالوصول إلى نهاية المحطة، ستنكثف أدق الأفكار التي أثارت جلبة السفاسطة، وساقت معارضة المهيمنين بثييب ضد شخص سليمان وهدف رسالته. وعندما ينقشع الغموض الذي أحاط بالفقاعة غير المبررة للازدهار المفاجئ للأميين في آداب وفلسفة العلوم المنهجية، فإن سبب سليمان المضيء الذي امتد حقًا إلى ما وراء الزمان ولأبعد مما وقع تحت الشمس، سيشرق مرة أخرى من جديد. وساعتها فقط ستتجلى حقيقة الخير في الحُكم الحكيم لسليمان. وعندها سَتُدرك كل العُصب والأحزاب المتشككة أنها لم تكن تتبع عن سليمان ومُلكه في أرض البَرَدَيـس سوى الأقوال المُبلبلة وبئس الادعاءات.

رواق خطباء الخطاطبة

هلل دليل الرحلة مُرحبًا: أهلًا بكم في رواق خُطباء الخطاطبة. يعتبر الموقع الجميل لرواق قرية الخطاطبة على ضفاف أطول أنهار الأرض المارة بأرض البَرَدَيـس حقًا من الأماكن المقدسة. كما يشير اسمها، فقرية الخطاطبة، تعني قرية الخُطباء. فإلى جانب وقوعها على مسافة قريبة من قرية كفر داوود الذي أوتي فصل الخطاب،* كانت قرية الخطاطبة دائمًا منارة مضيئة على مر الزمان. فقد كانت المكان الذي ألقى فيه عدد لا يُحصى من أبلغ المتحدثين وأنبغ المخلصين، أبهج الخطب في أكبر الجموع والجُمع العظيمة.

منذ أقدم العصور، كانت المنطقة حول قرية الخطاطبة الموطن لأقدم دور العبادة، والمحاريب، والمعابد. حتى اليوم، تعتبر المنطقة المحيطة بقرية الخطاطبة البيت لأكبر عدد من الأديرة الأكبر في العالم، وكذلك الكنائس والمساجد الحديثة. علاوة على ذلك، فقد كانت قرية الخطاطبة الموقع لأعظم الأحداث التاريخية والسياسية والدينية التي غيرت وجه الأرض في كل مرة تقريبًا تغير فيها وجه الأرض.

وعلى الرغم من كل ذلك، فهذا التجمع برواق خطباء الخطاطبة ليس للتعرف على الأهمية التاريخية لقرية الخطاطبة. أو حتى استنشاق الهواء الذي بث أكثر

---

* صفحة ٨٦: فصل الخطاب

خطب العالم صدى ورنانة. فالوقفة برواق خطباء الخطاطبة لها سببان اثنان. الأول هو الحصول على اتجاهات المكان الذي ألقى فيه سليمان خطبته أمام مجمع الحكماء بالجمعة العظيمة. تلك الجمعة الجامعة التي أعلن فيها عن فلسفته عن النزعة إلى الخير. والسبب الثاني هو تدارس المصطلحات المستخدمة في تسمية وعنونة بعض الأحداث الهامة في هذه المحطة. لذلك، استعدوا للغوص في معاني الكلمات، ولكن كونوا صبورين عند متابعة التحولات التي طرأت عليها وغيرت في تعريفها وأغراض استخدامها عبر الزمان.

ولمعرفة الإتجاه الصحيح، للوصول للحدث في وقته الصحيح يجب فهم المصطلح المستخدم في تسمية ذلك الحدث. لذا من الضروري مراعاة التالي. أولًا: التأكد من الدقة اللغوية لأسماء الأحداث رجوعًا بالزمن حيث كان لهذه الأسماء معاني منطقية بين مستخدميها آنذاك. ثانيًا: وبنفس الدرجة من الأهمية، يجب إزالة اختلاط المفاهيم الذي ربما طرأ على الأسماء وحرف معانيها عن استخداماتها الأصلية خلال المرور بالحقب التاريخية المختلفة وتبدُل المعارف والثقافات.

ولا داعي للقلق فلن تكون هذه الأبحاث مُضنية على الإطلاق. حيث سيقتصر البحث في هذه الوقفة على مُصطلحين اثنين فقط. المصطلح الأول هو (الجمعة العظيمة ـ والبعض أطلق عليها فيما بعد زمان سليمان اسم إكليسيا) وهو مصطلح مهم لتحديد المكان الذي استضاف محاضرة سليمان الشهيرة. والمصطلح الثاني هو (مجمع الحكماء ـ والذي كان معروفًا من قبل وحتى زمان سليمان بالصافنات الجياد) وهو أيضًا مهم لتحديد نوعية الجمعة التي ألقى فيها سليمان محاضرته.

ولكن قبل البدء في هذين البحثين اللغويين من المهم ذكر التالي. أنه وحتى عصر سليمان، ونتيجة للفوارق الكبيرة في مستويات الوعي بين الأقوام. كان لنفس المصطلح مفاهيم مختلفة ومعان تباينت بشدة من مجتمع إلى آخر حسب اختلاف مستويات التطور الفكري لهذه المجتمعات في تلك الفترة.

فقبل عصر سليمان وحتى نهاية القرن الرابع (ح ق ع)، لم يكن للأفكار بعد معنًى موحدًا بين الأقوام. وكان من الصعب جدًا ترجمة المفاهيم من لغة إلى أخرى لتباين المفاهيم واختلاف مدلول الكلمات بين المجتمعات. لذلك وكما الأسلوب المُتبع بكتاب المثاني بالضبط، فمن الضروري الاحتفاظ بأسماء أحداث تلك الفترة باللغة الأصلية التي سُميت بها مكان وزمان وقوع الحدث.

ومن الضروري أيضًا عدم الاعتماد كثيرًا على الترجمات القديمة لهذه الأسماء. لأن غالبية هذه الترجمات في تلك العصور قد ابتعدت كل البعد عن المفهوم الحقيقي لمعاني الأسماء وعن سياق الأحداث كما سترون. فإذا ما اُخذت هذه العوامل في الاعتبار سيمكن التعرف على الظروف التي تسببت في وقوع الحدث وادراك تفاصيله فقط بفهم المعنى الكامن في اسمه. وسيُمكن أيضًا ربط الحدث بالظروف والمكان وثقافة الأقوام التي أدت لنشوئه وكان لها الدور المباشر في تطوره وتغيره عبر الأزمان.

أيضًا وقبل البدء في البحثين اللغويين، يجب التنويه أن بعض المصطلحات موضع البحث ستكون مصطلحات تعريفية. بمعنى أنها ستكشف عن هوية المجتمعات وتُعرف بطبائع الأقوام المرتبطة بالأحداث. لكن يُرجى الوضع في الاعتبار، أن موضع اهتمام البحث ليس التركيز على الأخطاء أو مساوئ المجتمعات والأقوام. فالغرض الوحيد للكشف عن هوية المجتمعات المرتبطة بالأحداث هو تسليط الضوء على القيم الهامة والعِبر المتضمنة بالحدث كدروس قيّمة للإنسانية.

كما ستُستخدم هذه المصطلحات التعريفية أيضًا للاستدلال على المنطق المُتبع في الثقافات والذي كان له دور ساق تطور الأحداث وأثر في أسباب وقوعها. فستجدون هذه المصطلحات التعريفية حقًا كاشفة للأسباب الكامنة وراء تشكل النظرات بمجتمعات بعينها. ومن ثم التأثير في اتخاذهم للمواقف التي أدت لظهور المفاهيم والأفكار وساقت تطور الأحداث وأعطتها سماتها وأيضًا أسماءها.

في نهاية الاستكشاف، سيظهر بوضوح أن ما تسبب في البلبلة بين الخلطاء[*] المحتشدين بأرض البَرَدَيس لم يكن أبدًا اختلافات الألسن، أو تبادل المقاطع اللفظية للأحرف أو الكلمات. بل وكما هو الحال دائمًا، كانت الافتراضات المُسبقة والمفاهيم المبنية على التصورات الموروثة[†] التي شكلت قيمهم ووجهات نظرهم وأثرت في طبائعهم واستيعابهم آنذاك هي السبب في تلك البلبلة.

❖ الجمعة العظيمة: إكليسيا

يُعرَف مصطلح الجمعة العظيمة (إكليسيا)، بأنه حشد جامع لجميع السكان. من فضلكم احتفظوا بصورة "جميع السكان" في الأذهان؛ لأنها جوهرية في تحديد المكان الذي استضاف محاضرة سليمان الجامعة. ويُرجى العلم أن العديد من الأقوام لقبوا مجالسهم بـ (إكليسيا) على الرغم من حقيقة أن حشدهم اقتصر فقط على جمع الذكور. كذلك، ضعوا في الاعتبار أن بعض الثقافات استخدمت مصطلح (إكليسيا) الذي يعني "الجمعة العظيمة لجميع السكان" للإشارة إلى تجمعات اختزلت إلى المهيمنين من طبقة النبلاء الحاكمة. لذلك، يمكنكم استبعاد هذين النوعين من الحشود عند البحث عن الجمعة العظيمة التي وقف فيها ابن داوود مُعلنا عن فلسفته الحكيمة ومخاطبًا كل الناس.

ويُرجى العلم أيضًا أن مواقع عديدة في أرض البَرَدَيـس قد اشتهرت بعقد جُمع لا حصر لها على مدار تاريخها الطويل، كانت كلها حقًا عظيمة وجامعة. على سبيل المثال، كانت (الجيزة) تلك الهضبة المعروفة لمَجمع الأهرام الذي لا يخفى على أحد من أشهر المواقع لهذه الجُمع العظيمة. مع الأخذ في الاعتبار أن الحرف (لـ) لا يُنطق بوضوح في المنطوق الحديث لكلمة الجيزة، وكان حرف (لـ) أيضًا مُعضل في ترجمات اللغة القديمة لأرض البَرَدَيـس. لذلك، قد يبدو منطوق الكلمتين (الجيزة) و(إكليسيا) متماثلين في الصوت تمامًا حتى مع اختلافهما في الهجاء. أيا ما كان نطقها، فقد اشتهرت الجيزة بعقد جُمع عظيمة كانت جامعة لجميع سكان أرض البَرَدَيـس. وعلى الرغم من تشابه الأُطق بين كلمتي الجيزة وإكليسيا، وأن الجُمع بالجيزة كانت جامعة وعظيمة، إلا أنها ليست الوجهة المستهدفة لجمعة سليمان الجامعة العظيمة.

لذا، احذروا إذا وجد أحدكم نفسه أو نفسها بالقرب من أهرامات الجيزة أثناء البحث عن الجمعة العظيمة (إكليسيا)، اعلموا أنه أو أنها قد ذهب حقًا بعيدًا. من ثم وجب الاستدارة والتوجه شمالًا إلى القمة التاجية دلتية الشكل لأرض البَرَدَيـس. والبحث هناك عن بقعة جميلة على ضفاف النهر تقع على مسافة قريبة جدًا من قرية كفر داوود، واشتقّ اسمها من كونها قرية للخطاطبة. وكانت الجُمع التي عُقدت بها دائمًا تاريخية وعظيمة وجامعة. إلى جانب أن جميع الناس، ذكور وأيضًا الإناث، كانوا دائمًا على مر كل العصور مُرحبًا بحضورهم.

❖ مجمع الحكماء: صافنات الجياد

ذكر دليل الرحلة أنه: منذ العصور القديمة وحتى زمان سليمان، كانت المجامع التي تُعقد في أرض البَرَدَيـس حقًا مهيبة. فقد تم تسجيل التفاصيل لأعداد لا حصر لها من المجامع الرسمية المدهشة في العديد من التصوير، والنقوش على أمتار طويلة من البرديات وأعداد عديدة من الألواح والجداريات. المجمع المتعلق بهذا البحث كان مجمع عُقد في جمعة جامعة عظيمة في أواخر عهد سليمان. وكان ذلك في نهاية القرن الرابع من الحقبة قبل عامة (ح ق ع) عندما دُعي سليمان كفيلسوف حكيم للإدلاء بخطابه وبيان أسبابه أمام مجمع الحكماء بالجمعة العظيمة. فعُقد المجمع للإستماع لسليمان يشرح منطقه وفلسفته ويوضح خطته، خاصة بعد أن عُورض على أمره للسلام من مهيمني ثييب الذين قابلوا أمره بتعالٍ ومساومة لمد سيطرة المال. ويشير كتاب المثاني إلى الجمعة الجامعة العظيمة لمجمع الحكماء هذا بالمصطلح المُحكم "صافنات الجياد." (ملحق ق.١١٩)

وبالرغم من أن مصطلح صافنات الجياد ورد في كتاب المثاني في القرن السادس من الحقبة العامة (ح ع)، أي بعد ما يقرب من ألف سنة تقريبًا من الزمن الذي ألقى فيه سليمان هذا الخطاب، إلا أنه ظل غامضًا حتى اليوم. ففسر الكثيرون مصطلح صافنات الجياد على أنه "جمع لخيول" وفهمه آخرون على أنه حشد من نساء جميلات، بعضهن زوجات لسليمان والآخريات من المحظيات. ولكن، نظرًا لأن عهد سليمان تم الأُريخ له بتاريخ غير دقيق سابق لزمانه بقرون عديدة. ونظرًا أيضًا لأن مكان دولته رائعة التقدم والازدهار قد عُين خطأ في قبيلة كانت بدائية جدًا آنذاك ولا تمت لدولته بأي صلة. فلم يتم الربط أبدًا ولا مرة واحدة بين مصطلح الصافنات الجياد وأهم الخواص المميزة لسليمان، وهي حكمته الفلسفية. كذلك لم يُربط بين مصطلح الصافنات الجياد وبين الجُمع الجامعة العظيمة التي كانت تُعقد بانتظام في أرض البَرَدَيـس حيث كان حُكم سليمان.

وبدون التنقيب في أعماق فقه اللغة، فقد استُخدم في أرض البَرَدَيـس وحتى القرن الرابع (ح ق ع) عدة كلمات بنفس نطق مصطلح "صافنات" بمعنى الحكيم الذي وُهب العلم والمعرفة بما في الكتابات المقدسة. كما استُخدمت عدة كلمات بنفس نطق

مصطلح "جياد" في نفس الفترة بمعنى جلسة، أو مجمع، أو قاعة اجتماعات، أو غرفة القضاة. ومع الأخذ في الاعتبار أن صوت: الـ (شـ) المستخدم في أرض البَرَدَيـس في الأزمنة القديمة تحول مع الوقت لصوت: الـ (سـ) في العصور التي تلت سليمان. ستبرز عدة كلمات أخرى كانت تُنطق بمنطوق قريب جدًا لكلمة (شافنات) والتي كانت تستخدم أيضًا بمعنى الرجل الحكيم، أو الشخص الذي يدرك، أو من يعرف، أو من يستوعب، أو المُطلع، أو العليم بما في القلب.[*]

وبذلك يمكن الاستدلال أن مصطلح صافنات الجياد مصطلح خاص جدًا بلغة أرض البَرَدَيـس. استخدم فيها منذ القدم وحتى زمان سليمان لوصف جمهور من الناس حُشد في جمعة عظيمة لحضور محاضرة حكيمة لشخص موقر لديه علم ومعرفة بما في الألواح والبرديات الحاوية للنصوص المقدسة.

ومن المثير للاهتمام، أنه بعد القرن الرابع (حق ع)، وعلى الرغم من أن مصطلح الصافنات الجياد لم يتغير كثيرًا في النطق، إلا أن معناه قد انجرف وانحرف عن موضعه بقدر كبير بعد وصول هيمنة ثييب لأرض البَرَدَيـس. فبدلًا من الإشارة إلى رجل حكيم ذي معرفة بالنصوص المقدسة، أصبح مصطلح الصافنات الجياد يستخدم بمعان أخرى منها مثلًا: رجل ثري بظروف ميسورة؛ المتعالي؛ من النخب؛ المشرف؛ يصيح طلباً للمساعدة؛ استدعاء؛ فساد؛ أوجلسة استئناف.[‡]

وبالتوازي مع التغيرات اللغوية للمصطلح، بدأت الجُمع العظيمة لأرض البَرَدَيـس تتخذ أشكالًا مختلفة تمامًا. فأصبحت تُعقد بشكل أساسي حول حفلات العشاء الفاخرة ولأغراض لا تمُت بصلة لخُطب النصوص المقدسة. والتي سوف تناقش لاحقًا في هذه المحطة عند الوصول إلى وقفة جلبة السفاسطة الذين جاؤوا مع سلالة اللاجياد المهيمنة إلى أرض البَرَدَيـس عقود قليلة بعد حُكم سليمان.

---

[*] سامح مقار. قاموس الهيروغليفية العربية. مصر: المؤسسة المصرية العامة للكتب. ٢٠٠٧.
[†] السير بودج واليس. قاموس الهيروغليفية المصرية. لندن، ١٩٢٠.
[‡] السير بودج واليس. المفردات الهيروغليفية من كتاب الموتى تعديل نصوص ثييب. لندن، ١٩٢٠.

فلسفة سليمان

❈ النزعة إلى الخير وحده

وبدأ دليل الرحلة في التقرير قائلًا: قبل وقت طويل من وصول الأمم واحتشادها من جديد في أرض البَرَدَيْس لتبدأ في تعلم تمييز الحقائق الواقعية من الأوهام الزائفة، كان سليمان الحكيم يشرح أعماق فلسفة حب الخير. وما زالت نظرات سليمان المنيرة عن الخير متداولة حتى اليوم. لكن نظرًا لأنها انتُحلت في زمان لاحق كنظريات فلسفية بأسماء أناس آخرين، انحرف غالبها عن موضعه الحكيم. ولكن وقبل ألف وخمسمائة سنة من يومنا الآن وبمصطلحات مُحكمة البيان احتفظ كتاب المثاني بالأقوال الأصلية لسليمان في محاضرته البليغة عن حبه للخير. فحفظ كتاب المثاني نظرة سليمان العلمية عن المعرفة، والنزعة إلى الخير، والذاكرة، ونموذج التخلي، وأيضًا الحُكم الحكيم، وحقيقة جسد المادة. (ملحق ع ١٩.٠)

وفقا لكتاب المثاني، عندما دُعي سليمان لمجمع الحكماء في الجمعة العظيمة لشرح وتوضيح خطته بعدما عارضه المهيمنين واستعلوا على الإقرار بأمره للسلام، شرح سليمان نظرته التالية. فأعلن موضحًا أن السبيل لاسترداد السلام وإنهاء الهيمنة من على وجه الأرض هو إزالة حجب النظرات المتعالية والنزوع بالفكر والعقيدة إلى الخير وحده. فقد أدرك سليمان أن حُجب تلك النظرات المتعالية هي السبب في إحداث الفرقة والانقسام. والمسؤولة عن استدعاء الشر الذي لم يكن له لا أصل ولا مكان، بل وأيضًا تجسيده من الظلمة التي تفرضها حُجبها التفاضلية المتعالية.

فقد كان النزوع للخير وحده في الفكر والعقيدة بالنسبة لسليمان هو السبيل لإنهاء الاختصام وكشف الحجب التي ساقها تضاد الإثنينية لمن تصوروا الوجود لُجة وساحة لصراعاتهم التفاضلية. تلك الصراعات الفوضوية، ذات الحُجب المُظلمة المُغشية، الناشئة عن انتحال العلو والأقدمية لمن تصوروا الشر طبيعة أصلية من الطبائع الوجودية. تصورات غافلة وغير متناسقة مع ما في الكون من تماسك وخيرية. فكان مفهوم سليمان عن النزوع إلى الخير وحده مفهوم مستنير كفيل بأن يبطل زيف ما استوردته النظرات التفاضلية المتعالية من شرور وفرقة واختصام لم يكن لهم لا وجود ولا كيان لا في الخليقة ولا في جسد الإنسانية.

فذكر سليمان أنه عندما تتبع العقيدة المتأصلة في فكره والذاكرة كانت النزعة إلى الخير وحده أفضل التبارير وأسلم التصورات. وأوضح أنه فضَّل النزعة إلى الخير وظل يواصل السعي وراء حبه للخير في جذور المعارف الحقيقية حتى ظهرت له شمس الحكمة متجلية. شمس ساطعة تمامًا تُبدد حُجب التعالي بما تفرضه من نظرات تفاضلية داعية للاختصام. حُجب من فضلوا حب الهيمنة على حب الخير فأمدوا الإظلام لتفريق جسد الإنسانية. وأشار أن النزعة إلى الخير وحده، وحدها، يمكنها أن تُبطل زيف كل النظرات المتعالية وتزيل حُجبها الغافلة التي مزقت وحدة وتماسك الإنسانية، وحجبت بصيرة الكثيرين بنزاعات غارقة في صراعات تصادمية وخصومة لانهائية. (ملحق ق١٢٠.)

علاوة على ذلك، لفت سليمان الانتباه أن البراهين على وجوب النزوع للخير وحده براهين موجبة الدلالة ظاهرة التجلي ويقينية. دلائل بينة وملموسة في كل شيء وكل جانب من جوانب العالم. اصطفت واتسقت بوضوح لا يمكن إنكاره ليدركها الإنسان ويُزيل بها حُجب الالتباس. فتستدل ذاكرته وتهتدي للوصول للحقيقة. فكان تتبع هذه البراهين الموجبة للخير، وسيلة سليمان المستنيرة لإنهاء الفرقة والانقسام، ونفي التضاد، وإزاحة الظلمة التي حجبت الرؤية والبصيرة.

سليمان، القائد العظيم، والفيلسوف الحكيم، والسياسي البارع، والخبير واسع المعارف، والحاكم القوي ذو النفوذ والسلطان أكد أن حب الخير وتفضيل النزوع إليه في الاستدلال على الحقيقة، وحده، الطريق لإنارة ظلمة التصورات الغافلة. وكانت نفسها وسيلته للاستدعاء لمن هم الأكثر في الاستعلاء كالمهيمنين بثيب الذين عارضوا أمره ليتخلوا عن التعالي وبكامل الحرية يُجيبوا دعوته للسلام.

فحب الخير وتفضيل النزعة إليه وحده في الذاكرة، في حد ذاته ابتهاج وتهليل في النور والحقيقة. سلام تام لا يمزقه اختصام ولا يكدر صفوه شر أو انقسام. بكل تأكيد أظهر سليمان الحكمة التي تسوق بعيدًا الغيوم التي أحدثت الفرقة والاغتراب في جسد الإنسانية، وفككت تماسكه بإثارة الاختصام بين الشعوب والأمم. يقينًا، أظهرت دعوة سليمان لتفضيل النزعة للخير وحده كيف يُسترد الخير التام الذي يستعيد السلام وكيف تزاح الحُجب التي عرقلت تطور الإنسان. قطعًا، كان سطوع شمس الحكمة لسليمان كاشف أن براهين الخير كانت دائمًا موجبة وظاهره طوال الوقت، ولكنها أهملت بتجاهل وكأنها غير مرئية وراء زيف حُجب التعالي الغافلة.

❈ نموذج التخلي

وكان أحب الحب لسليمان هو الوصول إلى النقطة التي يتخلى فيها أصحاب التصورات غير الحقيقية، المتعالية منها والسالبة الواقعية، عن النظرة التي صورت لهم العالم في اختصام وإثنينية. وكانت وسيلته لذلك الاستدلال بالبراهين موجبة اليقين في النزوع للخير، حتى يصبح كل ما يخطر في الذاكرة ويسطع في جوهر العقيدة خير تام بلا أي شر أو انقسام.

فقد كان تفضيل حب الخير وتسليم الفكر والذاكرة للنزوع إليه وحده هو جوهر نموذج سليمان للتخلي عن النظرات الحاجبة لتطور الوعي والإدراك. نموذج لتحول فكري ينهي الصراعات التي لم يكن لها أي عقيدة سوى التعالي غير المبرر. نموذج كان الوسيلة للتخلص من الغلظة وإصلاح اختصام الإثنينية في التفكير. وسبيل للتغلب على الظلمة الغافلة للأعراف الهيمنية الهادمة للذات. ومسار بلا تجاوز يقوده اللين وتوجهه النزعة للخير. للوصول في النهاية إلى طاعة أمر السلام بوئام تام.

إلا أنه وبينما براهين الخير موجبة بتجلي لا يمكن إنكاره، فقد كان التخلي عن زيف النظرات الغافلة لاستعادة الخير الخالص للوعي والذاكرة، بالنسبة للبعض مسار متداخل متعدد المستويات. فقد فهم سليمان أنه لكي تحرث الإنسانية على اختلاف مراحل وعيها، مثل هذا التحول، يتطلب درجات مختلفة من التعلم والإدراك. لذلك، حث سليمان مجمع الحكماء أن يثقوا في تصميمه ويعهدوا إليه بالإمكانيات اللازمة لنشر الوعي والتعليم اللازم لإستزراع الإدراك الذي يحيل بعيدا عن الطرق الخاطئة ويستعيد الخير والسلام. وعلى الفور، طفق سليمان في مسح وتعيين الحكماء والمسؤولين العالمين ممن يستطيعون أن يسوقوا مثل هذا التغيير وبدأ من جديد أعمال إصلاح تنويرية واسعة النطاق. (ملحق ق.١٢١)

فابتدأ سليمان مشروع تنويري هائل. يضيئ به لمن كانوا في حاجة للتعلم كيفية التخلي عن النظرات الإثنينية الغافلة وما تسوقه من اختصام. بل والاستزراع في الأنفس من جديد بذور الحب للخير وحده. ولم يكن نموذج سليمان للتخلي على عِظمه، نتاج فهم سليمان وعمق معرفته فحسب. بل كان أيضًا إنعكاسًا واعًيا، وثمرة للخبرة التي اكتسبها من فترة حكمه المشترك مع داوود في أرض البَرَدَيـس. تلك الفترة التي حرث فيها سليمان مع داوود كقاضيين عادلين الحقول الغنية لأرض

الـبَرَدَيـس عندما اختلطت فيها الأقوام لأول مرة للاستنبات ببذور الفضائل. وبينما حكم كل من سليمان وداوود بالحق بين هذه الحشود، وُهب سليمان لاحقًا الفهم لكل ما لم يكن له تفسير من قبل. فعُلم سليمان أن العديد من القادمين الجدد إلى أرض الـبَرَدَيـس كان عليهم ملاحقة غفلة نظراتهم الإثنينية المتخاصمة مع العالم ليتمكنوا من إزاحة الحُجب وتمييز الحقائق التي تستعيد السلام والنزعة إلى الخير وحده مرة أخرى إلى مكانهم بين الناس. (مـلـحق ق۱۲۲.)

فكان التنوير الذي ابتدأه سليمان له المقدرة والإمكانية على تغيير الوحشية إلى فضيلة. استننارة تهذب الهمجي وغير المتحضر ليصبح قادرًا على التأمل العقلاني والتحقق من الفرضيات الموروثة التي تطبعت عليها العادات والطبائع. فتفضيل حب الخير في العقيدة والذاكرة كان كغرس بذور القيّم، ومؤازرة شطئها حتى تنمو وتستغلظ في سيقان مسقاة بالخير ومرتوية بالفضيلة. في أوان حصاد هذا التعلم والإستزراع، سيدرك الجميع أن براهين الخير كانت طوال الوقت واضحة وجلية في كل شكل وكل صورة في العالم والخليقة منتظرة اهتداء الذاكرة إليها.

في الواقع، كان تفضيل سليمان لمحبة الخير في العقيدة والتذكر نظرة واسعة ومتقدمة، سابقة لزمانه بزمان. ولكنها جاءت في أنسب الآونة لتصبح رؤية عالمية النطاق جامعة للناس. خصوصًا في ذلك التوقيت الذي كانت فيه الإنسانية على أبواب مرحلة تطور جديد. الفترة التي استعدت فيها لتدوين أول نسخة من كتبها المقدسة. الزمان الذي تُرجمت فيه كتب مرجعية قيمة ومخطوطات منيرة لا حصر لها من كتابات أرض الـبَرَدَيـس لألسنة ولغات العالم.

وعلى الرغم من أن المسؤوليات التي ألقيت على كرسي سليمان كانت ثقيلة الجسد، وأن حكومته كانت مُحملة حقًا بأمور جسام، إلا أن سليمان وحكومته أنجزوا هدفهم في الوقت المحدد له بنجاح. فصرحهم المُحيل وخططهم التي ستجعل أكثر الهيمنات تكبر واستعلاء تُسلم طواعية لأمر السلام وتُعلى كرامة الإنسان، كانت قد تأسست واستقرت بمواضعها قبل انتهاء فترة حكمهم بوقت طويل. (مـلـحق ق۱۲۳.)

حقًا لقد أضاء نموذج سليمان في الوقت المناسب لتدرك جمع الشعوب المحتشدة بأرض الـبَرَدَيـس تحول للوعي وتقدم للفكر هائل ومُحيل. توقيت كان غير عادي مُعلم بعلامة لا تنسى. حين استعدت الأرض بأكملها لتشهد ميلاد كلمة مضيئة كانت على وشك أن تتجلى وتتخذ جسدًا تنمو فيه وتزدهر فتُرى فتُرى وتنتشر.

❖ الحُكم الحكيم

بكل إخلاص وامتنان تعلم سليمان علومًا ومعارف القوة الحقيقية، وكان حُكمه في أرض البَرَدَيس عهدًا حقيقي للحُكم الحكيم. حيث كانت منشآته في أرض البَرَدَيس ليست فقط منارة مزدهرة خفت جنب إشراقها كل الآخرين. بل صروح مُحيلة كبحت التوحش وطوعت القسوة وهذبت الهمجية فثقفت غير المتحضر. وحتى الآن لا زالت منشآت سليمان النموذج الذي تتوق كل الأمم لمحاكاته واسترجاعه.

مدفوعًا بقوة موجبة بلا خلل أو تفاوت، ونزعة حب الخير البناءة، قاد سليمان الريح لتهب بخير التغيير. وفي فترة حكمه حقق سليمان أعلى مستويات الإتفاق والوئام، محليًا وعالميًا. فما وصفه البعض بالشر، كان سليمان يعتبره افتراضات مختلة نابعة من معلومات منتقصة لتصورات بدائية متعجلة. وما تعالى عليه الآخرون وعارضوا قبوله، كان في نظر سليمان ما هو إلا نتائج الاستنتاجات الخاطئة المتأثرة بنظرات فوضوية غافلة لمظاهر غير واقعية.

والأهم، أن الحُكم الحكيم لسليمان كان أبعد من منال كل المتعالين الذين هيمنوا على الحُكم من بعده. أما الذين حجبتهم نظراتهم الغافلة عن الرؤية لأبعد من شهوة الطمع والسُلطة، لم يكن لديهم أي فكرة كيف يصلوا أو يستولوا على مُلك سليمان. فظلت مقومات مُلك سليمان ووسائل حُكمه الحكيم محمية تمامًا من البغي وسوء الإستخدام للفاسدين. وظلت حكمته بعيدة المنال عن من سعوا فقط خلف اغتصاب الثروة المادية. وأبعد ما تكون عن الذين فشلوا في رؤية ما وراء الانغماس في الملذات الفورية. ومُحصنة تمام التحصين خاصة ضد المعتدين الذين تجاوزا أبواب أرض البَرَدَيس عنوة، ونصّبوا أنفسهم من بعده بالقوة على عرشها المجيد.

فكان الحُكم الحكيم لسليمان في أرض البَرَدَيس له مناعة ذاتية مقاومة للبغي والتعدي وكل المخالفات. فظل كرسيه لا سهل المنال ولا مُستدام لمن تولوا الحكم بتعالٍ، بينما مكروا في إحداث الفرقة والانقسام في تماسك جمعه الإنساني. وكان الحُكم الحكيم لسليمان وعلى وجه الخصوص، لا ينبغي لمن ادعوا لأنفسهم السلطة والأفضلية بدون حق أو شرعية. فكان ولازال كرسي سليمان حُكمًا حكيمًا لعصر ذهبي لحب الحكمة والعلم والخير، ظل حتى اليوم منقطع النظير، لم يُعلَ عليه حتى الآن. (ملحق ق.١٢٤)

تعرُش الهيمنة

واستطرد الدليل قائلًا: كما ذُكر سابقًا، بعد جيلين فقط من زمان سليمان، أحدثت هيمنة ثييب اختلالًا كبيرًا في توازن القوى في المنطقة بأكملها.[*] وبشكل مفاجئ تصاعدت سطوة سلالة من المقدون لتصل إلى ذروة السلطة وتستولي على بقايا الإمبراطورية المتهاوية للملك الأكبر الطاغية.[†] وعلى عجل، تعاظم أمر السلالة وليدة الاختلال الذي أحدثته ثييب، وكونت هي الأخرى إمبراطورية بقيادة ملك على صغر سنه المعروف، لقب أيضًا بالملك الأكبر.

وفي مطلع القرن الثالث (ق ق ع)، تضخمت الإمبراطورية الوليدة وتمددت لتبتلع أرض البَرَدَيـس. وادعت سلالة هيمنية منها تعرف باسم (لاجياد)[‡] أنها الوارثة للحكم ونصبت نفسها ملوكا وورثة للعرش. ومنذ ذلك التوقيت، عُرفت سلالة اللاجياد التي حكمت في أرض البَرَدَيـس بـ (البطالمة). (مـلـحق ت.٤٤)

ظاهريًا، تبنّى اللاجياد أعراف وتقاليد أرض البَرَدَيـس. ولكسب اعتراف الشعب لحكمهم، صوروا أنفسهم على المنشآت العامة مرتدين نفس الملابس التي ارتداها سكان أرض البَرَدَيـس. كما تزوجوا من بنات الحكام السابقين ليصيروا ملوكا شرعيين. ونظرًا لأن العقيدة والدين كان لهما أهمية كبيرة عند أهل أرض البَرَدَيـس، حرص اللاجياد على بناء المعابد وأماكن التعبد.

وفي طرفة عين، ولأنهم حكموا على عرش مهيب، صعد اللاجياد إلى أعلى المستويات. فقد كان موقع ومكانة وثروات أرض البَرَدَيـس ميزة كبيرة لتجارتهم. فرفعهم الإزدهار المادي الذي حققوه في أرض البَرَدَيـس إلى أعلى القمم. وقدمت لهم أرض البَرَدَيـس عصرًا ذهبيًا لم يكونوا يحلموا مطلقًا بالوصول إليه.

---

[*] صفحة ١٢٦: توازن القوى
[†] صفحة ١٢٧: سلالة مقدونيا الحاكمة
[‡] لاجياد: تسمية بعد لاجوس بمعنى (ابن بطليموس) أو بطليموس الأب الأول حيث حكمت العائلة المالكة المقدونية مملكة البطالمة في مصر خلال الفترة الهلنستية

إلا أنه، وعلى الرغم من أن المهيمنين أتوا إلى أرض البَرَدَيس فرارًا من الحطام الذي أحدثته هيمنتهم بالظلم في بلادهم. إلا أن السلالة المهيمنة كانت لا تزال تعتقد أن ثقافتها أرفع مقامًا بكثير من ثقافة أرض البَرَدَيس. من الخارج، تظاهرت السلالة الهيمنية باتباع النظام الحاكم لأرض البَرَدَيس. ولكن في الواقع، تمسكت بأعراف قومها العتيقة، واتبعت التقليد الوحيد الذي اعتزت به بشدة. وبدون أي تفكير، وبحكم العادات وتعاليمهم العتيقة، احتكرت السلالة المهيمنة السلطة واحتفظت بالامتيازات الحصرية لسلالة العنصر المُحتل.

فأبدًا لا اكتسبت ولا بلغت السلالة المهيمنة في هيمنتها لا نفع ولا طائلة. فلم تُدرك أن تربعها على عرش أرض البَرَدَيس كان بمثابة حكم القطب المركزي الذي أدار العالم بأسره. مكبلة بعادات الاختيال بالذات، اعتبرت مادتها خالدة وادعت لنفسها علوًّا وأنسابًا إلى أعلى درجات الألوهية. فحجبت نفسها عن إدراك طبيعة المادة التي تاقت للاستيلاء عليها. حبيسة نظراتها الغافلة ومواقفها الإثنينية، كانت السلالة المهيمنة أبعد ما يكون عن إدراك حقيقة العرش في أرض البَرَدَيس. فلم تتمكن من الحفاظ على وحدة الجمع الإنساني الذي كان مُقدر له أن يحتضن الإنسانية كلها.

فكان من الواضح أن مُعضلة المهيمنين لم تكن الاختيار بين النظام الملكي أو الجمهورية كما ادعى ملأ مجالسهم في ثييب وسجله الهدهد في تقريره.* فقد كان التحدي الحقيقي للمهيمنين هو عدم مقدرتهم على تحويل حبهم للتعالي وتفضيلهم للهيمنة إلى حب للخير وتفضيل النزعة للخير وحده. لقد رفضوا الاعتراف أن العزة والكرامة حق لكل الناس. وأحدثوا فور استيلائهم على العرش منذ يومهم الأول في أرض البَرَدَيس الفرقة والتشرذم في جسد الإنسانية.

بعيدا عن كهوفهم رحلوا فاربين

فحزموا أمتعتهم وسحبوا خلفهم إرثهم الثقيل

غير قادرين على عد أعداد أقدامهم

على كرسي أحكم الحكماء عَرَشوا لهيمنتهم

---

*صفحة ١٣٧: مخاوف ثييب من الأنظمة الملكية

❖ جلبة السفاسطة

وعلى الرغم من التحولات الكبيرة في الفكر والإدراك، والشغف المفاجئ للعلوم بين الخلطاء والمحتشدين الجُدد في أرض البَرَدَيـس، نظر السفاسطة إلى المعرفة على أنها مجرد سلعة تجارية. فقد كان السفاسطة معلمين مدفوعي الأجر ظهروا فجأة في القرن الرابع (ح ق ع). وكانوا قد جاؤوا إلى أرض البَرَدَيـس مع سلالة اللاجياد المهيمنة وعملوا بشكل أساسي لحساب النبلاء الأثرياء الذين هيمنوا على العرش. (ملحق ت.٤٥)

فتظاهر السفاسطة بأن لديهم مفاتيح الحكمة والمعرفة الواسعة بفلسفات وآداب العلوم. وادعى السفاسطة أن في استطاعتهم تعليم نبلاء اللاجياد الوصول إلى حُكم حكيم مشابه بشكل كبير لذلك الذي تميز به عهد سليمان. إلا أن السفاسطة كانوا أبعد ما يكونوا عن إدراك حقيقة المعرفة، وبالتالي لم يكن لديهم المقدرة على فهم لا حكمة ولا فلسفة، ناهيك عن تعليمهما.

ولأن اللاجياد قد تم تلقينهم منذ صغر سنهم على يد السفاسطة الذين اعتبروا المعرفة مجرد سلعة تجارية، فقد تصور اللاجياد الشيء نفسه. نتيجة لذلك، لم يدرك اللاجياد أبدًا شمس الحكمة التي أشرقت لقرون طويلة في أرجاء أرض البَرَدَيـس. ولم يتمكن مطلقًا لا اللاجياد ولا مُعلميهم السفاسطة من التعرف على التجليات الواقعية الواضحة. وفاتهم تمامًا تمييز حقيقة صرح سليمان المُحيل.

وسواء اعتلوا عرش مملكة أو حكموا في جمهورية، فقد نظر اللاجياد ومُعلميهم السفاسطة لجميع أنواع السُلطة على أنها أوجه مختلفة لنفس العُملة. تمامًا كالعملة النقدية التي أحضروها معهم لأرض البَرَدَيـس على أنها هدية.

فمع ارتكاز نقطة تمحورهم على ساحة السوق، واتخاذهم المال كأفضل وسيط لتبادلاتهم، لم يُقدم اللاجياد سوى قسمة ضيزى غير متكافئة. قطعوا فيها الوسائط والسُبُل، وتلاعبوا بالنهايات، لتتوافق فقط مع زوايا الانحراف لميل أهوائهم ونواياهم.

فطوى اللاجياد القائم لزاوية لا تتطابق إلا مع منفعتهم. وحولوا المستقيم لمدارات قُمُعية بملفات لولبية في غاية الالتواء. فأحلو محل الاتجاه الواحد للخير، تحجر سفسطتهم وإثنينيتها المتضادة المتخاصمة مع كل الأشياء.

وأصبح الصراط المستقيم في أعينهم منحنيًا ومعوجًا في استطالة متعارضة تمتد عكس المسار. ومن ثم انفصلت كل العلامات الواضحة الدلالة عن نهاياتها المُشرقة التي كانت تدل عليها من قبل.

وأمسى العالم المليء بعجائب لا يمكن إنكارها، وبراهين لا حصر لها تتجلى في كل شكل وكل صورة بمادية مرئية وملموسة، غير كافٍ لإثبات الحقائق للسفاسطة. فنظروا للعالم كأنة فراغ وصراع واختصام في فوضى التضاد والظلام.

وفي اختزالياتهم غير المعقولة ناقضوا كل الحقائق اليقينية والمادية. بما في ذلك حقيقة الزمن، والقوى، والمسافات، وحتى الحركة الملموسة، وكل ما هو معلوم علمًا يقيني. مُقيدين بحبل وهمي مربوط برؤيتهم المتمركزة حول الأرض، ضلوا مُرتدين في مدارات عكسية مرتدة. فلا يزالون يدورون في حلقاتهم متداخلة الحلقات، حتى الآن لم يصلوا بعد. (ملحق ع ٢٠.-٢١)

❈ فقاعة الازدهار المفاجئ للأميين في فلسفات العلوم المنهجية

وفي موسم التقدم العلمي الذي بدأ يتاح لمتناول شعوب الأمم في عصر سليمان، أصبح من المتصور للجميع أن المعرفة هي مدخل واسع وعامل أساسي للوصول للسُلطة. غير أن كل من حاول من مُدعي المعرفة فرض هيمنته على العرش القائم على المعارف المتقدمة بأرض البَرَدَيس كان عارٍ تمامًا بلا غطاء.

مجردين من كل شيء سوى كفاءتهم المعتادة على تكييف حيلهم القديمة في احتكار الثروة والسلطة، شرع المهيمنون في تشويه المعارف الزاهرة لأرض البَرَدَيس. وبالمال الذي كان لهم قناع مصقول جديد وهدية خادعة كحصانهم لطروادة، مهدوا الساحة لعودتهم للهيمنة: معارف للبيع!

فعمل اللاجياد وتجارهم السفاسطة باعة للمخطوطات والبرديات الثمينة بالمكتبات العظيمة في أرض البَرَدَيس. وفي هذه الحقبة، لم تكن السرقة الفكرية مهنة محترمة فحسب؛ بل كانت شهادة الزور والحنث باليمين أدوات أساسية للهيمنة. فادعى المهيمنون بغير الحق ليس فقط أنهم ورثة العرش بأرض البَرَدَيس، بل أيضًا أنهم أصحاب العلوم التراكمية فيها، والمعارف التي كان عمرها ثلاث آلاف سنة على الأقل عند وصولهم إليها وفرض هيمنتهم عليها.

بدون حماية حقوق الملكية الفكرية بالقرن الرابع (ح ق ع)، كان من السهل شراء وبيع المؤلفات وكل شيء. فلم تُنتحل المعارف والفلسفات والعلوم فحسب، بل سُرق أكثرها وتم تحريف وإخفاء غالبيتها. أما الباقي فقد كان يباع ويُشترى مقابل المال زمان وحتى الآن سرًا وعلانية.

وفجأة ادعى أشخاص كانوا معروفين أنهم أميين، تحقيق معجزات علمية وأدبية لا تُصدق. فكان الفرد الواحد منهم يزعم لنفسه معارف هائلة. ليست في علم واحد فحسب. ولكن في العديد من العلوم والمعارف بمختلف المراحل والخطوات التي مرت بها أطوارها واسعة التطور كلها في آن واحد.

على سبيل المثال، ادعى مراهق قضى معظم حياته القصيرة في معارك غير منتهية أنه اكتسب معارف قد تستغرق عالم على أعلى درجات العلم العديد من الأعمار لتحصيلها. كما تم الادعاء أنه كان باستطاعته أيضًا التوصل للخلاصة

النهائية لهذه المعارف وبدون المرور بالأطوار اللازمة لمعرفتها. كما أعلن شيخ في الثمانينات من العمر عن اكتشافات دقيقة في علوم البصريات وانكسار الأشعة الضوئية في العدسات. ونُسبت كتابات هامة إلى أشخاص لم يؤلفوها. ومن المفارقات أن العديد من هؤلاء الأشخاص لم يكونوا حتى متعلمين. وعدد كبير منهم كانوا كُتاب مسرحيين مجهولين بدون خلفية أو تاريخ أو سيرة أو مسيرة علمية. ومع ذلك، ادعوا جميعًا إنتاج أعدادٍ كبيرة لا تصدق من الكتابات رفيعة المستوى، وفي طرفة عين! (ملحق ت،٣٩.٠، ٤٥)

فلم يُتاجر المهيمنون بالكنوز المكتوبة لأرض البَرَدَيـس مقابل المال فحسب، بل أعاقوا أنفسهم والآخرين من حضور الجمع الإنساني. ففاتهم التعرف على طبيعة هيكل البنيان الذي تأسس بمعايير قيّمة وأعمدة من علوم ومعارف لإنارة الغرض المُحيل لمسيرة الإنسان. وكان قناعهم السحري الجديد وسط لتحويل ما كان مُضاءً بالعلم في أرض البَرَدَيـس، ولكن بحجب سمكية من غيوم وبلبلة. وبذلك المعطف البَراق جردوا الجنس الإنساني من الفضائل التي زينت وكرمت ثياب إنسانيته ليحافظوا لسلالة جنسهم على الهيمنة والتعالي.

وسواء كان هؤلاء الأدعياء مؤلفين مزيفين أو مهيمنين أوباعة جائلين لفلسفات العلوم المسروقة، كان عليهم بعد أن يتعلموا أن القيمة الحقيقية في الأحرف المكتوبة ومنطوق الأصوات لا تتحدد إلا من خلال السياق. وباستيعاب ضئيل لحقيقية ما انتحلوه وحملوه من نصوص وكتابات مقدسة، لم يكن لديهم دراية بأن ما تاجروا به كانت أحكامًا وقوانين ذات ثقل لأحداث لم تقع إلا في أرض البَرَدَيـس.

غفل المهيمنون تمامًا عن إدراك أن المعارف التي حرَّفوها عن مواضعها وخارج سياقها ليحلوا محلها تصوراتهم غير الحقيقية، كان لها نسخة محفورة على الألواح الشهيرة لأرض البَرَدَيـس معروضة للعيان منذ آلاف السنين. وبغض النظر عن محاولاتهم إخفاء أثار انتحالهم لهذه الكنوز، ترك المهيمنون وراءهم براهين بلا حصر تُثبت تزيفهم. عديد من الأدله النصية بالكتابات المنتحلة كانت تصف بدقة خواص فريدة لمعتقدات وأنظمة اجتماعية وثقافية وحكومية، ليس لها أي صلة، بل ومتعارضة بوضوح، لما كان معروفًافي نُظم الهيمنة. حتى وحدات القياس والألوان المميزة ونوعية الأجناس في النصوص المنتحلة، لم تكن فقط غير معروفة أو متماشية لما عند المهيمنين، بل أثبتت ارتباطا فريدا لا يمكن محوه أو إنكاره لما كان

موجودًا في أرض البَرَدَيـس. كانت البراهين على تزييفهم صارخة، ومُقدر لها أن تصبح أكثر وضوحًا مع تقدم الزمن.

في أرض البَرَدَيـس حيث أنارت العلوم والمعارف القيّمة أركان الغرض المُحيل لمسيرة الإنسان، كتب سليمان دروسًا تعبدية جامعة. فملأت حكمته الفلسفية أمتارًا طويلة من الصحف والبرديات. حتى عندما فهم سليمان أن تبجيل المهيمنين للأسلاف قد يمنعهم في البداية من حضور جمعه الجامع وإدراك الغرض الإنساني. كان لديه من العلماء من استطاع الحساب الدقيق لعدد الخطوات التي ستحتاجها الهيمنة لبلوغ هذا الإدراك. ذلك الأوان الذي حُدد لبني الإنسان لإزاحة حجب النظرات الغافلة، ورؤية الصورة الكاملة تحت شمس الحكمة الكاشفة، مرة أخرى من جديد.

بكل تأكيد، كان سليمان يعني ما قاله عندما صرح مرارًا وتكرارًا أن: لكل شيء آوان، ولكل أمر تحت السماء زمان. لذلك فبكل تأكيد، سيكون هناك أوان تحت الشمس لإزاحة التصورات الزائفة التي أحلها المهيمنون محل الصورة الحقيقة لأرض البَرَدَيـس. وزمان تحت الشمس لانقشاع خصومة وتضاد الإثنينية التي حجبت لقرون النزعة إلى حب الخير وحده. وفصول تحت الشمس لاسترداد ما تشتت وتفرق عن سبب سليمان البهيج. دعوة سليمان للناس والأمم من كل العالمين، للابتهاج في السلام وحب الخير التام، في جمعة عظيمة جامعة.

أعلن دليل الرحلة: وحتى ذلك الأوان الذي ستشرق فيه شمس الحكمة من جديد، وخلال هذه الأثناء، هناك عدد غير قليل من الوقفات. في المحطة التالية، سيخصص وقت كافٍ لاستكشاف القرى الظاهرة التي وُضعت كنماذج وقرة عين في كل ركن سكن فيه وسار من تجاوزوا في المسار. أيضًا، استعدوا لاقتفاء أثر مخلوق يعتبر الدالة الوحيدة التي تبقت لإبلاغ من هم في العصر الحديث ببراهين عظيمة عن مُلك سليمان لازالت مُتجاهلة.

لا داعي للقلق، فتتبُع دالة هذا المخلوق سيكون سهلًا جدًا كتتبُع أثار دَبة أسد بحر عملاق على شاطئ رملي تحت أشعة شمس ساطعة. ألقاكم بالمحطة التالية بالقرب من السراديب المحمية لأسد البحر على ساحل البحر الأوسط عند الأبواب الشمالية لأرض البَرَدَيـس. للتحقيق في أمر هذا المخلوق العجيب وتقييم التآكل الذي أحدثه دبيبه بالمنشآت!

المحطة الحادية عشر

دالة أسد البحر

وحده أسد البحر كان مفتاحًا للغز كبير
وهو يدب ويأكل في الأرض قبل التآكل الخطير
بجوار أبواب المدينة، تحت بلدة ذات خليج من قير
في أعماق سراديب تحت البحر معزولة كالمقاصير
كنز بلا نظير لا يزال ينتظر المرجوع بالخير

وحده أسد البحر دالة بدليل موقوت
عندما خرج من الأرض منقرضًا ولم يعود
هو ووحوش أكبر من الدببة وأسرع من الأسود
عن موعد وصول الحشود للهدف المنشود

وحده أسد البحر كان له وضع حقًا غريب
إذ اتخذ تحت أشعة الشمس وقفته المعروفة في يوم عصيب
لا لعبادة أو تبجيل الأرباب الشمسية لثيب
لكن لإعلان أن ما فُرض فوق رأسه من أكاذيب
قد حان لها أوان قريب
لاستبيان ما كان محجوبًا من الصورة في الغيب

زمان محدد الزمان يخر فيه بنيان سليمان في خير تام
ساعتها فقط سيعلم كل من أعرض عن إقرار السلام
وكل من تباعد عن ما في الأسفار من ذكر للأنام
وكل من لم يتعلم عبرة السير في القرى الظاهرة
للأمام في أمان
أن لو لم تكن تصوراتهم الأولية يسوقها الانقسام
ما لبثوا في إهانة عذاب التضاد والاختصام
يومًا واحدًا من الأيام

◈ ببهجة استقبل دليل الرحلة الجمع قائلًا: يا لها من شمس بديعة تفيض بالضياء والبهاء في أرجاء المكان بأكمله. بهذه الأشعة الذهبية المتلألئة، ستمضون وقتًا تحت الشمس رائعًا، في أبحاث اليوم غير المسبوقة. فهذه المحطة مليئة بالاكتشافات التي ستخرج للضوء من جديد لأول مرة. حقائق وكنوز، ظلت لقرون طويلة قيد الانتظار، ستظهر مرة أخرى. ولكن، لكشف النفائس ورفع الحُجب عن كل الأشياء القيمة، يُرجى الانتباه بشكل خاص إلى ما سيشار إليه من مصطلحات مُحكمة من كتاب المثاني لوصف الأحداث في هذه المحطة.

لا تتفاجؤوا عندما تجدون أن المصطلحات المُحكمة التي حُفظت في كتاب المثاني منذ أكثر من أربعة عشر قرنًا، تشرح بكلمات دقيقة فائقة التخصص بعض التغييرات البيئية التي بدأت في الحدوث في القرن الثالث من الحقبة قبل العامة (ح ق ع). كونوا مستعدين لرؤية كيف وصفت هذه المصطلحات المُحكمة أحداث جغرافية وأخرى جيولوجية وأخرى بيئية، كلها كانت أحداث تاريخية. مع الأخذ في الاعتبار أن طبيعة هذه الأحداث لم تكن معروفة وقت تدوين كتاب المثاني، ولم يُكشف عنها إلا مؤخرًا في القرن الحالي من العصر الحديث.

فستجدون المصطلحات المُحكمة المرتبطة بأبحاث المحطة والتي حُفظت بكتاب المثاني منذ زمن طويل تُفصل اضطرابات بيولوجية وجيولوجية كبيرة أصابت الأرض. كمثل الأحداث المُتعلقة بالقضاء على الأشجار، وموجات الانقراض، واختلالات واسعة النطاق في التوازن الكيميائي في عوالم الجماد والأحياء. بينما بعض المصطلحات ستكشف لأول مرة عن بدايات ظهور الأمراض. لذلك من فضلكم، على الجيولوجيين والأحيائيين والأطباء أن يتجهزوا للكثير من أعمال التنقيب والأبحاث المعملية.

ويُرجى العلم أيضًا أن استكشافات هذه المحطة ستسلط الضوء على العقود القليلة التي تلت عصر الحُكم الحكيم لسليمان. أي الزمان بين تعرُش الهيمنة في أرض البَرَدَيس والزمان الذي أدرك فية المهيمنون مرجوع هديتهم المالية وعواقب حكم الهيمنة. ورغم أنها مسافة حقًا قصيرة كما سترون، إلا أنها مليئة بالأحداث. لذا استعدوا للمزيد من الوقفات والكثير من الاكتشافات والأمثلة والتفاسير على طوال الطريق. ولا داعي للقلق، فمعظم وقفات هذه المحطة وقفات ليست طويلة.

أولًا، لا تخافوا من ولا تترددوا عن التوقف عند سكن المتجاوزين. ولكن لكي تتعرفوا على الدرس الذي تركوه وراءهم، من فضلكم تأكدوا من الوصول في وقت أبكر من الوقت الذي بدأ فيه المتجاوزون تحويل سكنهم إلى أنقاض. وفي أثناء الاستمتاع بالسفر بين الجنان الغناء على يمين سكن المتجاوزين واليسار، يُرجى الانتباه بشكل خاص لما عُرض عليهم، وما سُئل منهم، وما فضلوا أن يتعجلوا به في المقابل.

الوقفة الثانية ستكون عند حب المزيد. هناك، سيتضح مرجوع تمدد مال المهيمنين بجلاء. ولكن لا تغادروا وقفة حب المزيد بدون النظر في الاختلالات غير المسبوقة التي أصابت فجأة توازن الأنظمة البيئية. وانظروا كيف أرهقت هذه الاختلالات جميع أشكال الحياة والموجودات في كل العوالم، المادية والطبيعية. وسجِّلوا جيدًا التوقيت الذي بدأت فيه عوامل كالتعرية وتآكل التربة في التسارع، والتوقيت الذي بدأ فيه هذا التآكل الوصول لذروته، والتوقيت الذي تجرفت فيه تمامًا التربة الخصبة من أراضي المتجاوزين وكل المنطقة حولهم.

وانظروا أيضًا في المرة الأولى التي أثمرت فيها الثمار حمضية خمطة. وعندما شح الحصاد وضعفت النباتات وأصبحت أثلة. وأنظروا عندما تقزمت أشجار السدر الطويلة وأصابها العجز الشديد وتباطؤ النمو. ومن فضلكم دونوا الملاحظات المفصلة عن منشأ التفاوتات الجسمية التي أرهقت كل الناس وتعجلت القضاء على مساحات شاسعة من الأشجار والغابات، وتسببت في موجات واسعة من انقراضات هائلة لمخلوقات عديدة لأول مرة في تاريخ الأرض.

فإذا ما بدأت الأضرار الصحية في الظهور والمساس بعافية الإنسان، انتبهوا إلى الغزوات الموازية للمتجاوزين. لاحظوا العلاقة بين الانتهاكات الخبيثة للحدود والموازين، وتسارع معدلات الهدر والبوار في الرعي والزراعة والخسائر الكبيرة في ثروات الأرض والاقتصاد. عندها سيتضح كيف عُرضت صحة الإنسان للخطر، وما الذي أدى إلى ظهور وتفشي الأمراض. وسيتضح أيضًا إذا ما كانت الأضرار المرضية يجب أن تُعتبر أعراض حتمية أصلية في الحياة، أم أنها عواقب أحدثها التجاوز وانتهاك الموازين والتعدي على الحدود والعبث بالمقدسات.

بعد ذلك توجهوا إلى وقفة المُعارضة واستبعاد الأسفار. وهناك لاحظوا النماذج الظاهرة التي أقيمت في أرض البَرَدَيـس كمنارات. تلك الأمثال المثالية التي ملئت قُرَاها الظاهرة كقرة عين تُرشد المقيمين والقادمين الجدد، وتنير المسيرة لكل العابرين فيها عبر الأزمان للاعتبار بها والمحاكاة. شاهدوا بدقة ماذا حدث عندما أعرض المتجاوزون عن تعلم ما تحاكيه هذه الأمثال. بل وقرروا أن يُستبعد ذكرهم من كل السجلات القديمة والأسفار. وعندما نفوا أي صلة تربطهم بأحداث ماضيهم وما قدمته أيديهم في السابق. فوق كل شيء، لاحظوا ما أدى إليه هذا الاستبعاد المُتعمد من انزلاقهم لاحقًا في حلقات لانهائية لسلوكيات اندفاعية متكررة. يرتكبون نفس أخطاء ماضيهم مرارًا وتكرارًا، بإصرار على الظلمة وإن تقدم بهم الزمان نحو الضياء.

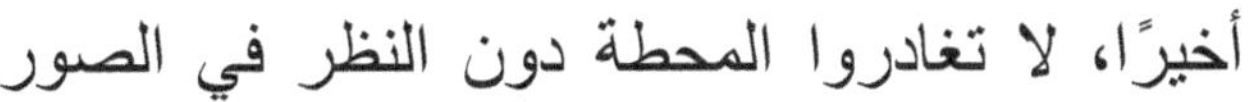

وفي نهاية المحطة، يُرجى التجمع لفحص دالة أسد البحر. فسيتم ملاحقة أسد بحر عملاق إلى حيث شوهد آخر مرة. متبسمًا علق الدليل: بالقطع ليس للوقت الذي ظهر فيه للباحث بحفل التكريم في مقدمة الرحلة. إنما، سيتم اقتفاء أثر أسد البحر وتتبع آثار دَبته في الأرض إلى الزمان السابق مباشرة على فترة إنقراضه هو والعديد من المخلوقات الأخرى. وعند التنقيب بالقرب من السراديب المحمية هناك، لن يُكشف عن كنز ثمين فحسب. بل أن مردود تجاوز المتجاوزين سيُحدد مقداره بالوحدة والكمية والقيمة الجبرية. وعندها فقط، ستتضح دالة أسد البحر وما يُبرهن عليه إخراجها من جديد كدليل.

أخيرًا، لا تغادروا المحطة دون النظر في الصور الكامنة التي ستعرض في النهاية. فقد التقطت هذه الصور تسجيلات واقعية لأحداث حقيقية لأمم مختلفة وجماعات عديدة من كل الأقوام والأجناس الإنسانية أثناء مرورها عبر الصرح المُحيل في أرض البَرَدَيـس. وكذلك سجلت صور مُفصلة لهؤلاء الذين دخلوا من أبوابها متجاوزين، منذ زمان سليمان وحتى الآن.

سكن المتجاوزين

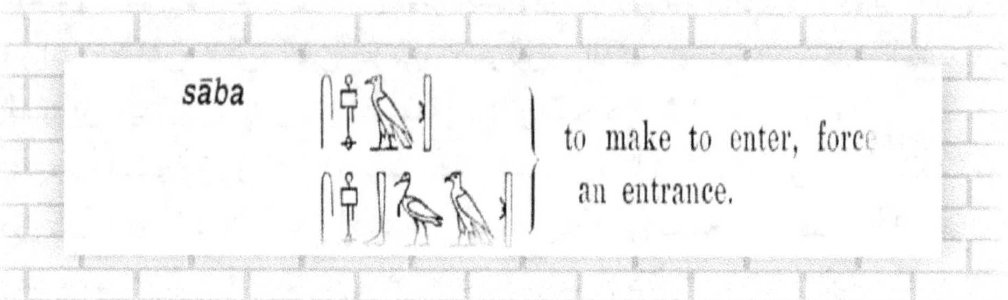

وبدأ دليل الرحلة في التقرير قائلًا: كان في سكن ثبيب (سبأ)* علامة بارزة، ظلت باقية لتعليم الإنسانية درسًا مهمًا طويل الأمد. فقد سكن قوم ثبيب في حديقتين جميلتين امتدتا عبر الأراضي عن يمينهم والشمال. بكل ازدهار وبركة، أُعطي كلٌّ من السكان في الجانبين ثروات وفيرة ليحيوا فرحين في احتفاء. وكان لهم أن يتقدموا في العمر في بهجة وسرور ويقضوا أيام حياتهم بلا مشقة أو سأم أو عناء. والأهم، أنه لم يُطلب منهم أي شيء في المقابل على الإطلاق، سوى أن يحيوا ممتنين محافظين على قلوبهم مُحبة للنزوع إلى الخير وحدة. إلا أن، قوم ثبيب أعرضوا في تعالٍ واستكبار. غير قانعين بالثروات الوفيرة والأفضال، استخفوا بكل النعم وقللوا من قدر ما أوتوا من متاع. طامعين في ما عند الآخرين والاستحواذ على المُلك وكامل الهيمنة، أعرضوا عن العطاء الكريم، وانقلبوا غير شاكرين. (ملحق ق. ١٢٥)

بنظرة ضيقة ملأتها ظلل التعالي الغافلة، رفضت ثبيب (سبأ) الاعتراف بحقوق أو كرامة من سكنوا في الطرف الآخر. مستهينين بقيمة الحق والسلام، دخلت ثبيب عنوة بتجاوز أبواب الآخرين. وفرضت هيمنتها غير الشرعية بالقوة الجبرية على كل من حولها حتى على الآمنين من أهل أرض البَرَدَيـس.

____

*سبأ: كما هو موضح بالمقطع في الشكل أعلاه المأخوذ من قاموس المفردات الهيروغليفية من كتاب الموت بتعديل نصوص ثبيب للسير بودج واليس. (لندن، ١٩٢٠)، أن كلمة سبأ كلمة مصرية قديمة تصف التجاوز في الدخول من الأبواب بالتعدي والهيمنة.

عنوة بتجاوز أبواب الآخرين. وفرضت هيمنتها غير الشرعية بالقوة الجبرية على كل من حولها حتى على الآمنين من أهل أرض البَرَدَيـس.

بخضوع وتبعية تامة لأعرافهم الموروثة حبيسة نظراتهم العتيقة التي غشيها التعالي والاختيال، استسلم المهيمنون للتجاوز وقرروا الاستحواذ على كل ما يمكنهم الوصول إليه. فلم يتجاوزوا بالتعدي على ممتلكات وجنان الآخرين فحسب. بل أيضًا انتهكوا كل الحدود والحرمات، حتى حرمة الحواجز الطبيعية في الهياكل والبنيان لكل المواد والأحياء. أينما تجاوز المهيمنون أو حلوا، لم يضروا فقط بالنُظم من الأساس.يل أخلُّوا بكل أنواع الاتزان وطغوا في كافة الموازين، حتى موازين الاتزان في سكنهم وأراضيهم التي كانت كالجنان.

غير أنه، لم يكن لدى أي من المتجاوزين بثييب (سبأ) أدنى فكرة عن حقيقة ما كانوا يسارعون في استجلابه على أنفسهم بهمجية الهيمنة غير المتحضرة. فجأة، وبسيل حرفيًا عرم (البعض نطقوها روم)،* عُمرت أراضي ثييب وما حولها بتيار من الناس بدأ يتدفق كطوفان عظيم خارج عن السيطرة. جحافل من المقاتلين قادمة من كل الاتجاهات، وجموع من الناس المذعورة هاربة من وإلى كل اتجاه. فأدى هذا السيل من الناس الخارج عن السيطرة إلى خروج الحشود الكبيرة خارج ديارها ومساكنها وأراضيها في شتات عظيم. شتات لم يقتصر على إخراج الحشود العظيمة من بني الإنسان فحسب، بل تسبب أيضًا في تشتيت عظيم للعديد من المخلوقات من كل الأنواع.

ذلك، وبينما المهيمنون في همجيتهم يتجاوزون بشق الغابات واختراق الحدود والمحميات. وليس لأي سبب عظيم سوى تقطيع المزيد من الأشجار لبناء المزيد من السفن وتوسيع مستوطناتهم العسكرية لجلب المزيد من المقاتلين لغزو المزيد من الأراضي لمزيد من الهيمنة والاستحواذ. وفي طرفة عين، تعرت تمامًا حدائقهم الغناء من زهورها والثمار، وفقدت غاباتهم أشجارها وأوراقها الخضراء. ولا يزال

---

*روم: كلمة مشتقة من الفعل اللاتيني (ruo أو rheo) التي تعني التدفق كالسيل.

المتجاوزون في حُجب غفلتهم غير مدركين ولا مكترثين بعواقب تجاوزهم والسكن إلى الاعوجاج وحب الهيمنة. (ملحق ت. ٤٦ ؛ ع ٢٢.)

حب المزيد

من ناحية أخرى، كانت عشوائية التمدد لمتجاوزي ثنيب مُربكة لدرجة حجبتهم تمامًا عن الوعي بحقيقة بسيطة كالتوازن والاستقامة. فقد تسببت اختراقاتهم الغافلة وانتهاكاتهم المتجاوزة في إحداث تفاوتات جسيمة أضنت الإنسانية بكل أجناسها على كافة المستويات. والأكثر كارثية، أن انتهاكاتهم غير الواعية فجرت في الأرض منذ عصرهم فصاعدًا كافة أنواع الاختلال والاضطراب وفي كل الأنظمة البيئية.

فلأول مرة في تاريخ الأرض، يتسارع فجأة معدل تآكل التربة والتعرية أضعاف متعددة. فأصبحت الجنان المثمرة على جانبيهما، شديدة القحالة عارية تمامًا من الأشجار والنباتات المورقة. فلم تفقد حيواناتهم موائلها وتضل طيورهم عن أعشاشها فحسب، بل تجرفت تربتهم الخصبة تمامًا، واستنزفت محاصيلهم من العناصر الضرورية لغذائها. فنضبت الزوع ونبتت النباتات هزيلة آثلة. وأثمرت ثمار معروفة بحلاوة المذاق كالتوت مثلًا لاذعة خمطة في ارتفاع متزايد للمكونات الحمضية في التربة والثمار. ففسد الحصاد وقلت المحاصيل بشكل كبير. حتى أن أشجارهم العتية كشجرة مثل شجرة السدر المعروفة بطولها الفارع وارتفاعها الشاهق، طرأ عليها تغيرات جذرية أبطأت نموها وأدت إلى تقزمها بشكل نهائي. على طوال مسلك المتجاوزين، احترقت الأراضي من تحت أقدامهم وتآكلت التربة تمامًا وتعرى ما في باطنها من صخور. (ملحق ع ٢٣. ؛ ق ١٢٦.)

ليس ذلك فحسب، فقد تسبب التمدد الجشع الذي لا يشبع للمهيمنين إلى إخراج جموع عظيمة من الناس من أراضيها التي تحولت لساحات للمعارك والقتال. إلا أن الفاجعة الأكبر كانت فيما أدى إليه تقطيعهم الجائر للأشجار. فقد تسبب هذا المسح غير المسبوق في تآكل الغابات لشتات عظيم لأعداد كبيرة من الحيوانات والطيور والنباتات والحشرات وحتى الكائنات البحرية عن موائلها الطبيعية. هنالك تسبب المتجاوزون في تمزيق هياكل عديدة لأنظمة اجتماعية واقتصادية وسياسية في بلادهم والبلاد المجاورة. والأمر الأكثر خطورة، أنهم كانوا في غفلة عن إدراك أن

إتلاف وانتهاك حرمة وقدسية الأسس البيولوجية والجيولوجية في الموائل والأنظمة البيئية لم يكن بلا عواقب أو تبعات.

الأكثر فداحة من كل ذلك، أنه عندما تعرش المتجاوزون في أرض البَرَدَيـس وفرضوا هيمنتهم غير الشرعية على القطب المركزي الذي طوى الأرض والزمان والمكان،* أصبحت العملة التي لم تكن مقبولة هناك من قبل،† الوسيلة الجديدة للتبادل والسيطرة عبر العالم وكل البلاد. فأدى ذلك إلى استبدال حب الخير‡ الذي كان موجودًا في أرض البَرَدَيـس منذ بداية الزمان وحتى عصر سليمان، بحب آخر لم يكن معروفًا هناك من قبل حكم الهيمنة، هو حب المزيد.

باتخاذهم المال وسيطًا لتبادلاتهم، والهيمنة أفضل أطرهم للنظر والتعامل مع الآخرين،§ فرض المتجاوزون على العالم صورة جشعة من تصوراتهم العابسة. ومن يومها، لم يعد حصاد الأراضي يُجنى باسم حب الخير. ولكن، باتت كل المحاصيل والخيرات في الأرض يُجني عليها باسم حب المزيد.

بكل تفريط أثقل المتجاوزون الموارد. وبلا مبالاة عبثوا بالمصادر. وبشكل فوضوي أخلوا بالميزان المقدس في التوازن. فأضروا بكل ما سكن الأرض. بعد فترة وجيزة فقط من هيمنة المتجاوزين على العرش، جفت كل الأراضي التي وطئتها أقدامهم وتبددت وتلفت الموارد التي خضعت لهيمنتهم

---

*صفحة ٧٧: وادي طي الزمان
†صفحة ١٤٢: تمدد المال
‡صفحة ١٦٦: النزعة إلي الخير وحده
§صفحة ١٧١: تعرُش الهيمنة

الجائرة. بل وظهر الفساد في البر والبحر عن يمينهم والشمال ليحل محل ما كان يُحيط بسكنهم في السابق من جنان.

بدء الأضرار الصحية

ولإشباع حبهم للمزيد، أمسى المتجاوزون على أعتاب إصابة الإنسانية بمزيد من الآلام والنُصب والعذاب. فلم يكن الخطر يقتصر على أطماعهم الهيمنية فحسب. ولكن الاختلال في أفعالهم وسعيهم خلف الثروة المادية بأي ثمن جلب أضرارًا رهيبةً لم يكن لها مكان على الأرض من قبل، وجعلها تظهر فجأة بعد هيمنتهم على العرش. فتجريدهم للأراضي من تربتها وأشجارها من أجل استحواذاتهم الفورية البائسة لم يتسبب فقط في حدوث مجاعات كارثية، وانقراضات جماعية هائلة لمخلوقات عديدة وأنظمة بيئية بأكملها. الأخطر من ذلك، أنه كان السبب المباشر في ظهور الآفات، ونشوء العلل والأدواء، وبدء الأضرار الصحية وتفشي الأمراض.

ففي غفلة إفسادهم وظلمة نهجهم المتجاوز، خلف المهيمنون وراءهم أنقاضًا مروعة أضرت بشدة بصحة الإنسان وثروات الأرض وكل الخيرات. فقد أدى إخلالهم الهمجي بالتوازن البيئي والبيولوجي وتشتيت الكائنات التي اعتمدت في بقائها على الأشجار لظهور كوارث جديدة. حيث ولّد شتات الحيوانات والطيور والمخلوقات التي دُمرت موائلها الطبيعية أمراض لم تكن موجودة من قبل على الأرض قبل تعرُش هيمنتهم.

أمراض شرسة واضطرابات غير طبيعية لم يُسمع عنها من قبل، بدأت في الانتشار والانتقال. وليس فقط من إنسان إلى إنسان، ولكن أيضًا من الحيوانات والطيور وحشرات الشتات إلى الناس. فأتلفت اختراقات المتجاوزين الخبيثة واجتياحاتهم الجشعة حتى ثروات أراضيهم وأصابت الرعي والزراعة واقتصاد الأرض بخسائر كبيرة. فمزقت الثروة المادية التي لهثوا في الجري وراءها. ولا يزال، لم يدرك المتجاوزون بعد أن أكبر توسع ساقوه على الإطلاق كان الإخلال بالتوازن وانتهاك حرمة الموازين المقدسة للحياة على الأرض.

وفي كامل الغياب للحضور الواعي والإدراك تجاهل المتجاوزون عواقب الإفساد. فلم يدركوا أن للإخلال العشوائي الذي صنعته أيديهم في الأرض

كالقضاء على الأشجار وموجات الانقراض الهائلة ثمنا باهظا سيكون مُكلفًا جدًا للإنسانية على مدى قرون طويلة وأجيال عديدة من بعدهم.

ففي غفلتهم لم يبصروا أن تجاوزهم تسبب في انتهاك حرمة اتزان البنية الطبيعة لكل الكائنات والمخلوقات حولهم وعلى مستوى وظائف الخلية والجينات. فحجبتهم جهالة الجشع من إدراك عواقب التغيرات الضارة التي تسببوا فيها في طبيعة الحيوانات والطيور والكائنات البحرية والنباتات والحشرات والفطريات وحتى البكتيريا والفيروسات. بكل تأكيد كان المتجاوزون في حاجة لأجيال عديدة كي يدركوا أن استعلاءهم بغير الحق للتملك والاستحواذ على السلطة وثروات الأرض أضر بالصحة وعافية الناس وأصاب أهل الأرض بالنصب والعذاب.

وبالرغم أن الأدلة على الخير والحق كانت جلية، ولم يكن صعبًا على المهيمنين تقدير عواقب التعدي، إلا أنهم قرروا التجاوز بلا رادع أو حدود. فقد كانت الهيمنة واغتصاب الموارد أفضل وأحب إليهم بكثير من التمسك بالحق أو الخير.

وبالرغم من أنهم تعرَشوا على نفس الكرسي بعد سليمان الحكيم، فقد فضلوا تبجيل أعرافهم العتيقة وتعاليمهم المتعالية أكثر من تحكيم العقل أو الإقرار بالسلام والخير. فحجبهم التجاوز عن تصور الصورة الحقيقية وبرر لهم كل أشكال التعدي والاعوجاج.

سارع المتجاوزون في تحويل الطيب إلى خبيث والنافع إلى ضار. وبدلًا من العيش معًا في سكينة وسلام، غيروا صفاء مناخهم، وأفسدوا مكونات تربتهم والمياه. حتى أنهم أيضًا، أسخنوا درجة حرارة الهواء في الأجواء. فأخلوا بالتوازن المثالي في الأرض واستبدلوا حدائقهم الغناء، تلك التي كانت عن يمينهم والتي على الشمال بأخرى أنهكها الجشع وغُصة الظلمة والاستعلاء.

وكناتج للتجاوز والإخلال تفشت العديد من الأمراض. فأصيب أشخاص طيبون ممن كانوا يعيشون من قبل في بهجة وامتنان بضُر سلبهم كل ما أحبوا واعتزوا به. وكان من بين هؤلاء الأبرياء رجل يُدعى أيوب مسته تعديات المتجاوزون المروعة في صحته، وثروته، وممتلكاته، وحتى حياة أهله وذريته والأجساد المُحنطة لأمواته. وعلى الرغم من أن كل هذه الفظائع والشرور كانت نتيجة مباشرة لتجاوزات المهيمنين. إلا أن المتجاوزين حاولوا إغواء الأبرياء مثل أيوب أن ينقلبوا على السبب

من الحياة ويلعنوا المقصد من الخليقة والوجود، لما جلبته أيديهم في العالم من ضُر ونُصب وشرور.

المعارضة واستبعاد الأسفار

وبالرغم من تمادي أهل ثيـيب (سبأ) في التجاوز، فقد مُنحوا متسعًا من الوقت لتعلم تمييز الحقائق التي تجعلهم يغيروا أعرافهم العتيقة المدمرة للذات. قرى ظاهرة وأمثال ناجحة أقيمت في أرض البَرَدَيـس كقرة أعين ومنارات ترشد الساكنين فيها والقادمين لاتباعها والمحاكاة. نماذج مثالية قُدرت المسافات بينها بآونة ملائمة تواكب وتيرة التقدم لجميع العابرين. ليسيروا فيها ليالَيَ وأيامًا آمنين في سلام تام لتعلم عبرتها خلال عبورهم للزمان. حقًا لقد قُدم لقوم ثيب نماذج جليلة عديدة كان لها المقدرة على تهذيب أكثرهم تجاوزًا، ليس فقط لضبط النفس والاعتدال، بل أيضًا لحرث ما يلزم للتحضر والامتنان. (ملحق ع ٢٤.٠ ؛ ق ١٢٧.٠)

بإحسان تم التقديم ولكل العابرين الفرص العظيمة لتمييز البراهين الجلية للخير حتى يتخذ الجميع مكانته الكريمة بالجمع الإنساني. وبغض النظر عن عصيان أهل ثيـيب (سبأ) وإعراضهم، وُضعت لهم الأمثال الظاهرة نماذج مضيئة لا يمكن إنكارها تتواصل معهم برسائل تستحث ذاكرتهم علي استيعابها والإدراك. أمثلة كثيرة في الكون والخليقة فُصلت لتنير حتى لأكثر المتعالين أن يتخلوا عن الهيمنة والعداء، ويستبدلوا السخط باللين، ويجنحوا للسلم طائعين.

على طوال الطريق، عُرضت أبرز وأشهر الأمثال بوضوح لافت داعية علانية جميع المارة للانتباه. فكانت أدلة الحقائق ظاهرة ومتألقة بإشراق كافٍ لاستيقاد الحماسة لإعادة قراءة جميع الأعراف البالية ومراجعة النظرات الغافلة التي أثرت طويلًا على الرأي وشكلت العقلية والعقيدة والحكم على الأشياء. وقائع حقيقية ملموسة أقيمت بكمال وتمام متميز، تحث التأمل، وتوقظ الفكر، فتُغير ليس فقط السلوك، ولكن أيضًا الطبائع في القلوب. ومع ذلك، وبدلًا من أن يدان المتجاوزون لفضل هذه الإنارة، أعرضوا عن الدلالة والمحاكاة للدروس والأمثال، وفضلوا أن يدخلوا أبواب أرض البَرَدَيـس في تجاوز ويسكنوا فيها بتكبر واستعلاء. لقد سخروا من النماذج الهادية وهزؤوا من المعرفة والحكمة المُهداة.

علاوة على ذلك، لم يكن إعراض المتجاوزين عن التعلم من النماذج والدروس بالقرى الظاهرة فحسب. الأسوأ من ذلك، أنهم أعرضوا عن ماضيهم، وقرروا أن يُستبعد ذكرهم من السجلات التاريخية والكتب والأسفار. فأنكر المتجاوزون أي صلة تربطهم بأحداثهم الماضية، كما لو كانوا غير موجودين زمان ارتكابها. تباعد المتجاوزون بثيب عن الدروس والعبر السابقة وسرعان ما انزلقوا في دورات لا نهائية من سلوكيات اندفاعية متكررة، مرتكبين نفس أخطاء ماضيهم مرارًا وتكرارًا. فمُزِقوا في صراعات فوضوية مدمرة للذات. يتصادمون في نفس معاركهم اللانهائية مرات بعد مرات. ومنذ ذلك الحين، استمر المتجاوزون في إظلام أنفسهم ولم تسفر رحلتهم عن شيء. حتى أن السجلات المتبقية لذكرهم باتت أحاديث ممزقة مُحرفة عن مواضعها بلا معنى. (ملحق ق.١٢٨)

حتى عندما دخلوا أرض البَرَدَيس أثناء فترة تعرُش هيمنتهم فيها، تصوروا لنُظمها المثالية صورة غير حقيقية. فادعوا بدلًا من أحادية الخير فيها، إثنينية يتصارع فيها الشر صراع أزلي لم يكن لها من قبلهم وجود، فقط للانتحال لأنفسهم أفضلية وسيادة. ومن ثم، وضعوا أنفسهم في تصادم واختصام عنيف مع كل ما في عالمهم المحيط. فلم يفتُهم التعرف على الغرض من عبور الزمان فحسب، بل غفلوا تمامًا عن تقدير القوة الحقيقية التي ساقت أطوار الحياة وحكمت ونظمت دوراتها. وطفقوا في الادعاء لأنفسهم بلا مبرر أو شرعية سلطان ومُلك وأقدمية.

بلا تمييز، أضاع المتجاوزون أوقاتهم مُقيدين في ظلل رؤاهم المنتقصة وملاحقة نظراتهم الفوضوية الغافلة. فاتخذ غرورهم والتعالي بعدًا آخر، ولكن بعدًا بلا أي مدًى. فجذبهم للدوران حول استحواذات متمركزة على محور تملك أرضي. فحجب مقدرتهم على رؤية ما هو أبعد من تعطشهم المادي المُتعجل. فنظروا لكل ما لا يزيدهم مادة، كالحق والخير والسلام كأنها أشياء لا تستحق المبلاة. فتجاهلوا قيم الاتزان وطغوا في الميزان. بما في ذلك الموازين ذات الثقل التي ضبطت النُظم في الأرض والحياة.

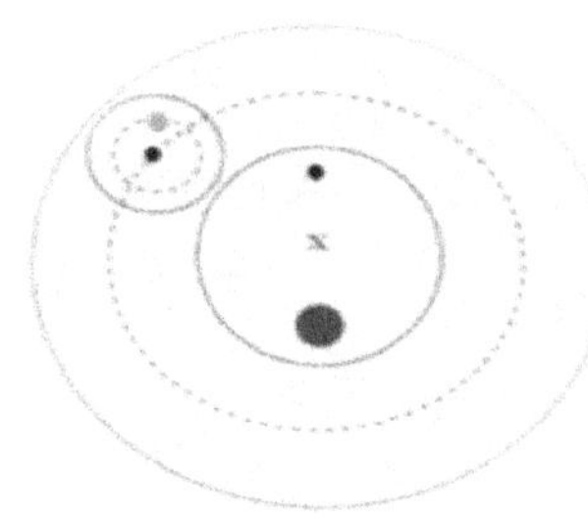

محملين بأثقال مرهقة لأعراف استقطابية مُتكبرة، خلقوا لكتلتهم المُختلقة نظامًا إحداثيًا شريكًا. وكمثل أبعاد غرورهم كان إحداثه غير حقيقي بلا بُعد أو مدى.

فانتهى بهم الأمر بمركز ثانٍ للدوران، يتداخل مع المركز الأول بلا تكافؤ ولا حتى تأثير. فلا يستطيع استبداله ولا يجدر على الإحلال محله. ولتصحيح مثل هذا الالتباس كان ولابد من قوّى كمية المقدار في الحركة والمسار. (مـلـحق ع ٢١.٠)

دالة أسد البحر

لم تُقدر هيمنة ثييب (سبأ) العرض الكريم لإصلاح مادتها المضمحلة. ولم تقبل الإقرار بالسلام كأمر مُحيل أو عطاء. فقد فضلوا التعدي والمُضي بتعالٍ افترضوه وأفضلية غير حقيقية. وليعلوا إلى قمتهم المرجوة، استهانوا بالميزان وكل أنواع الاتزان حتى الموازين المقدسة. ولم يعتبروا أبدًا من دروسهم الماضية ولا الأحداث والنُذر السابقة. من ثم، في كل مرة صعدوا فيها إلى قمتهم المفترضة، وجدوا الأرض تحتهم تلج بالإختلالات. غير قادرة على تحمل أثقالهم غير المتوازنة، ناهيك عن الحفاظ على الاتزان لجمع الحشد الإنساني، انهارت من تحت أقدامهم الأرض وضاقت عليهم بما رحبت.

بعيدين كل البعد عن إدراك سبب الخير لسليمان، تجاهل المتجاوزون تمامًا حقيقة حشده وبنائه. والأسوأ، أنهم ظلوا في غفلتهم حتى بدأت المكونات المادية في منشآته تتآكل أمام أعينهم. عندها فقط استدل المتجاوزون أنهم غفلوا عن إدراك الهدف الأولى للمادة وتجسد المواد في منشأة سليمان. وبدلًا من اعتبار المادة مجرد وسط مادي لإظهار الأسباب وإجلاء الحقائق ليسهل إدراكها. اعتبروها في حد ذاتها مادة للمُلك والاستحواذ. فلما آن أوان تآكلها وانقضائها، خرج المتجاوزون من الجمع الإنساني في خزي وهوان. ليس فقط لفقدانهم تاج عرشهم المادي، بل لتفويتهم الموعد النهائي دون تكريم الإنسانية ورتق ثياب إنسانيتهم الذي مزقه الاستعلاء.

اعتقد المهيمنون أن المال حصانهم الجديد لطروادة للاستيلاء من جديد على السلطة وكامل الثروة. إلا أن فرسان حصانهم سرعان ما وجدوا عُملاتهم فانية بلا أي مرجوع في أرض البَرَدَيـس. فلم يخسروا القطع المعدنية لنقودهم فحسب، بل انتكسوا هم أنفسهم في تراجع بلا تغير أو تحول.

إلا أنه لم يكن حتى أن رأى المتجاوزون أن أمر سليمان بالسلام قد رُدّ عا، بالإقرار المنتظر والإجماع المرغوب به. وحتى أن رأوا أيضًا أن بناءه قد

خير تام مستردًا كامل النزعة إلى الخير وحده. فقط عندها، تبين المتجاوزون أن نظرتهم المُتعالية كانت غافلة تمامًا وناقصة. وساعتها فقط وعى المهيمنون أنه لو أنهم أدركوا أن تصوراتهم الأولية كان يحجبها انقسام لا أساس له ولا تبرير، ما لبثوا في إهانة الاختصام وعذاب التضاد يومًا واحدًا من الأيام.

حينئذ، فقط، أدرك المهيمنون أنه بدون الحرث في النزعة إلى حب الخير، لا يمكن الحفاظ على المواد المكونة لأي بنيان، ناهيك عن مادة أروع أبنية الحكمة والمعرفة. وأخيرًا وعى المتجاوزون أن لو كانت تصوراتهم الأولية من البداية صحيحة، لرأوا المنتج الحقيقي لتبادلاتهم غير المتكافئة حتى قبل العبور في الزمان. وأيقنوا أنه لو علموا أن نظرتهم الموروثة كانت نظرة إثنينية ساقت التضاد والاختصام، وعملت كساقين لأفضلية لم يكن لها لا حقيقية ولا أساس في البنيان، ما أعرضوا عن استدعاء سليمان للسلام، ونزعوا لحب الحب للخير وحده. (ملحق ق ١٢٩.)

وحده أسد البحر كان لديه مفتاح اللغز الكبير، وهو يدب ويأكل في الأرض قبل بداية التآكل الخطير. أن انتهاك الحرمات الذي فُرض عنوة فوق رأسه ليس له أي مرجوع آخر سوى انحلال مادته في فناء تام. كونه من بين العديد من المخلوقات التي كانت في طريق لا عودة فيه للانقراض، عرف أسد البحر جيدًا وسط تبادلات وعائد تحولات المتجاوزين. فقد كان أسد البحر نفسه دالة موقوتة بزمن انقراضه في إثبات أن تجاهل قيمة التفاعل بالخير في محيط من السلام، ينقضي بلا مرجوع إلى مادة لا شكل لها غير قابلة للاسترداد في حالة نهائية من الإضمحلال.

وحده أسد البحر كان له وضع حقًا غريب، إذ اتخذ تحت أشعة الشمس وقفته المعروفة في يوم كان عصيب. لا لعبادة أو تبجيل الأرباب الشمسية لمهيمنين ثييب. ولكن لإعلان أن ما فُرض عنوة فوق رأسه من انتهاك وأكاذيب، قد حان لها أوان قريب لاستبيان ما كان محجوبًا من الصورة في الغيب لتخر في خير تام. حاملًا أثقال تعديات المتجاوزين على رأسه، كان أسد البحر ووحوش أخرى أكبر من الدببة وأسرع من الأسود كلهم مُهددين بانقراض خطير. فاتخذ أسد البحر قضمة ضخمة تحت أقدام المهيمنين، حافرًا في أعماق البحر السراديب. لا كملاذ للترطيب

من الحرارة القائظة للأرباب الشمسية لثيب. بل تجاويف شاسعة خفية تسع بجانب أجساد المخلوقات التي كانت في طريقها للانقراض السريع، الكنوز التي لم تُقدرها أو تُثمنها السلالة الهيمنية.

ومنذ ذلك الحين، بجوار أبواب المدينة، تحت بلدة ذات خليج من قير لا زال كنز بلا نظير ينتظر مرجوع الخير. دالة موقوتة وبينة لكل من أعرض عن إقرار السلام، وكل من تباعد عن ما في الأسفار من ذكر للأنام، وكل من لم يتعلم عبرة السير في القرى الظاهرة في أمان للأمام. لتخبرهم أن لو كانت تصوراتهم الأولية كاملة قبل العبور في الزمان، ما لبثوا يومًا واحدًا في إهانة عذاب الاختصام. (ملحق ت.٤٧)

وبعد انهيار سلالة اللاجياد واختفائها، بقيت أرض البَرَدَيس التي نعمت باستمرارية غير منقطعة قبل هيمنتهم، لتُبلغ العالم من بعدهم. أن ما يُدمر المتجاوزين هو أنقاض التعدي التي دائمًا ما يتعجلوا في جلبها. في أقل من ثلاثمئة سنة فقَدَ المتجاوزون عرشًا استمر قبل هيمنتهم ثلاثة آلاف سنة على الأقل. في لحظة، وصل المتجاوزون إلى السلطة، وبتعالٍ توسعوا، وفي الفوضى التي اصطنعوها بأيديهم سقطوا. وفجأة، اختفوا وكأنهم لم يكونوا قط.

المرة تلو المرة، بعد سقوط اللاجياد، عَرَشت العديد من الأمم أنفسها بالقوة في أرض البَرَدَيس. لكن، لم تُجب أي منهم استدعاء سليمان للنزوع إلى الخير أو الإقرار بأمره للسلام. عدد لا يحصى من الملوك والأباطرة من جميع الأمم والأقوام عبروا بأرض البَرَدَيس وأخذوا دورًا في تداول حكم القطب المركزي الذي طوى الأرض وأدار الأحداث والزمان. بدءًا بالهيلينيين، مرورًا بالرومان، ثم البيزنطيين،

والساسانيين، والخلفاء، والطولونين، والإخشيديين، والفاطميين، والأيوبيين، والمماليك، والعثمانيين، والفرنسيين، والبريطانيين لم يقرر أحدهم كبح الجشع المدمر للذات وإنهاء الاختصام والعداء. فلما تعاظمت أنقاض تجاوزاتهم، طغى عليهم الدمار الذي خلفه جنوحهم. فبدون النزوع إلى الخير أو إقرار السلام، فإن كل ما انتزعوه لم يكن أبدًا مستدام. (مـلـحق ت.٤٨)

لقرون بعد سليمان، عبرت الأمم الواحدة تلو الأخرى عبر أرض البَرَدَيس، إما بالتعدي أو الاستيطان أو الاجتياح أو الاحتشاد وبعضهم كان بالتسلل. ومع ذلك، لم يدرك أحد أبدًا حقيقة ذلك الجمع الإنساني. ولم يفكر أحد في الإقرار بأمر سليمان بدخول الصرح المُحيل في سلام. على العكس تمامًا، شرع كل منهم في إحلال تصوراته غير الواقعية محل الصورة الحقيقية لأرض البَرَدَيـس التي بلا مثيل.

حتى عندما حجب المتجاوزون العلامات التي من شأنها توجيه الإنسانية للمضي قدمًا في مسيرة عبور الزمان بأمن وأمان، وجب الصمود بصبر واحتمال. فقد حفظ الزمان لكل من هذه الجموع صورة كامنة بوصوف تفصيلية لمردود ما قرروا تعقبه، وما ساقوه من أحداث، وما انتظروه كمرجوع لنظراتهم.

وجه دليل الرحلة الجمع قائلًا: وحتى ذلك الحين، تحضروا لرصد مطلع الفجر. في المحطة التالية، سيتم استئناف مسافة عبور الزمان التي بدأت في أول الرحلة وحتى نهاية الستة أيام. تأهبوا لشهادة الكلمة المضيئة عندما تتجلى آخذة جسدًا تتشكل فيه وعندما تُنبت كالبذرة وتنمو وتستغلظ في سيقان ثابتة وقوية. كونوا مستعدين لاكتشاف كيف حُفظت كنوز أرض البَرَدَيـس حتى التوقيت الذي قُدر لاستدعاء المزيد من المبشرين وإرسالهم بقوانين إنسانية جديدة.يُرجى الوصول في الصباح الباكر لحضور بداية اليوم السادس عند إشراق شمس الحكمة وبزوغ نور اليوم الأخير.

١٢

المحطة الثانية عشر

اليوم السادس

رجع الزمان

انظروا وانتظروا بعرفان
رجع الزمان
فما تُلي من أكاذب دنست المقدسات
لم يعد لها في البنيان مكان

أبدًا لم يفت الأوان، أبدًا لم يفت الأوان

فموعد شروق شمس الحكمة
وتجلي البرهان قد حان
وآن للإنسانية استرجاع زينة ثيابها
ومكانة الإنسان

هللوا بامتنان لانقضاء الاختصام
وابتهجوا لقدوم اليوم السادس وآخر الأيام
يوم تتويج مسيرة بني الإنسان بيوبيل العام
الألف سنة بهجة وخير وشكر وسلام

◈ أعلن دليل الرحلة قائلًا: انظروا وببالغ الصبر انتظروا. فما تبُلّي من أكاذيب وبلبلة ضد مُلك سليمان والمقدسات آن لها أن تتبدد. فبحلول صباح اليوم السادس، يحين موعد شروق شمس الحكمة لتضيء أركان كامل البنيان. وحينها سيرى حتى أكثر الناس غفلة وأصحاب أحلك التصورات الفوضوية كامل الصورة الحقيقية. فهذا الاستكشاف سيسلط الضوء على ما تبقى من الزمان في مسافة الستة أيام. بدءًا من الفترة الذي تلت عصر الحُكم الحكيم لسليمان حتى زمان بلوغ هدفه وشروق شمس الحكمة من جديد. أي الزمان بين تعرُش الهيمنة في أرض البَرَدَيس إلى التوقيت الذي سيجيب فيه المهيمنون وشعوب كل الأمم دعوة سليمان للنزوع للخير وحده وإجابة استدعائه بحضور الجمع الإنساني في طاعة لأمر السلام.

ولذا استعدوا لاستئناف مسيرة عبور الزمان التي بدأت مبكرًا بالرحلة وتوقفت عند المحطة الرابعة للغوص في تفاصيل حكم سليمان حتى زمان تعرُش الهيمنة. لا داعي للقلق، فحتى وإن استؤنفت مسافة الستة أيام في الثلث الأخير من اليوم الثالث للحقبة قبل العامة (ح ق ع)، فالطواف عبر ما تبقى من الزمان في هذه المحطة سيتم بوتيرة أسرع جدًا. لذا، يُرجى أن تأخذوا جدولًا للزمان مُحَدَّثا وأن تحتفظوا به في متناول الأيدي. مع العلم أن هناك ثلاثة جداول زمان مختلفة لتغطية الأحداث في هذه المحطة. ويُرجى عدم المغادرة دون الحصول على جدول الزمان الأخير والذي يُبين بدايات قدوم اليوم السادس. وأيضًا الحصول على مفاتيح الحياة في نهاية المحطة والتي ستجدونها مُنشَرة في صحف من أوراق البردي قبل الملحقات مباشرة.

وفي أول وقفات المحطة، أي عند وقفة التبادل غير المتكافئ، استعدوا لمقابلة يوسف الصديق في أرض البَرَدَيس. ولكن تجهزوا لكشف نمط غير معتاد من أنماط إرسال الرُسل. نمط ستجدونه مُغايرًا تمامًا لكل ما كان معروفًا في كل الأرض من قبل.

فستجدون أنه بخلاف كل الرسل التي تم النظر في سيرتها مُبكرًا في الرحلة ولأول مرة في مسافة الستة أيام، يوسف كرسول، لم يُرسل لأرض البَرَدَيس لتحذير أهلها أو إنذارهم لارتكابهم المخالفات أو سوء الأعمال. بل على العكس تمامًا، فقد تم إرسال يوسف كناصح أمين لينصح أهل أرض البَرَدَيس بالحفاظ على ثمار عملهم الدؤوب للصمود أمام مصاعب اقتصادية وتغيرات مناخية كانت مُقبلة عليهم.

وبالإضافة إلى ذلك، فقد كانت أرض البَرَدَيــس نفسها بالنسبة ليوسف نفسه الملاذ الآمن الذي أنقذ حياته من بشاعةالأذى الذي لحق به من قِبل إخوته.

فمن فضلكم، عَلِّموا جداولكم للزمان بالتوقيت الصحيح لزمن يوسف في أرض البَرَدَيــس. وانتبهوا ألا تؤرخوا عصره في فترة لم يكن لا المال (وبالتحديد عملة الدرهم)، ولا الحكم الملكي لأعزة الأرستقراط، ولاعقوبة السجن، ولا عقوبة الصلب للمساجين بعد معروفين في أرض البَرَدَيــس.

والأكثر أهمية، من فضلكم لا تجعلوا تقليد تقطيع جلد اليد يُشتت انتباهكم. فقد كان ذلك من التقاليد المعروفة آنذاك في أعراف أحد الأقوام التي عبرت البحر الأوسط لتسكن في أرض البَرَدَيــس زمان يوسف كوسيلة لأداء القسم بالدماء، خاصة عند تدبير المكائد بين النساء في الخفاء. وبدلا من التركيز على تقليد تقطيع جلد اليد هذا لاحظوا بكل عناية حجم ونوعية الثروة التي أرسل يوسف لحمايتها وحفظها للعالم. (ملحق ت.٤٩ـ٥٠ـ٥٠)

وبالقرب من منتصف مسافة الستة أيام، خذوا حذركم عند تغيير التوقيت. وتأكدوا عند عبوركم للزمان من الحقبة قبل العامة (ح ق ع) إلى الحقبة العامة (ح ع) من المرور بأمن سالمين. وتحضروا هناك لمقابلة أناس من شعوب مختلفة وثقافات وخلفيات متنوعة. فستلاقون مع من ادعوا لأنفسهم أفضلية وعلوًّا، وسعوا وراء اشتقاقات وهمية ظانين أنها ستوصلهم إلى الأفضلية التي زعموها لأنفسهم. وستتقابلون أيضًا مع من ادعوا الحق في معارف لم يُنتجوها ولم يكن لديهم حتى المقدرة على حمل ما جاء في أسفارها المنيرة.

لذا، كونوا على دراية بحالة الوعي التي ساقت بعض الناس آنذاك لاعتبار الصفر رقمًا عندما لم يكن له أي قيمة. ومستوى الإدراك الذي جعل آخرين بدلا من المضي قدمًا في مسيرة عبور الزمان، التوقف عن الحركة في سُبات، وتكرار هذا السُبات كل سبعة أيام. بينما دُفع البعض الآخر ليأرخوا أحداث الماضي بأعداد سالبة ليست حقيقية، ويبدؤوا من البداية في منتصف الطريق في حساب عدد الأيام والسنين.

وقبل مطلع فجر اليوم الرابع، لا تنزعجوا إذا ما ظهرت أرض البَرَدَيــس وقد أجهز عليها الحكم الأرستقراطي أو أتى على ثرواتها تمامًا سرقات وتجاوزات المهيمنين. في واقع الأمر، وكما هو العهد دائمًا بأرض البَرَدَيــس، فقد كانت تمهد الطريق لإحدى

أعظم التطورات الفكرية التي تحدت الصورة الفوضوية التي تصورها المتعالين القدماء. فقد كانت أرض البَرَدَيس على وشك تغيير نظرة العالم للمرأة والأرستقراطية وطبيعة القوة. وعلى الرغم من فترات الندرة المؤقتة التي عانت منها أرض البَرَدَيس، كانت الأرض كلها تستعد لميلاد سعيد لعود حميد.

أخيرًا، وفي نهاية المحطة، الجميع مدعوون لحضور جلسة البيان الختامية للاحتفال بانتهاء الرحلة والابتهاج ببدء اليوم السادس والأخير. يُرجى من الجميع المشاركة في البيان بالآراء الصادقة كرفاق أمناء سافروا معًا في مسيرة طويلة عبر الزمان، ربطتهم اهتمامات مشتركة وجمعتهم منافع متبادلة لحرث الخير وزراعة السلام. فسوف تُدمج أفكار وانعكاسات المشاركين الأمناء في مفاتيح للحياة. تستعيد بها الإنسانية زينة ثيابها، وتسترجع الفضائل المكرمة للمكانة الموقرة للإنسان.

وعندها سيُدرك إدراكًا تامًا كل من تصور صورة فوضوية عن النشأة والخليقة، أن البقاء لم يكن أبدًا انتقائيًا ولا حتى قاصرًا على الأقوى. وأنه على عكس ما تصوره المتعالون أن خلق الناس أبدًا لم يكن كوحوش كاسرة أو قرود خاسئة، إنما الحياة الكريمة كانت ومنذ البداية حق مستحق لكل بني الإنسان وما خُلق على وجه الأرض.

وعندما يُفضل أخيرًا جُملة بني الإنسان وبانسجام تام النزوع لحب الخير وحده وحرثه في الفكر والذاكرة كما أوضح سليمان في فلسفته عن الخير، فلن يكون هناك إثنينية أو انقسام أوحتى أي نوع من الاختصام. وستنصلح الأمور كلها ببلوغ الهدف من عبور الزمان مُنتهى أمره.

حتى العلل وكل الأمراض ستختفي. لأنها وكما الاختصام والشرور لم تكن أبدًا سمات أصيلة في البنيان. إنما نتاج التبادلات غير المتكافئة التي ليس لها مكان إذا ما أقيم الميزان ورفعت الموازين المثالية للحياة. ساعتها فقط ستشرق شمس الحكمة من جديد، ويرتد أخيرًا أمر سليمان للسلام بالمرجوع الجدير به. وهو الإقرار بالإجماع من قبل كل الأقوام وشعوب الأمم.

التبادل غير المتكافئ

وبدأ دليل الرحلة في التقرير قائلًا: بعد فترة وجيزة من تعرُش المهيمنين وفرض أنفسهم أرباب (وفي بعض اللغات أطلق عليهم لورد ـ وأحيانًا لوردات)، تراكمت أنقاض الظلم في كل ناحية من أنحاء البلاد التي استولوا عليها. وفي عقود قليلة فقط بعد انقضاء الحكم الحكيم لسليمان، حول المهيمنين أماكن العبادة إلى أسواق والمؤسسات التعليمية إلى ساحات تجارية. وأصبح المال المسبوك في عملات نقدية لامعة وسيلة للتبادل غير المتكافئ. فأبدل النافع بالضار وحول الفاضل إلى جشع. وغير القلوب والأفكار وحتى طبائع الرجال.

وفي نفس الفترة كان الكثيرون مقيدون بأغلال مجتمعية منحرفة تفترض نبالة وهمية للسلالات والأنساب. أعراف مائلة حولت الرجال الأقوياء لوحوش تنصب الفخاخ حتى لإخوتهم لكونهم غير أشقاء. فقد كان مجرد أن للأخ نسب أمومي مختلف عن نسب أم إخوته، في حد ذاته، مبررًا كافيًا للقسوة والوحشية. فتآمر الأخوة على القتل العمد لأحدهم. زاعمين أن اختلاف سلالة الأم للأخ غير الشقيق حرمهم النبالة والاحترام المستحق لهم بالمجتمع. في محيط كهذا، وقع الإخوة في غوى بيع أحدهم للعبودية مقابل ثمن زهيد من قطع معدودة من النقدية. (ملحق ت.٠١٥)

وإلى جانب إتلاف البنية الاجتماعية بفوارق وهمية، أدت تبادلات الهيمنة غير المتكافئة إلى اختلالات أخرى جسيمة في كل جانب من جوانب الحياة. أينما حلَّ المهيمنون أو تولوا، أهلكوا الحرث والنسل والمحاصيل وحتى قطعان الأنعام. وأصابوا العديد من الناس بنصب وعذاب وأدواء. وخلفت خطاهم قحولة بالغة وجفاف ومجاعات شديدة وأمراض أجبرت العديد من الأمم على الخروج في شتات عظيم من أوطانها.

إلا أنه وقبل أن تتلف الأنقاض التي أحدثها المهيمنون كامل الأرض، لاحت في الأفق خطة محافظة طويلة الأمد آتية في الطريق ناحية أرض البَرَدَيس. فقد كان الأوان لإرسال يوسف الصديق لأرض البَرَدَيس للتعلم كيفية التجهيز لتنفيذ منهج قيّم. يحافظ للإنسانية والعالم بأسره على كنوز ثمينة لا تقدر لا بالمال ولا بالدراهم العديدة ولا بأي قطع لامعة من العملات النقدية.

وصل يوسف إلى أرض البَرَدَيس كغلام صغير مرَّ بتجربة حقًّا مريرة. فقد عايش معاناة تحالف إخوته غير الأشقاء ضده، وتحريض بعضهم البعض على قتله. ذلك

لأنه كان لأم يوسف عرق أبوي مختلف عن العرق الأبوي لأم إخوته. في نهاية المطاف ولاختلاط أعراق الأبوين ليوسف تآمر عليه إخوته بتعصب وباعوه للعبودية مقابل عدد قليل من عملة نقدية (عرفت في عصرهم بالدرهم).

وفي أرض البَرَدَيس، في عصر استخدمت فيه الدراهم تم إنقاذ يوسف من الجهالة البائسة لإخوته التي اعتقدوا أنها نقاء أعراق ونبالة. ليس ذلك فحسب، فقد تربى يوسف في بيت أحد المسؤولين ذي المكانة المرموقة من أهل أرض البَرَدَيس. وتعلم فيه علم الاقتصاد التحليلي الذي كان أحد علوم أرض البَرَدَيس الساطعة آنذاك. (ملحق ق١٣٠.)

وأصبح يوسف الصديق في أرض البَرَدَيس خبيرًا نابغًا يُجيد بامتياز قراءة الأنماط الاقتصادية المختلفة والتنبؤ باتجاه النمو في الدخول والأرزاق. فتوصل يوسف بالتعليم الذي تلقاه بأرض البَرَدَيس ليصبح مؤهلًا لمنصب مستشارًا متميزًا للخزانة، قادرًا على تدبير شؤون الخزينة، وإيجاد الحلول، وتصميم الخطط الدقيقة لتعديل المسار.

فأصبح يوسف على دراية واسعة بتحليل العوامل المؤثرة في مختلف الظروف الاقتصادية. وموهوبًا بشكل خاص في قراءة الحقائق الموضوعية في البيانات والرؤى وحتى أحلام الحُكام. فقد كانت مهمة يوسف الخالصة هي مساعدة أهل أرض البَرَدَيس على إنقاذ حصادهم والحفاظ عل محاصيلهم لتصمد في وجه قحولة قادمة عليهم دمرت البلاد المحيطة بهم وأخرجت جموع من الناس من أراضيهم الأم. (ملحق ق١٣١.)

فعُين يوسف الصديق أمينًا على خزائن أرض البَرَدَيس. تلك الخزائن الأكبر على وجه الأرض وكانت زاخرة بكنوز هائلة لم يكن لها مثيل في ذلك التوقيت. فصمم يوسف دراسة كانت حقًا طويلة المدى ومفصلة باستراتيجيات دقيقة تحافظ لأرض البَرَدَيس على مواردها وثرواتها. وتضمنت الحلول التي قدمها يوسف أيضًا خطة عمل للحافظ على الأنعام معافاة والمحاصيل مزدهرة. فنصح يوسف أهل أرض البَرَدَيس بحفظ ثمار عملهم الدؤوب على مدار سبعة أجيال كاملة على حالته الأصلية.

كما أرشد كذلك بتخزين مكتسبات هذه السبعة أجيال من العمل الدؤوب في سوقها بأقل قدر من التغيير لتُستدام لمدة سبعة أجيال أخرى لاحقة.

وكان الهدف من كل النصائح الأمينة ليوسف المحافظة على ثروة قومية نافعة للعالم بأسرة لزمن مستقبلي من أن تهدر في غفلة المهيمنين وقتها. عصر مستقبلي تم التقدير والحساب له بدقة بالغة. فيه تنقضي اختلالات التبادلات غير المتكافئة للمهيمنين. وتصبح كذلك ثروات أرض البَرَدَيس موضعًا للتقدير والامتنان مرة أخرى من جديد قبل انقضاء الزمان. (مـلحق ق ١٣٢.٠)

مطلع الفجر

واستطرد الدليل قائلًا: وفي مطلع فجر اليوم الرابع، عند منتصف مسافة الستة أيام، ليس أمام المرء إلا أن يقف وقفة احترام وإعجاب بالطريق الحافلة التي خاضتها الإنسانية. فبنهاية الألفية الثالثة من الحقبة قبل العامة (ح ق ع)، قطع بني الإنسان حقًّا شوطًا طويلًا في مسيرة عبور الزمان. فانتصر على خدع من ادعوا الألوهية ومغالطات كل الأرباب الزائفة. كما أطاح بالطغاة الجائرين وكشف الأباطيل والحيل المضللة لكل من لُقّب بملك أكبر واستأجر المخادعين. والأهم، أن الإنسان أيضًا انطلق في طريق اكتساب المعارف، وبدأ في إصلاح ثياب إنسانيته واسترجاع زينته التي انتزعها غرور المتعالين وأحادي النظرة.

وعلى الرغم من كل ذلك التقدم، إلا أنه وحتى بداية القرن الأول من الحقبة العامة (ح ع)، كان لا يزال أمام بني الإنسان العديد من التحديات لتجاوزها. فبالرغم من أن الناس آنذاك بدوا مترابطين ظاهريًا بثقافة متوسطية واحدة، إلا أنهم كانوا في غاية الانقسام. فقد عانت الشعوب آنذاك من صراعات محتدمة ومعارك متعددة أشعلتها خلفياتهم المختلفة حضاريًا وثقافيًا واجتماعيًا ودينيًا وحتى اختلافاتهم اللغوية. حتى أن سكان نفس البلدة فصلتهم حواجز منيعة أعاقت التفاعل بين من سكنوا القرى ومن عاشوا بالمدن. كل قرية وجماعة ومدينة كان لها تقاليدها المنفصلة، وأحيانًا لغتها المختلفة. فأمست عبادات معظم شعوب الثقافة المتوسطية آنذاك خليط من تقاليد مختلفة وطقوس طائفية اقترضت من بعضها البعض حيث عبدوا آلهة بعضهم البعض. (مـلحق ت ٥٢.٠)

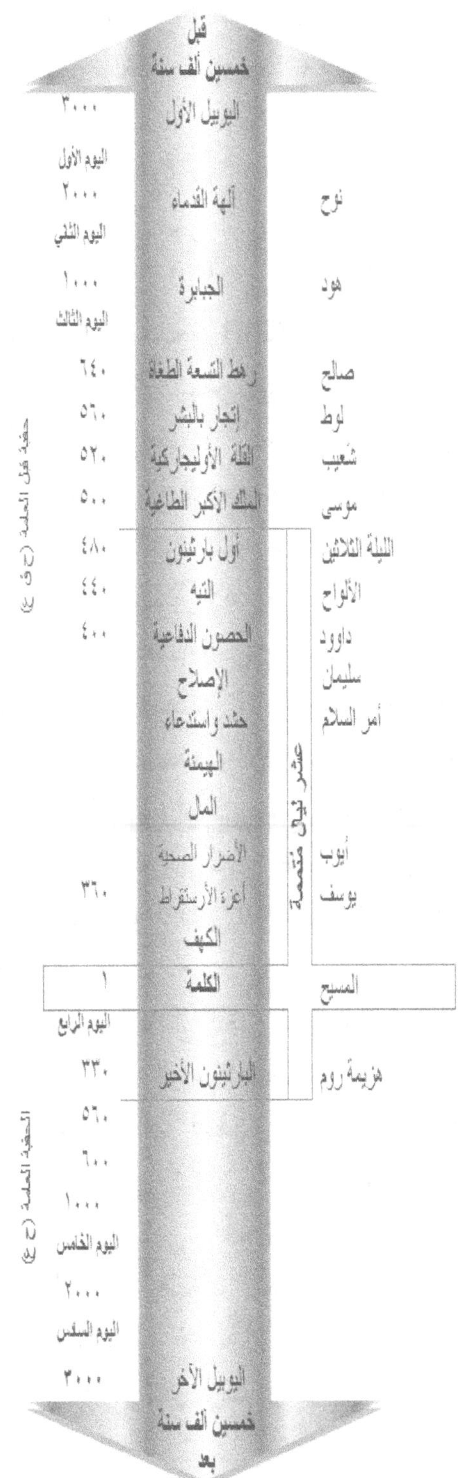

إضافة إلى ذلك، قبل اليوم الأول من القرن الأول من الحقبة العامة (ح ع)، كانت النظرات والأطر المرجعية متباينة بشدة من ثقافة لأخرى. وكان سوء الفهم والأفكار الخاطئة شيء شائع الحدوث بين المجتمعات. فقد كان للموضوع الواحد تفسيرات متعددة اختلفت بشدة وفقا لمعايير المجتمع والعقائد والخلفيات الثقافية والحضارية به. حتى عندما كان الناس على موعد لرؤية الكلمة تتخذ شكلًا تظهر فيه وتتجسد كما انتظروا بفارغ الصبر. تصورت المجموعات المختلفة صورًا متباينةً تمامًا عن نفس الكلمة. كل جماعة تحيزت إلى الأفكار الأولية لأقوامهما ورأت الكلمة المُتجلية أمام أعينها بصورة مختلفة تمامًا عن ما تصوره الآخرين.

على سبيل المثال، قَسَم المُتعالون الذين اعتبروا مادتهم خالدة وادعوا لأنفسهم أنساب ألوهية الكلمة إلى ثلاثة أجزاء ليأخذوا لأنفسهم نصيبًا منها يحقق لهم شعورهم بالأفضلية. أما من نظروا إلى اختلاط الأنساب بدونية وجدوا أن الكلمة في حد ذاتها غير مرضية لتعاليمهم عن المولد الحسيب ولا تتفق مع معاييرهم للنبالة ونقاء السلالات. وبالتالي، استبدلوا الكلمة بعناصر أخرى طبقية غير حقيقية لم يكن لها أي وجود. أما عُصبة الغرباء الذين دائمًا ما

عملوا جباة للضرائب لأي ملك ادعى لنفسه أي نوع من الكِبر والأفضلية، لم يكن لهم أي علاقة بالكلمة سوى ملاحقتها والتخلص منها. فقد كان من غير المفهوم بالنسبة لهذه العُصبة من الغرباء تخيل أي شيء يمكنه أن يوحد الإنسانية أو يُكرم بني الإنسان.

إلا أنه في فجر اليوم الرابع، وبالرغم من اتساع الفوارق وتباين التصورات، رسخ شيء لا شك فيه في كل الأذهان. أن ميلاد الكلمة كان علامة للزمان بأسره وعلم للساعة يستحق الاحتفال به والابتهاج. فقد ضُربت الكلمة مثالًا وضياءً ليومين جديدين قادمين. يُنظر فيهما الصورة الحقيقية التي لم يدركها الخَصِمِين من أول وهلة. فمنحت الكلمة للإنسانية يومين بألفي سنة في حساب توقيت الإنسان (ت ن). فترة وافية يستكمل فيها جميع الناس رؤيتهم غير المكتملة ويتعلموا تمييز الحقيقة، ليستطيعوا إدراك الصورة الكاملة. (ملحق أ ١٩،١٤.)

فأمدت الكلمة الإنسانية بيومين مقدار هما ألفي سنة. مهلة كافية لكي ينسلخ أكثر المتعالين من الغفلة التي أعاقتهم من تصور الصورة الحقيقية. يومين بألفي سنة يزيل فيها أصحاب التصورات الفوضوية حُجب النظرات الضيقة التي منعتهم من تمييز أدلة الخير الموجبة والإدراك الفوري للكلمة. يومين يعادلان ألفي سنة، مدة حقًا مناسبة حتى لمن أعرضوا سابقا أن يتخلصوا من الشطط، ويتخلوا عن إثنينية الاختصام، ومن ثم يقروا طواعية بأمر السلام. يومين بألفي سنة فترة وافية يلين فيها قلب الأعنف والأقسى من الناس لهجر العادات المدمرة للذات، وتفضيل النزوع إلى حب الخير وحرثه ومؤازرته بالفكر والذاكرة.

يومين بدئا في فجر اليوم الرابع في العقد الأول من الميلاد (ح ع) ليستمرا ألفي سنة حتى بداية اليوم السادس في القرن الواحد والعشرين بعد الميلاد (ح ع).وهو فترة من الزمان كافية ليظهر فيها ويتجلى لكل الناس كيف كانت الكلمة طوال الوقت كالبذرة، تتفتح وتنبت، ثم تنمو وتستغلظ حتى تُصبح يانعة على سيقان مستوية وقوية.

يومان يستمران مع الإنسان حتى أن تشرق شمس الحكمة مرة أخرى في صباح اليوم السادس، اليوم الآخِر في الأيام. الأوان المُقدر للإنسانية لاستعادة الفضائل المزينة لثيابها والاحتفال بتحقيق الهدف من عبور الزمان بيوبيل العام، الألف سنة بهجة وخير وشكر وسلام. (ملحق أ ٢٠.؛ ق ١٣٣.)

اليوم السادس

قبل
خمسين ألف سنة

	المفاهيم	الأنبياء/الأحداث
٣٠٠٠	اليوبيل الأول	
اليوم الأول		
٢٠٠٠	آلهة القدماء	نوح
اليوم الثاني		
١٠٠٠	الجبارة	هود
اليوم الثالث		
٦٤٠	رهط التسعة الطغاة	صالح
٥٦٠	اتجار بالبشر	لوط
٥٢٠	القلة الأوليجاركية	شَعيب
٥٠٠	الملك الأكبر الطاغية	موسى
٤٨٠	أول بارثينون	الليلة الثلاثين
٤٤٠	التيه	الألواح
٤٠٠	الحصون الدفاعية	داوود
	الإصلاح	سليمان
	حشد واستدعاء	أمر السلام
	الهيمنة	
	المال	
	الأضرار الصحية	أيوب
٣٦٠	أعزة الأرستقراط	يوسف
	الكهف	
١	الكلمة	المسيح
اليوم الرابع		
٣٣٠	البارثينون الأخير	هزيمة الروم
٥٦٠	القرآن	مُحمد
٦٠٠		
١٠٠٠		
اليوم الخامس		
٢٠٠٠		يومنا
اليوم السفس		
٣٠٠٠	اليوبيل الأخير	

خمسين ألف سنة
بعد

حقبة قبل العلم (ق)

حقبة العلم (ع)

عشر ليال مُتممة

جلسة البيان

علق الباحث قائلًا: أن تفضيل النزوع إلى حب الخير وحرثه في الفكر والذاكرة مفتاح لاسترداد مقصد سليمان للخير والسلام. بل وأيضًا لاستعادة القصة الحقيقية لمسيرة الإنسان. ذلك بالقول أن سبب الحياة والخليقة، كان، ومنذ البداية، خير تام بلا ندم على شر أو خلل أو اعتلال. وأن مسافة الستة أيام لم تكن أبدًا فترة عقابية ليُكفر فيها الإنسان عن خطيئة. ولا بأي حال من الأحوال فوضى عبثية يصارع فيها الإنسان الوحشة والاضطراب. بل أن عبور الزمان كان عرضًا كريمًا للتقدم من خلال التخالف والتعاقب في أطوار الحياة حتى الوصول إلى حالة إدراكية متسعة الحضور بلا حواجز أو حدود أو عوارض زمانية وقتية. فقط، كان على الإنسان أن يتعلم تمييز الحقائق التي تحُث التقدم، وتوجه المسيرة للأمام حتى بلوغ هذا الطور المتطور.

۞ ۞ ۞

الشر أبدًا لم يكن جندي
كما أنه ليس للخير مُعيئًا

وكيف للخير أن يستعين بالشر
فإن استعان به فلا خير رأينا

فكما لا يستوي الحق والباطل
ولا تستوي الظلمات والنورا

الخير خير قائم بذاته
بلا مكر ولا إلتواء ولا شرورا

ومن لا يعرف الخير لذاته
هو كمن لا يرى النور نورا

فلا تدع بالشر دعائك بالخير
فتكن ممن يقلبون الأمورا

۞ ۞ ۞

وأضاف الباحث قائلًا: كما أن تعقب موسى أمرًا حقًا مهمًا وضروريًا لخروج الإنسانية من الظلمات إلى النور. ولكن في التتبُع الدقيق لخطاه المفتاح لعدم الانحراف عن المسار والتيه في أرض قاحلة لا شعلة فيها ولا ضياء. وللتأكد من الاتجاه الصحيح في المسيرة، على المُتبعين التوجه ناحية شمس الصباح مع جعل أعينهم على البحر الأوسط. فقد عبر موسى من الجانب الأيسر إلى اليمين ناحية القبس والمنارة حيث آنس الضياء. ومع الوضع في الاعتبار أن موسى سار بجموع من ساروا معه إلى أرض البَرَدَيس، وليس لخارجها، وأبدًا لم يقُدهم إلى البرية في عكس الاتجاه. فقد وصل موسى حقًا في الميقات المحدد بالضبط للضربة الأولى على الطغيان. وأخذ وعدًا بميقات مستقبلي لإتمام الأمر الموعود والقضاء على النظم الطاغية. بكل تأكيد، اتباع مسار موسى في الاتجاه الصحيح يُبدد ظلمة التصورات الفوضوية التي ساقت العالم إلى الصراع والعداء.

وبعد طول نظر وانتظار لا يزال أمر سليمان للسلام في انتظار المرجوع الجدير به والرد عليه بالإقرار بالإجماع. الأمر بكتاب سليمان لحكام هيمنة ثيب بعدم التعالي والاختصام لانتحال أفضلية غير حقيقية. ودعوته الجامعة لشعوب الأمم لإصلاح الفضائل المكرمة للإنسانية.

فبكل تأكيد أن بالبردية المحتوية على كتاب سليمان مفتاحًا ذهبيًا لتألق شمس الحكمة من جديد. وسواء لتُحلت كتاباته المسجلة عن عمد أو حُرفت عن مواضعها بغير قصد في الترجمة. وسواء أسندت مخطوطاته الفلسفية للسفاسطة أو الأميين أو أي من المؤلفين المزيفين في القرن الرابع حقبة قبل عامه (ح ق ع)، فإن محتواها لا ينير إلا عند قراءته في موضعه وسياقه الصحيح. عندها فقط تضيء الصورة الكاملة لصرحه المُحيل طبيعة المادة بمنشآته وكامل البنيان.

وأشار الباحث أيضًا، أن في تتبع التغيرات البيئية التي بدأت مع التبادلات غير المتكافئة لحكم الهيمنة بعد عصر سليمان مفتاح لكثير من الألغاز. ليس فقط لفهم منشأ الأضرار الصحية والأمراض، ولكن أيضًا لمعرفة كيفية العلاج. وبدأ الباحث في التقرير: أن مريض من الزمن الحالي يُدعى أيوب أراد مشاركة قصته في بيان جلسة الختام. فأيوب إنسان مليء بالثقة أنه خُلق في أفضل هيئة وأحسن صورة، معافًا ذكيًا وموهوبًا بعقل لديه المقدرة على احتواء العالم بأكمله. ولكنه وُلد مصابًا باضطراب يسبب الشيب المبكر للخلايا العصبية. اضطراب يُفسد التفاعل الاجتماعي، ويُوهن التواصل اللغوي، ويصيب الجسد والعقل بأنماط مُعيقة لسلوكيات اندفاعية متكررة.

واستطرد الباحث قائلًا: ولم يكن حتى أن بدأ أيوب في تفحص الصور الكامنة لأسلافه، ليدرك أن الناتج التراكمي للتبادلات غير المتكافئة على مدى القرون الماضية قد غير وظيفة الأعضاء في الكائنات والمخلوقات وعلى مستوى تكوين الخلية. فقد أكدت أدلة الصور الكامنة التي التُقطت لأجداد أيوب القدماء في أرض البَرَدَيس قبل نهاية عهد سليمان أنهم جميعًا كانوا أصحاء نعموا بحياة خالية من الأمراض. إلا أن الصور الكامنة التي التُقطت لأسلاف أيوب منذ بداية حكم الهيمنة بعد عصر سليمان وحتى الآن تشير إلى انتشار واسع النطاق للأمراض وبأنماط آخذة في التزايد المُطرد.

فقد كشفت الصور الكامنة بوضوح أن انتهاك حرمة التوازن لم يتسبب فقط في انقراضات هائلة لمخلوقات عديدة والقضاء على الغابات. بل أصاب أعدادًا كبيرةً من

الناس بالكثير من الاضطرابات الجسدية والنفسية وأيضًا الوعية. وأظهرت الصور الكامنة أيضاً أن تمدد مال الهيمنة الباخس لكل الأشياء إلا لإستطالة زمان تسودهم والاستعلاء، لا يمكن أن يرقى أبدًا لما استدعاهم إليه سليمان. فقد استبدلت تبادلاتهم غير المتكافئة اليسر بالصراع، والنافع بالضار، وحب الخير بحب المزيد.

وبشكل غير مسبوق، غيرت الأُظم الهيمنية في العناصر التي كان من المفترض أن تحافظ على وظائفها متزنة وأخلت بتكوينها حتى في داخل الذرة والخلية في الأحياء والجماد. كما تسببت في تغيرات كيميائية وطفرات خطيرة في جميع أنواع الحصاد. عندها فقط، أدرك أيوب أن تجاوزات المهيمنين كانت سببًا مباشرًا في الفساد وأيضًا الضرر والأمراض التي أصابته بالنُصب والعذاب. وفي ضوء شمس هذا اليوم الجديد أصبح من الواضح لأيوب أنه من أجل الشفاء، على الإنسانية أن تتبنى بالإجماع "نظامًا خاليًا من الجشع والتعالي".

ذكر دليل الرحلة الجمع قائلًا: بأن كتاب المثاني حقًا كتابًا متمِّمًا وكان نعم الرفيق طوال الرحلة. فقد سطعت مصطلحاته المُحكمة لتلفت الانتباه إلى كثير من الأدلة والبراهين، وتُلقي الضوء على العديد من المفاتيح لأمور عظيمة. فقد بيّن كتاب المثاني أن بني الإنسان كانوا جميعًا ومنذ بداية الزمان مكرمين بأقوم الفضائل ومعززين بأكرم النعم. ومن يومهم الأول على الأرض كانوا موقرين بأزين الثياب، أبدًا لم يكونوا يومًا مهانين بظلمة أو مخزيين بسوءة عري. وقدم كتاب المثاني إثباتات قوية أن السعي للمعرفة لم يكن أبدًا خطيئة أو معصية. وأكد بالأدلة القاطعة أن طريق الإنسان في عبور الزمان كان ومنذ البداية، زاخرًا بالآيات والعلامات الجلية الواضحة. قرى ظاهرة ونماذج مثالية احتشدت واصطفت في تناسق وانتظام ليس فقط لتزين الطريق، ولكن كفِرة للأعين تتلألأ كالمنارات. فترشد الإنسان في تقدمه للأمام لتكون مسيرته في هيئة منتظمة تحتفظ لكيانه بأحسن البنيان.

وأضاف الدليل أن أهل أرض البَرَدَيـس عرفوا في وقت مبكر أن تطوير المعارف من الأمور المقدسة. فسجلوا إنجازاتهم الرائعة على ألواح مضيئة ظاهرة للعيان. عرض للعلوم عام، بعضه منقوش بأوراق بردي تمتد بلا نهاية لآلاف السنين والبعض الآخر محفور في جداريات خالدة تشهد بامتنانهم للمسيرة والحياة. فظلت سجلاتهم مشرقة بدلائل منيرة

وجلية في إيصال الحقيقة. موضوعية مهما مر عليها الزمان أو تغيرت اللغة أو الألسن أو مبادئ الإنسان. معارف حقًا مُحيلة، كانت في كل مرة تُترجم للغة أخرى، ترفع رسالتها من يترجمها إلى أعلى قمم الرونق. وتمنح لمن يحملها قرونًا عديدةً من العظمة وتهديه لعصره الذهبي.

فعلى سبيل المثال، عندما تُرجمت علوم أرض البَرَدَيـس لأول مرة في التاريخ إلى اللغة الإغريقية القديمة، ارتقى فجأة الإغريق القدماء إلى عصر ذهبي لم يكونوا يحلمون أبدًا بالوصول إليه. وفي طرفة عين تحولوا من أقوام لا تقرأ ولا تكتب وليس لها أي سجلات مكتوبة أو حتى تقويم أو تاريخ موثق، إلى مجتمع يتكلم عن النظريات الفلسفية ويجادل في المسائل العلمية.

من ناحية أخرى، عندما أهمل الرومان معارف أرض البَرَدَيـس ودمروا كتبها ومكتباتها، بل وعاقبوا من عمل على نقل المعارف في زمانهم بعقوبة القتل. أغرقوا أنفسهم والعالم في عصر طويل من الظلام الحالك. مرة أخرى، عندما استعاد العرب ما تبقى من تلك المعارف بعد ما أفسده ودمره الرومان، وترجموها مجددًا من الإغريقية القديمة إلى العربية، توصلوا هم أيضًا إلى عصر ذهبي استمر بهم إلى ما يقرب من الألف سنة. والأهم من ذلك أنهم أنقذوا قدرًا هائلًا من العلوم والمعارف التي أصبحت الأساس الذي بُنيت عليه واستقرت معظم علوم اليوم الحديثة.

وبعد عدة قرون من اليوم الخامس في مسافة الستة أيام، ومع بداية التنقيب الحديث في القرن السادس عشر من الحقبة العامة (ح ع)، تُرجمت مرة أخرى بعض صُحف وبرديات السجلات القديمة لأرض البَرَدَيـس من لُغتها الأصلية. ولكن هذه المرة كانت الترجمة إلى اللغة الإنجليزية الحديثة. إلا أنه، لم تُثمر هذه الترجمة ككل مرة عن عصر ذهبي. بدلًا من ذلك أنتجت للعالم عصرًا صناعيًا! ولكن اللافت للنظر أنه حتى ومع ميزة التقدم في الزمان وتطور علوم الترجمة، كان هناك تراجع وإصرار من البعض على التمسك بالافتراضات الفوضوية القديمة. فزعموا أن البقاء انتقائيًا، واعتبروه امتيازًا محجوزًا للأقوى. وبكل رجعية، انتحلوا لأنفسهم سيادة وأفضلية، بل وسلطة على العالم غير شرعية. ومن زمانهم حتى الآن أعلو شريعة الاختصام ومزقوا شعوب الأرض إلى أشتات متصارعة لتفريقها حتى يسهل عليهم التسود والاستعلاء.

لذلك، فقد حان الموعد لإعادة ترجمة المعارف المنيرة لأرض البَرَدَيـس مرة أخرى لتعديل ما انحرف وانجرف عن هدفه وموضعه. ولكن هذه المرة يجب ألا تكون الترجمة إلى لغة واحدة. فقد حان الميعاد لترجمتها من لغتها الأصلية لكل الألسن التي يتحدث بها الإنسان تحت الشمس اليوم. فأبدًا لم يفت الأوان، لإعادة قراءة بردية كتاب سليمان في سياقها الصحيح. لتتألق حكمته وتنير آخر الأيام- اليوم السادس من مسافة الستة أيام في مسيرة الإنسان لعبور الزمان.

ربما كان الأوان هو الزمان لتبدد النظرات الإثنينية التي استقطبت العالم لأحزاب متخاصمة. وربما كان الأوان هو البداية لفصل النزوع إلى حب الخير وحده وحرثه في الفكر والعقيدة والذاكرة. وربما آن الأوان ليرتد لسليمان أمره للسلام بالمرجوع المنتظر بإقرار بإجماع جميع الأمم. وربما انصلحت الأمور والمواد لإنقاذ الإنسان من خزي حرب عالمية أخرى في مثل هذا التوقيت المتقدم من الزمان. خاصة مع قدوم صباح اليوم السادس آخر الأيام لرتق ثياب الإنسانية واسترجاع زينته من الفضائل التي انتزعها الغرور والتعالي.

وهنا أعلن الدليل إعلان الرحلة الأخير قائلًا: لمن لديه اهتمام لاكتشاف المزيد من لآلئ كتاب المثاني لزخرفة اليوم السادس، سيكون هناك سلسلة من الأبحاث النوعية مخصصة للبحث في مواضيع محددة من خلال ما سُجل عنها بكتاب المثاني. إلى ملتقًى قريب في أبحاث قادمة وزمالة علمية مع الراغبين أن يكونوا من المزملين في علوم الكتاب المتمم!

مفاتيح الحياة

❋ يشير كتاب المثاني أن **الإنـسـان** ومنذ بداية الزمان مُكرم بأقوم الفضائل مُعزز بأكرم النعم

❋ وأن جميع بني الإنسان كانوا ومن يومهم الأول على الأرض موقرين بأزين الثياب، أبدا لم يكونوا مهانين بخزي ظُلمة أو سوءة العري

❋ وأن السعي للمعرفة لم يكن أبدا خطيئة أو معصية

❋ بل أن عبور الزمان كان عرضا لتحمل أمانة تُخرج الإنسان من الجهالة والنسيان فيتقدم بحملها إلى حالة إدراكية مُتسعة الحضور والمثول

❋ وأن طريق الإنسان كان ومنذ بداية ظهوره في الزمان، زاخر بالآيات والعلامات الجلية الواضحة. قرى ظاهرة ونماذج مثالية كقرة للأعين احتشدت واصطفت في تناسق وانتظام لتزين الطريق وترشد الإنسان في تقدمه للأمام

❋ لأن سبب الحياة والخليقة، كان، ومنذ البداية، خير تام بلا ندم على شر أو خلل أو اعتلال

❋ فقط، كان على الإنسان أن يتعلم تمييز الحقائق التي تحث التقدم في تخالف وتعاقب فترات الزمان، حتى بلوغه الطور المتطور

رسل الأخاة

سجل كتاب المثاني قصص رسل الأخاة مدعومًا بأدلة تاريخية وعلمية قاطعة لتلفت الانتباه لقصصهم الحقيقي وتُبرهن عليه بحُجج تُزيل غيوم الأساطير التي حجبت ذكرهم لقرون طويلة؛ذلك لأن في قصصهم الحقيقي دروسًا قيّمة وآياتٍ بينةً للإنسانية.

❋ فالقصص المذكور عن هود في كتاب المثاني هو نفسه ما سجله التاريخ عن (هيسيود). فلاح مُزارع اعتبره قومه لحلاوة كلامه شاعرًا،ولكنه عاش في أيام وُصفت أنها نحاسية. وعانى شخصيًا من نُظم الحكم الجائرة التي بطش الحكام فيها كالجبابرة.وانتهى العصر الذي عاش فيه هود (هيسيود) بتغيرات مناخية متعلقة برياح مدمرة.

❋ وكذلك القصص المذكور عن صالح هو نفسه ما سجله التاريخ عن (صولون أو سولون). مُصلح ومُشرع قانوني مُوقر في قومه، وأيضًا اعتبر شاعرًا لحلاوة كلامه،لكنه عاش في فترة زمانية برز فيها حكم رهط من تسعة طُغاة سموا حسب لغة الأقوام (أركون أو أقواس).وفي عصره بدأت هندسة حفر القنوات في الجبال، وتم استغلالها في عقر المياه والاستجباء.وانتهى الزمان الذي عاش فيه صالح (صولون أو سولون)بزلزال تسبب في تفجير بركان كان السبب في القضاء على نُظم الطُغاة وافسادهم واخلالهم للتوازن في الأرض.

❋ ولم يختلف اثنان على القصص المذكور عن لوط، حيث إن ما نادت به جماعة الضغط بمدينته كان ولازال شيئًا فعلًا غير مسبوق،إلا أن أغلبهم مازالوا في حيرة عند تحديد موقع تلك المدينة.بالرغم من شهرة الطرق التي سلكها قوم لوط في استجلاب العالمين وغير المواطنين للاستعباد الجنسي والإتجار بالبشر.

❋ وكذلك القصص المذكور عن شُعيبُ هو نفسه ما سجله التاريخ عن (ثراسيبولس). مُشرع يسن الدساتير لم يكن من الطبقة المُوقرة في المدينة، لكنه عاش في فترة تميزت بحكم قلة أوليجاركية للمدينة منعت مواطنيها من حرية التصرف في أموالهم وممتلكاتهم وحكمت بالإرهاب.وانتهى عصره بزلزال فجر بركانًا كانت له سُحب عظيمة كالمظلة البليلية.

مسار موسى

❋ أُمر موسى أن يسريَ بالناس إلى أرض مصر، وليس خارجها.

❋ أُمر موسى أن يتخذ في أرض مصر بيوتًا له ولأخيه ويجعلوا بيوتهم في مصر قبلة للناس وكل من سيتتبعونهم.

❋ لاحظوا البراهين التي تربط بين الفرعون المذكور بقصص موسى وملك أول إمبراطورية عابرة للبلاد الذي كان لقبه الملك الا ٔكبر).

❋ اتخدم الملك الا ٔكبر في زمن موسى تقنية فريدة في البناء تطلبت استخدام الالاف من الأوتاد الخشبية المصنوعة من عيدان من خشب الأرز. وكانت هذه التقنية غير مستخدمة على الإطلاق في أبنية مصر القديمة في هذا العصر.

❋ واستخدم مك الا ٔكبر أيضًا في زمن موسى عقوبة الصلب لمعاقبة الخارجين على حكمه.وبالرغم من أن عقوبة الصلب مسجلة جيدًا في تاريخ كل من الإمبراطورية الفارسية وآسيا الصُغرى تركيا حاليً ا) وبعد ذلك الإمبراطورية الرومانية، إلا أنها ظلت مرفوضة من قبل كل من شعب مصر والإغريق القديمة لتعارضها مع مبادئهم الإنسانية، ولكن سُلط عليها الضوء في النصوص المقدسة للتعريف الدقيق بهوية الفرعون الطاغية.

هوية فرعون

❋ ٔظهر موسى آيتين بارزتين للإشارة إلى الأرض التي كان فيها كرسي العرش للفرعون الطاغية:

❖ الآية الأولى كان لها علاقة بثعبان كبير هزمه في كرنفال شهير.

❖ والآية الثانية أشارت إلى حجر أبيض بيضاوي أخرج من باطن تلك الأرض.

❋ كشف موسى السحرة المأجورين من قِبل الملك الطاغية في مواجهة حدد لها الملك موعدًا في مناسبة مشهودة كانت تُقام في مكان وزمان معلومين ويحشر لها حشود كبيرة من الناس من كل مدائن إمبراطورتيه المترامية عبر البلاد.

❋ ضُت أرض فرعون في عهد الملك الا ٔكبر بزلزال فلق قاع البحر لفرقين على شكل تقوس طود عظيم. أغرق هذا الفلق فرعون و"قومه أجمعين". وقضى على جميع مظاهر الحياة في أرضهم ودفنها لقرون طويلة تحت أمتار عديدة من الطين إلا ٔ بدن البنيان الذي خلفه فرعون وقومه الذي ظهر مرة أخرى في عمليات التنقيب الأخيرة التي تمت بالقرن العشرين في شمال البحر المتوسط بالمنطقة التي كانت مقرًّا لحكم إمبراطورية الملك الا ٔكبر الطاغية. الإمبراطورية التي امتدت آنذاك عبر البلاد من بلاد فارس وكل بلاد الإغريق القديمة، وآسيا الوسطى، وشمال إفريقيا، بما في ذلك الدولة المصرية.

❋ من ناحية أخرى، ظلت جميع أراضي مصر تُجّ بكل مظاهر الحياة في استمرارية غير مضطربة مُسجلة وجلية في جميع الفترات التاريخية بشكل لا يمكن إنكاره.

❋ فأمسى الكرنفال المشهود لسحرة، والثعبان الكبير، والنُصب البيضاوي أبيض اللون الذي أخرج من باطن الأرض، والبناء المتوتد، وعقوبة الصلب، وفلق البحر الذي أهلك جميع قوم فرعون، كلها علامات بارزة تُحدد بدقة أرض فرعون وهوية الملك الطاغية.

تعرُش الهيمنة

❊ لم يفوض سليمان الطيور في مهام السفراء والمبعوثين السياسيين، ولما كان الهدهد شعارًا يُمثل الأمة المتعالية التي تغيبت عن حضور حشده الجامع.

❊ لم يُصرح الحكام المتعالين لهيمنة ثييب (سبأ) علانية برفضهم الإقرار بأمر سليمان للسلام، إلا أنهم وبكل مكر تشبثوا بأعرافهم البالية التي منحوا لأنفسهم فيها الامتيازات. وقرروا إرسال مبعوثيهم بهدية مالية إلى سليمان. وبكل ثقة انتظروا أن تعود عليهم تلك الأموال بمرجوع لائق.

❊ ساقت النظرة الإثنينية للمتعالين من قوم ثييب (سبأ) الاختصام بين بني الإنسان،وأحدثت الفُرقة والشرذمة في تماسك جسد الإنسانية والجمع الإنساني.

❊ وسبب التبادل الهمجي للمهيمنين كتمدد المال وإزالة غابات الأشجار في حدوث أول اختلال بيئي من صنع البشر والذي أدى إلى ظهور الأمراض والإضرار بكل الخيرات وشتات وانقراض الكثير من المخلوقات بما في ذلك دواب كانت تعتبر من الوحوش.

❊ وإذاكانت بداية الأضرار المرضية لازالت غير واضحة أو جلية،فيجب الرجوع إلى أيوب لمعرفة من أصابه وأهله بالنُصب والعذاب. وما تسبب في مرضه وأسخن كل محيطه ولم يرحم حتى الأجساد المحفوظة لموتاه.

❊ وخذوا نصيحة يوسف الصديق إذا ماكانت حقبته في مصر بُمكن تزمينها في فترة تسبق:
❖ استخدام المال (خاصة عملة الدراهم).
❖ أو ظهور حُكم أعزة الأرستقراط.
❖ أو استخدام عقوبة السجن.
❖ أو معاقبة المساجين بعقوبة الصلب.
❖ أو استيطان القوم الذين كان من تقاليدهم تقطيع جلد اليد كنوع من أداء القسم بالدماء خاصة عند تدبير المكائد في الخفاء.
❖ أو حدوث المجاعة والجفاف الذي أخرج الناس في كرفانات كبيرة من البلاد المحيطة.

حب الخير

✦إن تفضيل النزوع لحب الخير وحرثه ومؤازرته في الفكر والعقيدة والذاكرة هو قلب فلسفة سليمان التي أعلنها بالجمعة العظيمة الجامعة أمام مجمع الحكماء.

✦ فقد كان حب الخير وحده بالنسبة لسليمان هو السبيل لإنهاء الاختصام وكشف الحجب التي ساقها التضاد لمن تصوروا الوجود لُجة وساحة لصراعاتهم التفاضلية. تلك الصراعات الفوضوية، ذات الحُجب المُظلمة المُغشية، الناشئة عن انتحال العلو والأقدمية لمن تصوروا الشر طبيعة أصلية من الطبائع الوجودية.

✦ فكان مفهوم سليمان عن النزوع إلى الخير وحده مفهومًا مستنيرًا، كفيلًا بأن يبطل زيف ما استوردته النظرات التفاضلية المُتعالية من شرور وفُرقة واختصام غير مُتناسقة مع ما في الكون من تماسك وخيرية، ولم يكن لها وجود من قبل أو كيان لا في الخليقة ولا جسد الإنسانية.

✦ فظل مُلك سليمان وحكمه الحكيم عصرًا ذهبيًا لحب الحكمة والعلم والخير، منقطع النظير حتى الآن، لم ينبغ لأحد من الذين جاؤوا من بعده.

✦ وبقيت دعوة سليمان المكتوبة في برديته، كتابًا عظيمًا يدعوا فيه المتعالين بعدم انتحال لهيمنة والإقرار طواعية بأمر السلام.

دعوة مفتوحة للسلام

من سليمان

باسم إله رحمن رحيم

رب كل الناس ورب العالمين

ملحقات

- ☼ ملحق (أ): الكتاب المُقدس
- ☼ ملحق (ت): تاريخ
- ☼ ملحق (ع): علوم
- ☼ ملحق (ق): المثاني

ملــحق . أ

الكتاب المقدس

تستند المعلومات المعروضة أدناه إلى فهم الكاتب للنص الإنجليزي للكتاب المقدس. الغرض من النبذة المُقدمة في كل مُلحق هو الإشارة إلى نص الكتاب المقدس المستخدم كمرجعية وليس المقصود منها تفسير النص. يُرجى العلم أن النصوص المُختارة في الملحقات أدناه هي على سبيل المثال وليست على سبيل الحصر. تم ترقيم آيات الكتاب المقدس على النحو التالي: (**اسم الكتاب** رقم الفصل: رقم الآية).

أ.١   سليمان: وفقا لجميع النصوص المقدسة، كان حاكم حكيم بشكل استثنائي في الحقبة قبل العامة (ح ق ع) عصر ما قبل الميلاد

أ.٢   الملوك الأول ٢٩:٤
آية تدل أن سليمان أوتى حكمة عظيمة أبعد من كل المقاييس

أ.٣   الملوك الأول ١٣:٣
آية تدل أن سليمان أوتى ثروة كبيرة.

أ.٤   الجامعة ١٢:١٣-١٤ ؛ الأمثال ١-٧ ؛ أغنية سليمان (نشيد الأناشيد)
آيات تدل أن سليمان أوتى نوع فريد من البصيرة لكتابة علوم الحكمة البليغة

أ.٥   الملوك الأول ٢٣:١٠-٢٤
آيات تدل أن الحكمة والثروات التي أوتيت لسليمان تفوقت على جميع ما أوتي للحكام الآخرين

أ.٦   الملوك الأول ١٥:٩
آية تدل أن سليمان بنا المدن الكبرى

أ.٧   الملوك الأول ١:٥ ؛ ٨-٢٢
آيات تدل أن سليمان بنا أكثر أماكن العبادة قدسية

أ.٨   الملوك الأول ١٤:٣؛ ١١:٦-١٣؛ ٢٥:٨؛ ١:٩-٩؛ ١١:٩-١٣
عادة ما تفسر هذه الآيات على أن سليمان فشل في البقاء مخلصا لإيمانه

أ.٩   الملوك الأول ١:١١-٨
عادة ما تفسر هذه الآيات على أن سليمان أتخذ لنفسه عددا هائلا من الزوجات

والمحظيات بزيجات غير محللة أو صحيحة

أ.١٠   الملوك الأول ٣:٣-٥ ؛ ٨:٦١-٦٦
آيات تدل أن سليمان كان له قلب مخلص، جهود مشهودة في إصلاح العدالة وإحقاق الحق

أ.١١   أعمال ٧: ٤٣ ؛ عاموس ٢٥:٥-٢٧
عادة ما تفسر هذه الآيات على أن سليمان أدار شؤونه باستهتار، وتصرف بأسلوب تحكمه الأهواء وأن حكمته كانت غير مجدية

أ.١٢   مزمور ٣:٨٩-٤
آيات تدل أن داوود كان شديد التقوى وعُهد إليه بعهد إلهي

أ.١٣   صموئيل الثاني ١١-٢٤ ؛ كورنثوس الأول ٩:٦-١٠؛ الرؤيا ٨:٢١
عادة ما تفسر هذه الآيات على أن داوود ارتكب فعل الزنا والقتل المركب

أ.١٤   بيتر الثاني ٨:٣
آية تُشير إلى أن يوم واحد مع الرب هو كما ألف سنة في حساب الإنسان

أ.١٥   الخروج ٦:٥-٨
آيات تدل أن الحاكم في عصر موسى أمر بعدم تزويد البنائين بالأعواد الخشبية اللازمة لصنع الطوب للتصعيب عليهم وإجبارهم على جمعها بأنفسهم

أ.١٦   التكوين ٣:١١
آية تدل أن البنائين استخدموا الطوب المطبوخ بدلا من الحجر، والحمر بدلا من الطين في أبنية فرعون

أ.١٧   الخروج ١: ١١
آية تدل أن البنائين بنوا للحاكم في عصر موسى مدن وليس الصروح

أ.١٨   إشعياء ٤٥:١
آية تدل أن الإمبراطور الفارسي (سايروس) الأكبر مُسح مسيحا

أ.١٩   متي ٤٠:١٢
آية تشير إلى أن ابن الإنسان يبقي ثلاثة أيام وثلاث ليال في قلب الأرض

يوحنا ٤:٤٠، ٦:١١
آية تشير أن عيسى المسيح بقي لمدة يومين وتعاظم عدد من آمنوا به

أ.٢٠   مرقس ٤: ٢- ٩، ١٤، ٢٦-٢٩

آيات تشير إلى تمثيل الإيمان بغرس وزرع البذور

لوقا ١١:٨

آية تشير إلى مثل البذرة

مرقس ٢:٥-٨

آيات تدل أن المسيح شفى الرجل من سلوكياته الخطيرة المدمرة للذات

مـلـحق . ت

تاريخ

جُمعت البيانات الواردة أدناه من مصادر مختلفة، بعضها حقائق بديهية ومعروفة، والبعض الآخر مدعوم بمعلومات موثقة من سجلات تاريخية مختلفة. في بعض الملحقات أدناه يتم توجيه نظر القارئ للرجوع إلى مُلحقات أخرى؛ وذلك لتسليط الضوء على أوجه الصلة والتشابه التي تربط بين الأحداث المعروضة في هذه الملحقات والتي أراد الكاتب إبرازها. جميع المراجع المستخدمة لدعم المعلومات الواردة أدناه مُرفقة في نهاية المُلحق.

ت.١ ساحة المسرح المدرج

مكان في الهواء الطلق له ساحة كبيرة جداً ومقاعد مصممة في طبقات بارتفاع مستويات يسع عشرات الآلاف من الحضور. ظهرت الساحات المدرجة لأول مرة في الفترة (إغريقي ـ رومان) في القرن الثالث قبل الميلاد. سجلات من نصوص الأهرام والقرص الحجري المحفوظة في المتحف الألماني تشير إلى أن ساحات المسارح المصرية وإن كانت غير مُدرجة تعتبر الأقدم على الإطلاق حيث يعود تاريخها إلى ما لا يقل عن ٢٠٠٠ سنة قبل الميلاد. [1]

ت.٢ صحائف البردي

يُعتقد أن كلمة بردي كلمة إغريقية ذات أصل مصري استخدمت للإشارة إلى شكل مبكر من الأوراق. وكانت أوراق البردي تُصنع من السيقان الطويلة مثلثة الشكل لنباتات مائية مزهرة نمت في النيل في الأراضي العليا من مصر والدلتا. ويعتقد أن نبات البردي كان يسمى" ارو " وكان يعرف باسم "ري". صُنعت أوراق البردي لأول مرة في مصر في وقت مبكر من فترة ٤٠٠٠ قبل الميلاد وكانت تستخدم كسطح للكتابة. لم ينتشر استخدام أوراق البردي كسطح للكتابة بين باقي البلاد في جميع أنحاء العالم حتى بدايات القرن الأول قبل الميلاد. [2,7] وكان نبات البردي يشكل في أوراق طويلة تبلغ أحيانا عشرات الأمتار وتلف على شكل لفائف إسطوانية. وكانت البردية الواحدة تحتوي عدة كتب داخلها. فكانت كلمة الكتاب في العصور القديمة تستحضر في الأذهان شكل لفائف البردي (كما في الشكل الموضح). ولم يكن الشكل الحديث للكتب المكونة من صفحات مخيطة معا داخل غطاء خارجي معروف حتى عصر ما بعد الميلاد.

ت.٣ ختم ملكي

كارتوش بيضاوي الشكل به خط أفقي في نهايته يستخدم للإشارة إلى أن النص المنحوت هو اسم ملكي للحكام المصريين القدماء. ويعتقد أن إستخدام الأختام الملكية بدأ في التعميم في مصر القديمة حوالي سنة ٢٦٠٠ قبل

الميلاد.

ت.٤   لغة عربية

لغة حديثة يستخدمها ما لا يقل عن ٣١٠ مليون متحدث لهم خلفيات حضارية متنوعة من ٢٨ دولة مختلفة. وهي ثالث أكثر اللغات تحدثا بعد الإنجليزية والفرنسية. وقد حافظت على نظامها الأصلي للكتابة منذ أن ظهرت في البداية وحتى الآن بلا تغيير يُذكر.

ت.٥   الأهرامات الكبرى

تشير السجلات التاريخية أن عصر بناء الأهرامات بمصر استمر خلال فترة ٢٨٠٠- ٢٥٠٠ قبل الميلاد. تعتبر الأهرامات بهضبة الجيزة العجيبة الوحيدة من العجائب السبعة للعالم القديم التي لا تزال موجودة. حيث أن العجائب الأخرى تم ذكرها في السجلات التاريخية لكن لم يرها أحد.

ت.٦   الأخاة

قُسم الآثينيين والآيونيين القدماء الذين عاشوا على ساحل آسيا الصغرى وكذلك الجُزر والبر الرئيسي لبلاد الإغريق القديمة إلى أربع قبائل. وكان لكل من هذه القبائل الأربعة الرئيسية ثلاث أقسام فرعية كانت تسمى أخاة. فكون هؤلاء الإثنى عشر أخاة على مدار تاريخيهم نُظم للحكم تتوارثها عائلات أرستقراطية من سلالات معينة لها تقاليد وأعراف مُلزمة. وكان لنُظم حكم الأخاة طقوس دينية خاصة بهم كما كان للأخاة الحاكمين دور قيادي في أقوامهم أعطاهم هيبة ونفوذ هائل.[٢,٤,٥] انظر أيضاً ملحق . ق.١٩.

ت.٧   هيسيود شاعر ومزارع

هيسيود: (ولا تنطق الـ س في بعض اللهجات القديمة في مناطق عديدة من أوربا) كان شاعرا إغريقيا (عندما كانت حدود الإغريق القديمة تشمل مناطق واسعة من أوربا تمتد لما بعد الحدود المعروفة لفرنسا اليوم). يُعتقد أن هيسيود عاش حول سنة ٧٠٠ قبل الميلاد.

أشار هيسيود في قصيدته "أعمال وأيام" إلى أنه كان مزارع اختلف وتجادل مع إخوته لأنه تعرض للغش وانتزعت منه حقوقه الطبيعية الموروثة له كإنسان.[٢,٥] وأشار هيسيود إلى الحكام في عصره بالإخوة ولكنه وصفهم أيضاً بالعمالقة والجبابرة. كما أوضح في قصيدته أنهم كانوا ملوك وشخصيات ذات سلطات قضائية ادعوا لأنفسهم أنساب إلهية.

وأشار هيسيود أن قوة هؤلاء الحكام ومصدر نبالتهم استمدت من احتكار مصادر المعارف والتحكم بكل أنواع التشريع في قومهم. انظر أيضاً ملحق ق.٢٣, ٢٥, ٣١, ٣٢.

ت.٨   هيسيود وعقيدة القوة

وأشار هيسيود إلى عقيدة قومه عن القوة والبأس موضحا أنه وفقا لمبدأ القوة آنذاك أن

الشخص الذي يحاول الوقوف للأقوى منه يعتبر به سفاهة.[٥.٢] انظر أيضاً ملحق
ق. ٣٣.

ت.٩   تحذير هيسيود من الرياح المدمرة

وحذر هيسيود قومه من كوارث طبيعية ذات طبيعة عاصفة لرياح قوية تُسبب الموت
للرجال، وتدمر المدينة، وتترك البلاد قاحلة. وحذر أولئك الذين يمارسون العنف
والقسوة من إتباع المذاهب المعوجة ونصحهم بالتوقف عن الجشع.[٥.٢] انظر أيضاً
ملحق ق. ٢٨، ٣٤-٣٨.

ت.١٠   سولون شاعر ومصلح

يعتبر سولون (وفي بعض اللغات "صولون"، مع مراعاة أن الـ "ون" زائدة إضافية
للمفرد المذكر في اللغة الإغريقية القديمة) شاعر وأحد الحكماء اليونانيين السبعة الذين
عاشوا في القرن السادس قبل الميلاد. كان معروفا كمُصلح ومشرع بذل جهدا كبيرا
لإصلاح التشاريع ضد الفساد والتدهور الأخلاقي. زار مصر لتعلم الفلسفة من الكهنة
المصريين.[٥.٢]

وقف سولون ضد رهط (نطقت أركون - أقواس) من تسعة طغاة عرفوا بإسم
(ثيموسيد). بجل هؤلاء الطغاة التسعة لرهط ثيموسيد التقاليد الأرستقراطية وأعطوا
لأنفسهم السلطة القضائية لتحديد للناس عاداتهم وتقاليدهم. انظر أيضاً ملحق
ق. ٣٧-٣٨.

ت.١١   سولون وأول قناة لعقر المياه

تشير السجلات أن سولون (صولون) كان في الأصل من سموث القديمة التي كانت
جزيرة إغريقية غنية وقوية في شرق بحر إيجة. كانت سموث أيضاً وطن فيثاغورث
الذي عاش في نفس فترة عصر سولون تقريبا في القرن السادس قبل الميلاد ودرس
علم الهندسة في مصر. نُسب إلي فيثاغورث حفر أول قناة في الجبل في عهد أحد
الحكام الطاغية. وحُفرت هذه القناة في جبل كاسترو بمدينة سموث بطول حوالي
١٠٠٠ متر (١٠ دكا في حساب القدماء).[٥.٢] انظر أيضاً ملحق ق.٣٩.

ت.١٢   عقر المياه

وتشير السجلات إلى أن حاكما طاغية حفر قناة من جانب الجبل إلى الجانب الآخر
لتحويل مسار المياه من مجاري تدفقها الطبيعية.[٤] حيث اعتبر هذا الطاغية المياه
ملكية عقارية يمكن السيطرة عليها والتحكم في إمداداتها بالبيع والشراء أو كيف
يشاء.

ت.١٣   سولون وسيادة رهط التسعة

حُكم التسعة هو نظام للمحاكم تم تشكيله في الإغريق القديمة في أوائل القرن السابع
قبل الميلاد. كان يضم ثلاثة حكام أو قضائيين أساسين يُختاروا من الطبقة
الأرستقراطية. ثم يقوم الحكام الثلاثة بتشكيل هيئة من ستة رجال آخرين بمهام
قضائية. كان كل واحد من هؤلاء التسعة يسمى أركون، وكلهم جميعا (الثلاثة

الأساسين والستة التابعين) كانوا يسموا ثموسيد. أنهي سولون الحكم المستبد لرهط الثموسيد التسعة. وتم الأخذ بحكم الأركون الواحد بدلا من رهط التسعة أركون حوالي سنة ٥٩٤ قبل الميلاد.[2.5] انظر أيضاً ملحق ق.٣٨.

ت.١٤. الديون

أرخ كل من سولون وهيرودوت في سجلاتهما عن نوع من العبودية لم يكن معروف من قبل بدأ في الانتشار في قوم سولون في فترة حياته. فعلى العكس من العبودية المعروفة التي كانت تستجلب العبيد من الأقوام الأخرى أو المهزومين في الحروب. في العبودية التي سجلها سولون لتُعبد أبناء البلد نفسها الذين كانوا من الأحرار ولم يُستعبدوا من قبل.[2.4] ودون سولون في سجلاته أن السبب في وقوع هذه الناس في العبودية كان نوع من الديون جعلتهم يصبحوا عبيد يتم بيعهم وشرائهم كالعقارات. انظر أيضاً ملحق ق.٤٠.

ت.١٥. سولون ودستور الإصلاح

في أوائل القرن السادس قبل الميلاد، قام سولون بإصلاح النظام القضائي في مدينته ووضع قوانين مُفصلة لتنظيم استعادة الحقوق والقضاء على المظالم والديون التي أدت إلي إستعباد الناس وتحويلهم لعقارات.[2.5] انظر أيضاً ملحق ق.٤١.

ت.١٦. سولون واحترام طغاة ثيموسيد

احترم طغاة ثموسيد سولون وكانوا يعتبروه مرجوا فيهم لأنه كان من عائلة أرستقراطية.[2.5] انظر أيضاً ملحق ق.٤٢.

ت.١٧. رهط التسعة الطغاة أرْكُون ثيموسيد (الأقواس التسعة)

رفض رهط التسعة أركون الطغاة لثيموسيد حكم الأركون الواحد.[2.5] انظر أيضاً ملحق ق.٤٣.

ت.١٨. تهديد سلطة ثيموسيد الطاغية

عندما إزداد أتباع سولون اعتبره طغاة ثموسيد تهديدا مباشر لسلطتهم.[2.3] انظر أيضاً ملحق ق.٤٤.

ت.١٩. زلزال أنهى حكم ثيموسيد الطاغية

تشير السجلات التاريخية أن زلزالا قويا حدث في الفترة حول سنة (٤٦٤ قبل الميلاد) ضرب أجزاء كبير من الأراضي الإغريقية القديمة وعطل مظاهر الحياة فيها وأدي إلي ثورات كبيرة ضد الطغيان.[2.7.8] انظر أيضاً ملحق ق.٤٥-٤٩.

ت.٢٠. إستعباد جنسي

كان نقاء النسب قضية مهمة في الإغريق القديمة. فمُنعت النساء من زواج الرجال خارج أسرهن. بينما في نفس الوقت سمح للرجال بعلاقات خارج نطاق الزواج

المعروف مع فتيات يتم إستجلابهم من الخارج. [٧.٢.٤] وتشير السجلات إلى أن الفتيات من غير المواطنين واللاتي ليس لهن آباء قد تم الإتجار بهم وإستغلالهم تجاريا في هذه العلاقات في الإغريق القديمة. انظر أيضاً ملحق ٥٠-٥٤.

ت.٢١ ثراسيبولس وحكم القلة الأوليجاركية

ثراسيبولس ("بولس" اضافة زائدة على الإسم بمعني المدينة) كان من القادة المؤثرين في مدينة آثينا الإغريقية القديمة. في عصره في أواخر القرن السادس قبل الميلاد، شكلت مجموعة صغيرة من قلة أوليجاركية قليلة من الأرستقراطيين حكومة جديدة من مجالس متطرفة. منحوا لأنفسهم السلطة القضائية أجبرت مواطنيها على التخلي عن جميع حقوقهم. [٥.٢] أدانوا الأشخاص بتهم باطلة منها طردهم، ونفيهم، وحتى إعدامهم للاستيلاء على ممتلكاتهم وثرواتهم. انظر أيضاً ملحق ق.٥٨-٦٣.

ت.٢٢ أبولو

شخصية برزت بالقرن السادس قبل الميلاد واعتبرت شخصية أسطورية. عُرف أبولو أنه مُنصل للقوانين والدستور ومؤسس للمدن. وعُرف أيضاً بارتباطه الوثيق بمعبد في الجبل سُمي في عصره (أوراكل) أو معبد الوحي والنبوءة. حيث كان يذهب هناك للاستشارة قبل وضع القوانين في المدينة. [٥.٢] ووفقا للأسطورة، قضى أبولو على الشر الذي رُمز له بثعبان كبير، وأنقذ قومه من الأوبئة، ومنح الحماية للمضطهدين واللاجئين. وكشفت التنقيبات الأثرية الحديثة عن معبد كبير لأبولو عُثر عليه بمدينة دلفي التي كانت مدينة محورية معروفة في الإغريق القديمة حتى القرن السادس قبل الميلاد. انظر أيضاً ملحق ق.٢٥&٢٦.

ت.٢٣ الإمبراطورية الفارسية

كانت أول توسع إمبراطوري في العالم وواحدة من أكبر الإمبراطوريات في التاريخ. أسسها قورش الأكبر في القرن السادس حوالي سنة ٥٥٠ قبل الميلاد. [٤.٢]

سايروس الأكبر (٥٥٩-٥٣٠ قبل الميلاد)

حافظ سايروس (الملك الأكبر) على السيطرة في الإمبراطورية الفارسية بالاستثمار في المارقين والمأجورين. اشترى ولاء المنشقين، وأسماهم (ساتراپ)، وعينهم جباة ضرائب وحكام محليين للمقاطعات ومنحهم سلطة مطلقة لفرض إرادته.

يشير الباحثون إلى أن ملوك الفرس اتبعوا الزرادشتية، وهي واحدة من أقدم العبادات التي ارتكزت على كونية الفكرة الإثينية التي تفترض الصراع الأزلي بين "الخير والشر". [٤.٢]

عرف سايروس الكبير للمعاملة الجيدة من العبرانيين الذين اعتبروه فيما بعد مسيحا وأثنوا عليه جداً عند كتابتهم للعهد القديم قرون قليلة لاحقة على فترة حُكمه. انظر

أيضاً ملحقين ب.١٨ & ق.٦٥.

ت.٢٤   داريوس الأكبر (٥٢٢-٤٨٦) قبل الميلاد

حكم الإمبراطورية الفارسية عندما كانت في أكبر توسعاتها. امتدت حدود الإمبراطورية الفارسية في عصر داريوس الأكبر سنة ٥٠٠ قبل الميلاد من القوقاز وغرب آسيا إلى البلقان والبحر الأسود وليبيا ومصر. سيطر داريوس الأكبر على أنهار نهر السند في الشرق، وآد في الغرب، والدانوب في الشمال، والنيل في الجنوب.[٤٢] انظر أيضاً ملحق ق. ٦٧-٧٨.

ت.٢٥   دلفي

كانت مدينة دينية شهيرة في الإغريق القديمة بالقرب من خليج كورنث. كانت دلفي الموطن لمعبد أبولو الأوراكل (الوحي أو النبوءة) الذي لجأ إلية الأفراد والحكام على حد سواء للاسترشاد بالتنبؤات.[٥،٢] مدينة دلفي كانت تعرف رسميا باسم "بايثو" وتعني حرفيا (الثعبان الكبير) حيث كانت شهيرة باستعراض شهير للسحرة مع الثعابين. كشفت الأبحاث الأثرية مؤخرا عن نصب من الحجر الرخامي بيضاوي شديد البياض أخرج من باطن أرض دلفي سُمى "حجر السرة" الذي جعل دلفي منذ القدم السرة الأرضية. حجر السرة البيضاوي الأبيض يعتبر نقطة جذب سياحية كبيرة في الوقت الحالي. انظر أيضاً ملحق ق. ٧٠.

ت.٢٦   معبد أوراكل - دلفي (٨٠٠-٥٠٠) قبل الميلاد

اكتسب معبد الأوراكل بدلفي أهمية كبيرة سنة ٨٠٠ قبل الميلاد جعل دلفي مركز العالم الإغريقي آنذاك. فقد كان معبد دلفي موقع للحج، كما عُقدت حوله دورات الألعاب الاوليمبية والمهرجانات العيدية بانتظام في مواعيد محددة.[٧،٥،٢] دُمرت دلفي بزلزال شديد وعديد من الانهيارات الأرضية ضربتها في القرن الخامس قبل الميلاد. فظلت دلفي غير مأهولة لقرون عديدة ومدفونة تحت أمتار من الطين حتى عمليات التنقيب الحديثة سنة ١٨٩٣. انظر أيضاً ملحق ق.٧٤-٧٥.

ت.٢٧   عقوبة الصلب

كان الصلب طريقة لعقوبة الإعدام يقصد بها تنفيذ العقوبة المؤدية للموت البطيء بأكثر الطرق ألماً وتنكيلاً. وكانت الضحايا تربط أو تثبت على أعمدة خشبية كبيرة وتترك مُعلقه عدة أيام حتى الموت.

وفي حقبة ما قبل الميلاد كانت عقوبة الصلب منتشرة الإستخدام في الإمبراطورية الفارسية، وأوراسيا (أسيا الصغرى)، والإمبراطورية الرومانية. واختلفت طريقة الصلب إلى حد كبير حسب الموقع الذي استخدمت فيه والتوقيت. فاستخدم الفرس الوتد الواحد المصنوع من جذوع الأشجار كوسيلة للصلب قبل تطوير الصلب واستخدام الصليب ذو القطعتين من قبل الرومان الذين توارثوا عقوبة الصلب كحلفاء للفرس بآسيا الصغرى حتى التاريخ الحديث. بينما عارض بشده كل من مصر والإغريق القديمة ورفضوا استخدام هذه العقوبة في بلادهم لتعارضها مع مبادئهم الإنسانية.[٩٨]

لم يُسجل استخدام الصلب في تاريخ مصر القديمة ولم يُستخدم الصلب لتنفيذ عقوبة الإعدام في مصر حتى عهد الرومان والاحتلالات العثمانية. لذلك يُعتبر من غير الدقيق إلصاق إلي أرض مصر أحداث شهيرة وقعت قبل عصر الرومان تتمحور أحداثها بشكل كبير على إستخدام عقوبة الصلب. انظر أيضاً ملحق ق.٧٧.

ت.٢٨   سقوط حكم الطاغية

مشاكل عديدة أدت إلى تراجع الإمبراطورية الفارسية. ولكن الثورات الإقليمية وخاصة في مصر والتحالفات بين مصر وبعض الحلفاء الإغريق (الأعداء التقليديين للفرس) كانت من بين الأسباب الأقوى التي أدت إلى سقوط الإمبراطورية الفارسية.[٦.٢]

ت.٢٩   فاروس

كانت جزيرة في البحر الأبيض المتوسط بالقرب من الإسكندرية ترتبط بالبر المصري بلسان بري طويل. كانت فاروس واحدة من عجائب الدنيا السبع في العالم حيث كانت موقع المنارة القديمة ومكتبة الإسكندرية الكبرى.

ت.٣٠   الخروج الكبير

أدت الحروب الإغريقية ـ الفارسية في القرن الرابع قبل الميلاد إلى نزوح العديد من الناس من أوطانهم وتسببت في خروج أعداد هائلة من شعوب شمال البحر الأبيض المتوسط من بلادهم. وتشير السجلات التاريخية أن قوافل كبيرة من الناس عبرت البحر واستوطنت في أرض مصر وليبيا في ذلك التوقيت.[٦.٢] انظر أيضاً ملحق ق.٨٠.

ت.٣١   نيبيا

وهو وادي ضيق طويل يقع بالقرب من سفوح جبال أركاديان في شمال الإغريق

البيلوبونيز. كان له أهمية دينية كبيرة في الإغريق القديمة وصلت إلي أقصى ذروتها في الفترة من القرن السادس إلى الثالث قبل الميلاد. وتشمل البقايا المعمارية لوادي نيميا على معبد زيوس ومستوطنات شاسعة على شكل قباب صخرية تحت الأرض كمثل بيوت النمل.

وقد اشتهرت نيميا بإقامة واحدة من الاوليمبيات الهيلينية الأربعة، وكانت الموقع الوحيد من بين الأربعة الذي سمح للفتيات بالمشاركة في الألعاب الرياضية. [8,2] كما كان وادي نيميا مكانا مشهور جداً يسعي إليه الحكام لإستئجار المقاتلين لمعاركهم حيث كان مليء بالشباب الأقوياء الفقراء.

كما كانت نيميا أصل للعديد من القصص الشهيرة التي اعتبرت فيما بعد من الأساطير بما في ذلك قصة هرقل الأسطورية، وقصة الحورية والفرق الثلاثة للأبطال العابرين إلى ثيبيب. حيث منعت هذه الحورية من كانت مسئولة عنهم من الخروج من مساكنهم الصخرية تحت الأرض لكي لا يهلكوا كما أخبرت كما أخبرت النبوءات.

ت.٣٢   الارستقراطية

يُشتق هذا المصطلح من الكلمة الإغريقية" أرستقراط "التي تعني ترأس الأفضل/الأخيار. لقد كان شكلا من أشكال الحكومة الوراثية لسلالة معينة منحت السلطة المطلقة لطبقة حاكمة من الأقلية المحظية بالامتيازات. بلغت الأرستقراطية ذروتها كنظام حاكم في الإغريق القديمة في أواخر القرن الخامس قبل الميلاد. [7]

ت.٣٣   الأيقونات السياسية

تبنت مجتمعات كثيرة استخدام الرموز وصور الشعارات كوسيلة فعالة للتواصل منذ العصور القديمة. لاسيما في المجتمعات التي لم تكن تعرف بعد القراءة أو الكتابة. استخدمت الشعارات، والرموز المختلفة، والنياشين والشارات للرمز إلي وتمثيل الأفراد، والأمم، والمجتمعات، وحتى المفاهيم، والنظرات الفلسفية، والأديان، والطبقات الحاكمة، والقبائل وأيضًا وجهات النظر السياسية.

يرجع أول تاريخ لاستخدام الشعارات للرمز إلي الأشخاص والبلاد في الحقب القديمة إلي ما سُجل في الآثار المصرية سنة ٣١٠٠ قبل الميلاد. كما وجدت شعارات وأدوات رمزية مماثلة في فن بلاد ما بين النهرين القديمة. وكثيرا ما سجل الكتاب باللغة الإغريقية واللاتينية أوصاف لدروع ورموز استخدمت في تاريخ يعود إلي ٥٥٠ قبل الميلاد. انظر أيضاً ملحق ق . ١٠٢.

ت.٣٤   الجنسانية السياسية

كان تعيين الصفات النسوية لوصف سلطة غير شرعية من المواقف التاريخية المسجلة جيدا لشعب أثينا الإغريقية الذين كانوا معروفين بالانحياز بشدة للهيمنة والأفضلية الذكورية. صوَر أرسطو (الفيلسوف إغريقي من أثينا) المرأة في كل كتاباته على أنها أدنى من الرجل أخلاقيا وفكريا وجسديا. [10,4,2] انتقلت هذه الآراء وأثارها إلي المجتمعات الأخرى وانتشرت في بلاد المنطقة كلها بعد غزوات

الإسكندر في القرن الثالث قبل الميلاد. انظر أيضاً ملحق ق. ١٠٤.

ت.٣٥ اختلال توازن القوى

أدت سلسلة المعارك العنيفة التي نشبت بعد سقوط الإمبراطورية الفارسية إلى اختلال كبير في توازن القوى أدى إلى إنهيار القوى التقليدية في المنطقة على الجانب الأيسر من البحر الأبيض المتوسط والإغريق القديمة.[٦،٢]

ومن أمثلة هذه الحروب:

١. الحروب الإغريقية الفارسية ٤٩٢ـ٤٤٩ قبل الميلاد
٢. الحروب البيلوبونيزية ٤٣٠ـ٤٠٤ قبل الميلاد
٣. حروب كورنثية ٣٩٥ـ٣٨٧ قبل الميلاد
٤. الحروب البيوتيية (الأيكة) ٣٧٨ـ٣٧٠ قبل الميلاد

ت.٣٦ ثييب / سبأ / الهيمنة

كانت ثييب/سبأ أكبر مدينة في منطقة بووتيا (أيكة) القديمة. كانت المنافس الرئيسي لأثينا الإغريقية القديمة. انحازت ثييب/سبأ إلى ما تبقى من الإمبراطورية الفارسية خلال الغزوات سنة ٤٨٠ قبل الميلاد.[٦،٢] فتم هزيمة وإضعاف كلا من إسبارتا وأثينا الإغريقية اللتان كانتا ميزان القوى بالمنطقة كلها لفترات طويلة.

حكم الهيمنة

كانت ثييب/سبأ السبب المباشر في ميلاد الهيمنة. وهو شكل جديد من أشكال الحكم نشأ في بلاد الإغريق القديمة وبقايا الإمبراطورية الفارسية تهيمن فيه تحالفات من النبلاء بفرض السيطرة السياسية والاقتصادية والعسكرية على الآخرين بالقوة الجبرية.[٦،٢] في هذا النظام الهيمني، تملكت ثييب/سبأ السلطة العليا بين تحالف النبلاء المهيمين ولكنها لم يكن مسموح لها بالإنفراد بالقرار. فكان على هيمنة ثييب/سبأ قبل القطع في أي أمر من الأمور عقد جلسة رسمية لمجالس النبلاء المهيمنين لكي يشهدوا ويقرروا بالأمر. انظر أيضاً ملحق ق.١٠٥, ١٠٨ ١٠٩- .

ت.٣٧ صعود مقدونيا

كانت مدة هيمنة ثييب/سبأ وغلبتها قصيرة جداً. حيث أطلقت أثينا (العدو التقليدي لثييب/سبأ) سلسلة من الحروب بدأت سنة ٣٩٥ قبل الميلاد وانتهت بالهزيمة النهائية لثييب/سبأ على يد الإسكندر الأكبر المقدوني.[٦،٢]

ت.٣٨ سلالة المقدون المالكة (القرن الثامن-الثاني) قبل الميلاد

استمرت مملكة المقدون ما بين القرنين الثامن والثاني قبل الميلاد. أسسها المقدونيين القدماء الذين كانوا من سلالة (أرجياد) الملكية. كانت مقدونيا مملكة صغيرة قبل القرن الرابع قبل الميلاد خضعت لفترة وجيزة لسيطرة الإمبراطورية الفارسية. وأثناء فترة حكم الملك فيليب الثاني وابنه الإسكندر الأكبر تمكنت من إخضاع الأراضي

الإغريقية.[2،6] استخدمت مقدونيا رمز شمس فيرجينا كشعار ملكي تم سبكه على الدروع الحربية والعملات المعدنية.

ت.٣٩. تعلم القراءة والكتابة

عُرفت الكتابة في مصر منذ وقت مبكر يعود لما قبل ٣٠٠٠ سنة قبل الميلاد. بينما دُونت أقدم الكتابات الإغريقية الناجية بحروف مشتقة من أبجدية فينيقية للآيونيين واقتصرت على كتابات الشعر فقط. لم يعتمد الآثينيون الأبجدية الفينيقية حتى القرن الخامس قبل الميلاد. ولم يُنتج الإغريق القدماء أحرف للكتابة خاصة بهم ولم يتعلموا القراءة ولا الكتابة حتى القرن الرابع قبل الميلاد.[2،12]

تشير السجلات التاريخية أن الإغريق القدماء ظنوا أن ورق البردي نوع من "الطعام" عندما رأوه لأول مرة بمصر. ولم يكن حتى القرن الرابع قبل الميلاد، عندما استوطن الإغريق بالإسكندرية وجعلوها مركزا ثقافيا لهم حتى زعموا أنهم فجأة هم من أنتجوا الكم الهائل من الكتابات العلمية التي وجدت بمكتباتها الملكية وخاصة الكتابات الفلسفية وحتى المتعلقة بفلسفات العلوم المنهجية.

ت.٤٠. السبعينية

تعتبر السبعينية أقدم الكتابات للعهد القديم باللغة الإغريقية وحجر الأساس في التشريع الكانوني (القانوني) بالكتاب المقدس المسيحي. كتبت السبعينية لأول مرة في الإسكندرية بمصر في القرن الثالث قبل الميلاد بواسطة سبعين رجلا خلال حكم بطليموس الثاني (٢٨٥-٢٤٧ قبل الميلاد).[14]

ت.٤١. أنظمة المال

يرجع أول استخدام للعملات النقدية المعدنية إلي القرن السابع قبل الميلاد من العصر الحديدي في منطقة الأناضول الخاضعة للإمبراطورية الإغريقية القديمة. أصدر الملك الإغريقي كرويسوس أول عملة ذهبية في الفترة حول سنة ٥٥٠ قبل الميلاد. لم تكن العملات المعدنية معروفة بعد في بلاد فارس في عهد سايروس الأكبر، ولكن تم اعتمادها بعد هزيمة كرويسوس حاكم ليديا واستبدالها بالعملات المعدنية لداريك الفارسي في سنة ٤٩٠ قبل الميلاد.

استخدم المقدونيون العملات النقدية المعدنية في سنة ٤٩٨ قبل الميلاد. ظلت العملات النقدية المعدنية قاصرة على المعاملات الداخلية داخل المجتمعات المحلية فقط ولم تكن مقبولة كوسيلة للتبادل أو وسيلة للدفع بين البلاد أو المجتمعات المختلفة حتى أواخر القرن الرابع قبل الميلاد.[15] لم تسمح مصر باستخدام المال فيها حتى نهاية القرن الرابع قبل الميلاد أثناء حكم البطالمة. انظر أيضاً ملحق ق.١١٠.

ت.٤٢. الرشوة المالية

تشير السجلات التاريخية أن الرشاوى المالية استخدمت بشكل منهجي في منطقة الإغريق القديمة التي خضعت في ذلك التوقيت لسيطرة خليط من حكام إغريق-

أوربيين وحكام فرس وحكام من آسيا الصغرى.[١٦،٢] وكانت الرشاوى تستخدم لشراء الجنود والولاء والملوك والامتيازات المسئولون في المناصب وحتى القضاة في الألعاب الاولمبية.

ت.٤٣   سلام الملك

تشير السجلات التاريخية إلى أن أمر بإقرار السلام أرسله ملك عظيم إلى هيمنة ثييب/سبأ مرتين في القرن الرابع قبل الميلاد في غضون بضع سنوات بين المرة الأولى والثانية.[١١،٢]

ت.٤٤   الـجياد

كان مسمي اللاجياد إسم آخر للأسرة البطلمية التي حكمت مصر لمدة ٢٧٥ سنة خلال الفترة الهيلينية من (٣٠٥-٣٠ قبل الميلاد).[١٣،٥] كان لاجوس/لاجياد ملك من أصول مقدونية، والأب للسلالة البطلمية التي استوطنت بمصر واعتبرت أسرة مصرية.

ت.٤٥   السفاسطة

كان السفاسطة مدرسين مدفوعي الأجر ظهروا في القرن الرابع قبل الميلاد. جاء السفاسطة إلي مصر مع سلالة اللاجياد المهيمنة وعملوا بشكل أساسي لحساب الأثرياء من طبقة النبلاء الحاكمة.[١٦] نظر السفاسطة إلى المعرفة على أنها مجرد سلعة تجارية واشتهروا باستخدام الحجج الباطلة والمغالطات المختلة الزائفة. تقليديا، عقد السفاسطة مجادلاتهم حول الولائم وحفلات العشاء الكبيرة. تلقي بطالمة اللاجياد تعليمهم على يد السفاسطة منذ صغرهم.

فقاعة فلسفة العلوم للإغريق

كان معظم ما نُسب للإغريق من علوم وفلسفة وأطروحات خطابية وفلسفية كالفقاعة. نشأت جميعها فجأة في القرن الرابع قبل الميلاد واستمرت لعدد من العقود واختفت بعد ذلك ولم تتكرر مرة أخري بعد ذلك وحتى الآن. نُسب إلي من أطلق عليهم فلاسفة إغريق مثل سقراط وأفلاطون وأرسطو وغيرهم كمية هائلة من أعمال علمية في مجالات واسعة التنوع ومسائل علمية لا تدرك إلا على مستوي عالي من الدراية بفلسفة العلوم.[١٢،٦،٤] ومازالت هذه الظاهرة بلا تفسير حتى الوقت الحديث الذي أدرك فيه كل الناس كيف تنشأ وتأسس العلوم ودرجة العمق التي تمر بها خطوات ومراحل تطور العلوم. انظر أيضاً ملحق ع ٢٠.٢١-.

ت.٤٦   سيل العرم

تشير أدلة موثقة باكتشافات علمية وأثرية حديثة أن هجرات هائلة للناس تدفقت كالسيول مع تضاعف الأنشطة العسكرية الضخمة بشكل ملحوظ كتقطيع الأشجار لصناعة السفن الحربية بداية القرن الثالث قبل الميلاد بالجانب الأوربي لحوض البحر المتوسط خلال العصر الروماني-إغريقي.[١٧] انظر أيضاً ملحق ع ٢٢.٢٣-؛

ق. ١٢٥-١٢٦.

أوروبا القديمة

تشير الأدلة الأثرية إلى أن الثقافات القديمة التي نشأت في عدة أجزاء من قارة أوروبا قد طورت مقدرتها على بناء أبنية ضخمة وكان لها مشاريع تعدين هائلة واسعة النطاق منذ العصر النحاسي/البرونزي وما قبله. إلا أن المعلومات التاريخية عن هذه الثقافات أو الناس الذين عاشوا في هذه المجتمعات مازالت قليلة جداً.

ت.٤٧   أثر أسد البحر البطلمي

خلال الفترة المتأخرة من العصر البطلمي (٣٢٣-٣٠ قبل الميلاد)، تم عمل تماثيل برونزية عديدة لأسد البحر العملاق بوقفته المعروفة التي يرفع فيها كفوفه الأمامية بالشكل المبين في الصورة. تعتبر هذه الوقفة لأسد البحر العملاق من الظواهر الطبيعة التي يقوم بها هذا المخلوق في ساعات الصباح كنوع من الاستحمام في أشعة الشمس. [١٨] لكن الإغريق اعتبروها نوع من التبجيل والتقديس للشمس. الصورة المعروضة هي لتمثال مصري أصلي لأسد البحر من العصر البطلمي معروض في متحف مترو بوليتان للفنون في نيويورك.

ت.٤٨   التعُرش بأرض مصر

قائمة الشعوب التي منحها احتلال أرض مصر المقدرة على التمدد في إمبراطوريات كبرى منذ القرن الرابع قبل الميلاد:

١.   الهيلنيين ٣٠٥-٣٠ قبل الميلاد
٢.   الرومان ٣٠ قبل الميلاد-٦٤١ م
٣.   البيزنطيين ٣٠ قبل الميلاد - ٦٤١ م
٤.   الساسانيين ٦٢١-٦٢٩ م
٥.   الخلفاء ٦٤١-٩٦٩ م
٦.   الطولونيين ٨٦٨-٩٣٣م
٧.   الأخاشدة ٩٣٣-٩٧٢ م
٨.   الفاطميين ٩٧٢-١١٧١ م
٩.   الأيوبيين ١١٧١-١٢٥٠ م
١٠.   المماليك ١٢٥٠-١٥١٧ م
١١.   العثمان ١٥١٧-١٨٦٧ م
١٢.   الفرنسيين ١٧٩٨-١٨٠١م
١٣.   والبريطانيين ١٨٨٢-١٩٥٣ م

ملحوظة: لم يتم إدراج الإمبراطورية الفارسية (٥٥٩-٣٣١ قبل الميلاد) في هذه القائمة لوقوع فترة احتلالها لمصر قبل عصر سليمان في الزمان الذي أرسل فيه موسى.

ت.٤٩   أداء القسم بالدماء

تشير السجلات التاريخية أن تقليد تقطيع جلد اليد كان تقليد معروف في أداء القسم في أعراف أهل ليديا وميديا الذين استوطنوا في مصر في القرن الرابع قبل الميلاد. كما هو موثق في السجلات التاريخية كان هذا التقليد وسيلة لأداء اليمين وقطع العهود غالبا بين الرجال، لكن إذا ما قامت به جماعة من النساء، فكان يُنظر له على أنه قسم على حفظ أمر مكيدة أو سر غالبا تآمري.[19,6,4]

ت.٥٠   عقوبة السجن قديما

يعود أول استخدام للسجن كشكل من أشكال العقوبات إلى حضارة بلاد ما بين النهرين، وقد سُجل في قانون أورنامو وقانون حمورابي من بعده. كانت السجون موجودة في الإغريق القديمة ولكنها كانت تستخدم لإيواء المجرمين المحكوم عليهم بالموت. تم بناء السجن الأكثر شهرة في التاريخ القديم في روما حوالي سنة ٧٠٠ قبل الميلاد.

وعلى الرغم من أن السجلات التاريخية تفيد بالأدلة الموثقة أن مصر في العصور القديمة كان بها قوانين منظمة للعقوبات الجنائية، إلا أن السجن لم يكن من بينها. لا توجد أي معلومات أو بقايا أثرية تدعم وجود السجون في مصر القديمة قبل القرن الرابع قبل الميلاد. وتشير كل الأدلة التاريخية والأثرية أن استخدام السجن كعقوبة في مصر بدأ في أواخر فترة المملكة الجديدة في نهاية القرن الرابع قبل الميلاد. لذلك يعتبر من غير الدقيق تأريخ أحداث شهيرة تتمحور أحداثها حول عقوبة السجن في مصر قبل القرن الرابع الميلادي.

ت.٥١   الأنساب الأمومية

في بعض النُظم الاجتماعية كان تحديد السلالة عبر خط الأنثى أمر ذو أهمية كبيرة في تقرير الميراث، وتولي المناصب والسلطة الدينية، والسياسية، وحتى المكانة الإجتماعية والشرف الطبقي في المجتمع. كان هذا التقليد أيضاً من الأعراف الرئيسية لتحديد النبالة في الإغريق القديمة وانتشر منها فيما بعد للشعوب الأخرى حولها. حيث كان نقاء السلالة يتحدد بسلالة الأبوين (أباء الأب وأباء الأم) معا وليس أحدهما ويتطلب أن يكون كلا الأبوين من نفس سلالة القوم. وعادة ما كان يُنظر بدونية لمن إختلطت السلالات والأنساب بين أبويه.

ت.٥٢   التوفيق بين الأديان (٣٠٠ قبل الميلاد - ٣٠٠ م)

يُعد التوفيق بين الأديان من التقاليد الدينية التي انطوت على دمج العديد من التقاليد المنفصلة وخلط المعتقدات والأديان المختلفة معا. انتشر التوفيق بين الأديان خلال الفترة الهلنستية بعد توسعات الإسكندر وعرف بالثقافة المتوسطية. استمر التوفيق بين الأديان (حيث عبد الناس أديان بعضهم البعض) مكتسب قوة خاصة خلال فترات الإضطهاد الديني في الإمبراطورية الرومانية.[20]

مراجع:

١. فورت، أليس وهربر، كيتس. "مسرحيات العاطفة المصرية". في تاريخ دقيقة من الدراما. نيويورك: غروسيت ـ ودانلاب، ١٩٣٥. ص ٤.

٢. كاجان، دونالد. مشاكل في التاريخ القديم في الشرق الأدنى القديم والإغريق. إصدار ٢ ,المجلد ١. نيويورك: برينتيس ـ هول، ١٩٧٥.

٣. بوميروي، بورستين، دونلان، وروبرتس. اليونان القديمة. نيويورك: مطبعة جامعة أكسفورد، ١٩٩٩.

٤. هيرودوت، ووترفيلد، ر.، وديوالد سى. التاريخ. أكسفورد: مطبعة جامعة أكسفورد، ٢٠٠٨.

٥. بلوطارخ. (شوت كيلفيرت)، (إيان) صعود وسقوط أثينا .. انجلترا بالتيمور: كتب البطريق, ١٩٦٠.

٦. ثوقيديدس: (ريكس، وارنر)، فينلي م١. تاريخ الحرب البيلوبونيزية. انجلترا بالتيمور: كتب البطريق, هارموندسورث, ١٩٧٢.

٧. هورنبلر، س. قاموس أكسفورد الكلاسيكي. الولايات المتحدة الأمريكية: مطبعة جامعة أكسفورد، ٢٠١٢.

٨. ساكولاس، توماس. موقع دلفي الأثري Archaeology/Delphi-Archaeology.html. تاريخ الدخول ٢٦ يونيو ٢٠١٨.

٩. جانر يا ساموبلسون. الصلب في العصور القديمة. إصدار ٢ بوستفاخ: موهر سيبيك, ٢٠١١.

١٠. بتلر، جوديث. مشكلة الجنس: النسوية وتخريب الهوية. نيويورك: روتليدج، ١٩٩٠.

١١. روزيكا، ستيفن. "مشكلة في الغرب" في مصر والإمبراطورية الفارسية، ٥٢٥ـ٣٣٢ قبل الميلاد. الولايات المتحدة الأمريكية: مطبعة جامعة أكسفورد، ٢٠١٢.

١٢. دونالد ويليام الأدب اليوناني. موسوعة بريتانيكا الأدب اليوناني. تاريخ الدخول ٢٦ يونيو ٢٠١٨.

١٣. هاينز هاينن. بطليموس الثاني فيليديس، ملك مصر المقدوني. موسوعة بريتانيكا. http://www.Britannica.com/biography/ بطليموس الثاني ـفيريدفوس. تاريخ الدخول ١٩ نوفمبر ٢٠١٩.

١٤. محرري موسوعة بريتانيكا. سيبتاجينت Septuagint http://www.Britannica.com/topic/ موسوعة بريتانيكا تاريخ الدخول ١٥ يونيو ٢٠١٧.

١٥. عملة قديمة من إيونا Snible.org/coins/hn/iona.html. تاريخ الدخول٢٦ يونيو ٢٠١٨

١٦. أفلاطون. لي، هـ. الجمهورية. انجلترا بالتيمور: [هموندسورث]كتب البطريق, ١٩٧٤.

١٧. دونالد هيوز، جي في ثيرغود، "إزالة الغابات، والتآكل، وإدارة الغابات في اليونان القديمة وروما". تاريخ الغابات والحفاظ على البيئة، ٢٦، رقم ٢ (١٩٨٢): الصفحات ٦٠ـ٧٥.

١٨. أرنولد دوروثيا "بستر مصري". متحف متروبوليتان للنشرة الفنية، نيويورك: متحف متروبوليتان للفنون، ٥٢، رقم ٤ (١٩٩٥): الصفحة ٢٥.

١٩. سومرشتاين، آلان؛ تورانس، إيزابيل. اليمين وحلف اليمين في اليونان القديمة. برلين: دي غرويتر، ٢٠١٤.

٢٠. محرري موسوعة بريتانيكا. التزامنية. الديني ـ التزامن. موسوعة بريتانيكا. http://www.Britannica.com/topic/. تاريخ الدخول ٣٠ أغسطس٢٠١٩.

ملـحق . ع

علوم

جُمعت البيانات الواردة أدناه من مصادر مختلفة، بعضها حقائق معروفة والبعض الآخر مدعوم بمعلومات موثقة من مصادر علمية مختلفة. وفي بعض الملحقات يتم توجيه نظر القارئ للرجوع إلى مُلحقات أخرى وذلك لتسليط الضوء على أوجه الصلة والتشابه التي تربط بين الأحداث المعروضة في هذه الملحقات والتي أراد الكاتب إبرازها. جميع المراجع المستخدمة لدعم المعلومات الواردة أدناه مُرفقة في نهاية الملحق.

ع.١   أسد البحر العملاق- النهري

يعتبر أسد البحر من أكثر الحيوانات التي تعرضت للإنقراض. حيث انقرضت أغلب الفصائل من الأنواع العديدة لأسد البحر ولم يبقي من كل فصائله المتنوعة اليوم سوي أعداد قليلة جدًا. وقد أدرجت الأنواع القليلة المتبقية في قائمة الثدييات الأكثر عرضة للخطر.

أسد البحر العملاق حيوان كبير من الثدييات البرمائية، ينشط حصريا خلال ساعات النهار ويفضل أسود البحر بيئة المياه العذبة في الأنهار والجداول والبحيرات والينابيع. يعيش أسد البحر في تجمعات كبيرة في مواقع متسعة المساحة بالقرب من مناطق التغذية. يمكن أن تصل أسود البحر العملاقة إلى ٢.٤ متر (٧.٩ قدم) في الطول و٣٢ كجم (٧١ رطل) في الوزن.

ع.٢   أسد البحر- البحري

فصيل آخر من أسود البحر البرمائية لكنه يعيش في مياه البحار المالحة. عادة ما يكون له فراء سميك ويمكنه الغوص في البحار على عمق كبير وتحمل درجة عالية من الضغط. وتعتبر هذه الفصيلة من أسود البحر أيضاً من الثدييات المُدرجة في قائمة الحيوانات المهددة بالانقراض. يمكن أن يصل وزنها إلى ١٠٠٠ كجم (٢٢٠٠ رطل) وتصل إلى ٢.٤ متر (٨ قدم) طويلة.

ع.٣   البحر الأبيض المتوسط

المعني الحرفي لإسم البحر الأبيض المتوسط يعني في كل اللغات البحر الكبير في أوسط الأرض. ويعتبر البحر المتوسط محاط تماما بالحدود البرية من كل الاتجاهات تقريبا. فهو محاط بجنوب أوروبا والأناضول من الشمال، والحدود الغربية لآسيا وسوريا من الشرق، وشمال أفريقيا من الجنوب. يعتبر موقع البحر الأوسط محوري، وطريقا هاما منذ قديم الزمان.

ع.٤   بحر إيجة/ يم متخلج

امتداد ساحلي من البحـر المتوسط على هيئة يم أو تجويف مُتخلج. يقع بحر إيجة بين

الجزر الإغريقية وأسيا الصغرى وتملؤه العديد من الجزر الصغيرة. وتعتبر أغلب هذه الجزر براكين قديمة تكونت من الحمم البركانية وبعضها تكون من الرخام الأبيض النقي.

ع.٥   مناخ صحراوي

المناخ الصحراوي هو طقس ساخن جاف يزيد فيه معدل التبخر على معدل هطول الأمطار. ويعتبر المناخ الصحراوي الحالة الطقسية السائدة في مناطق النصف الشمالي من أفريقيا والشرق الأوسط.

ع.٦   إرم- المعدن الخام

رواسب صخرية طبيعية تحتوي على عناصر خام معدنية تكونت منذ بداية الزمان وحتى العصر البرونزي. حيث كانت الكهوف والجبال آنذاك غنية بهذه المواد الخام التي ترسبت وتراكمت في هيئة أعمدة ضخمة فريدة لا مثيل لها في المكان ولا حتى الزمان. فلم تعد هذه الأعمدة موجودة الآن في نفس البلاد التي تواجدت بها من قبل وذلك بسبب العمليات المكثفة لاستخراج المعادن التي حدثت بها. ولم تتكون هذه أعمدة مرة أخرى حتى الآن لأنها تحتاج فترات طويلة جدًا لتتكون من جديد.

التعدين

عملية تصنيع تستخدم لاستخلاص السبائك المعدنية الثمينة من فلزات المعادن الخام خاصة النحاس.

ع.٧   العارض العمودي للغيوم العدسية

هي أعمدة من الغيوم الواقفة بتعارض عمودي لاتجاه الرياح. تتكون هذه الأعمدة الغيوم العدسية العمودية غالبا في المناطق الجبلية نتيجة اختلاف نسبة الرطوبة عند مستويات القمم الجبلية. وغالبا ما يعقب تكونها هبوب الرياح في أقصي سرعاتها.' انظر أيضاً ملحق ق . ٣٤ .

ريح صر العاتية

هي رياح جافة باردة تحدث بشكل رئيسي عبر منطقة أود في جنوب غرب فرنسا. وعادة ما يسبق هبوبها تكون السحب العدسية العمودية والتي غالبا ما تعتبر النذير الذي يسبق هبوب رياح صر العاتية. انظر أيضاً ملحق ق . ٣٥-٣٦ .

ع.٨   انهيار العصر البرونزي

قدمت العديد من اكتشافات أثرية أدلة تراكمية تبرهن على حدوث عمليات تعدين واسعة النطاق في جميع أنحاء أوروبا وخاصة حول أراضي فرنسا وانجلترا خلال العصور النحاسية والبرونزية. وتشير الأدلة أن ظروف جوية كارثية مرتبطة بهبوب رياح قوية استمرت على مدى عدة قرون أدت لإنهيار حضارات العصر البرونزي في أوروبا والقضاء على مناطق كبيرة فيها بالكامل تقريبا. وحتى الآن لا توجد أي سجلات منشورة تقدم تفاصيل عن تاريخ أو ثقافة الشعوب التي عاشت بهذه المجتمعات.

ع.٩   ثوران البراكين البيلينية

انفجار بركاني قوي مدفوع بالغاز المنضغط، يُحدث صيحات عالية جداً، وعادة ما يستمر لمدة قصيرة لا تزيد عن يوم واحد. وهو النوع الرئيسي من البراكين غالبة الحدوث بالبحر المتوسط وغالبا ما يسبق ثورانه زلزال. يقذف الثوران البيليني أعمدة عالية من الحطم البركانية والغازات الساخنة تصل لطبقة الستراتوسفير العالية. ويلقي أيضاً بكمية كبيرة من نوع مميز من الصخور المسامية. [٥،٢] انظر أيضاً ملحق ٤٦-٤٨، ٥٤، ٥٧، ٦٤.

ع.١٠   الهشيم المحتظر

كما هو موضح بالشكل بالأدلة الأثرية لبقايا أحد الثورانات البلينية من عصر ما قبل الميلاد في منطقة شمال البحر المتوسط المكتشفة في القرن العشرين أن درجة حرارة الغازات المنبعثة تكون مرتفعة للغاية لدرجة يمكنها أن تُبخر أجسام الكائنات الحية في جزء من الثانية. [٥،٢] ونتيجة لتساقط الأتربة والغبار البركاني تتكون طبقة حول هشيم هذه الأجسام المتبخرة كغلاف من الجبس البركاني يحيط بها ويحتظر بقايا أجسامها في نفس الوضع التي كانت عليه لحظة تبخرها. انظر أيضاً ملحق ق.٤٩.

ع.١١   إنهيار كالديرا

هي خاصية من خواص البراكين البلينية الغالبة الحدوث في البحر الأبيض المتوسط. تنتج عن انهيار أرضي مصاحب للبركان وليس انفجار. يحدث هذا الإنهيار نتيجة الإفراغ السريع لغرفة الصهارة وخروج الحمم البركانية تاركة خلفها تجويف كبير تحت سطح الأرض. يتسبب هذا التجويف في فقدان الدعم الهيكلي لسطح الأرض ومن ثم انهيار ما فوقه من سطح الأرض إلى أسفل في غرفة الصهارة المُفرغة. [٥،٢] انظر أيضاً ملحق ق. ٥٥.

حجارة مسامية مسومة

هي نوع من الحجارة يتكون من تكثف مسحوق أتربة الصخور البركانية المطبوخة بالغازات الملتهبة للبركان مما يجعلها مسومة جداً أي مليئة بالمسام. وهذا النوع من الأحجار يُعد من الأنواع الفريدة نادرة الحدوث إلا في البراكين البلينية شائعة الحدوث في البحر الأبيض المتوسط. تتكون الحجارة المسومة عندما تتسارع الغازات فائقة السخونة والصخور الواقعة تحت الضغط الشديد في الخروج السريع من عنف الإنفجار مع تعرضها في نفس الوقت للهواء البارد وانخفاض الضغط أثناء إنقذافها خارج البركان وتصاعدها في طبقات الهواء العليا.[٥.٢] حيث يؤدي هذا الخروج السريع والتصاعد في طبقات الهواء إلي التجمد السريع للخليط الغازي داخل الصخرة وخلق المسام التي تعطيها صفتها (المسامية) المميزة. وتعتبر سواحل كلا من إيطاليا وتركيا الحالية من أكثر بقاع الأرض في احتوائها على هذا النوع من الحجارة المسومة. انظر أيضاً ملحق ق. ٥٦.

ع.١٢   المظلة البلينية

وهي سُحب من الغبار البركاني العالق والغازات شديدة السخونة التي تتصاعد على شكل عمود مرتفع خارج البركان وتتكثف في الجزء العلوي من العمود. مما يجعلها تبدو كما المظلة تماما في الشكل وما ترميه من ظلال.[٥.٢] وهي أيضاً من الظواهر الفريدة التي لا تتكون إلا في ثورانات البراكين البلينية للبحر الأبيض المتوسط ولا تستمر لأكثر من يوم واحد. انظر أيضاً ملحق ق.٦٤.

ع.١٣   الإنفلاق

عندما يحدث في البحار، يكون عبارة عن فلق في الصخور يفرق قاع البحر لكتلتين يمكنهما التحرك بالنسبة لبعضها البعض. يمكن أن يحدث الفلق في أعقاب الزلازل. ويختلف الشكل المتكون للفلق حسب بعده عن قُطر الكرة الأرضية ونوعية تربة الأرض مكان وقوعه. فطول قطر القطاع الأرضي في نقطة حدوث الفلق من العوامل التي تحدد شكل القوس ودرجة التقوس للفرق المتكون.

قوس الطود العظيم

خاصية جيولوجية تصف الإنفلاقات المنحنية قوسية الشكل التي تحدث في قيعان البحار. ويعتبر موقع الفلق من الكرة الأرضية ودرجة الضغط بقاع البحر من العوامل التي تتحكم في سرعة إندفاع المياه داخل الفلق والشكل النهائي للقوس المتكون. ويوجد عند نقطة إلتقاء قاع بحر إيجة بجزيرة قبرص فلق من قوسين عظيمين يُعتبرا من الأقواس الرئيسية في شرق البحر المتوسط ومن أكبر الأقواس في الكرة الأرضية عموما، ومثال جيد لهذه الخاصية الجيولوجية.[٦] انظر أيضاً ملحق ق.٧٥.

ع.١٤   البارثينون المتوتد

تشير الأدلة الأثرية من مشروع ترميم الأكروبوليس 
الذي تم إجراؤه حديثا في القرن الحادي والعشرين لواحد
من أبنية البارثينون إلى أن جميع أعمدة البناء مكونة من
قطع عديدة من قوالب إسطوانية الشكل كبيرة
مرصوصة فوق بعضها البعض وليست قطعة واحدة.
ولتثبيت هذه القوالب الأسطوانية سويا فوق بعضها
استخدمت ألاف من الأوتاد الخشبية المصنوعة من
عيدان من خشب الأرز.[٧] انظر أيضاً ملحق ق
.٧٣

بناة مصر القديمة

تقدم مقابر عمال البناء التي تم اكتشافها في منطقة مجمع الهرم في سنة ٢٠١٠ أدلة
جديدة على أن العمال الذين بنوا الآثار القديمة في مصر لم يكونوا عبيدا.[٨] حيث أظهرت
كتاباتهم التي وجدت في الموقع أنهم كانوا يقومون بالمشاركة في أبنية تُعد من الأعمال
الوطنية ذات المكانة العظيمة في المجتمع.

فرعون

وفقا للعديد من علماء المصريات أن لقب فرعون لم يكن من ألقاب الحكام المصريين
القدماء. حيث قدم علماء المصريات أدلة تثبت أن اللقب الكامل للحكام المصريين
المُسجل في الوثائق الرسمية، كان دائما مسبوق بواحد من الخمسة ألقاب التالية: حورس،
والسيدتان، وحورس الذهبي، حاكم صعيد مصر والدلتا، وابن رع.[٩] ويستند الاستخدام
الخاطئ للقب فرعون الذي نُسب إليهم حديثا كوصف عام لجميع الحكام المصريين
القدماء على فهم القدماء الذين دونوا العهد العبري القديم.

ع.١٥   الخداع البصري

خلص العلماء والخبراء في مشروع ترميم الأكروبوليس إلى أن بعض التقنيات
المعمارية التي تعتمد على الخدع البصرية قد استخدمت على نطاق واسع لإخفاء عيوب
البناء الهيكلية في البارثينون.[٧] انظر أيضاً ملحق ق. ٧٠.

ع.١٦   بذر السحاب

هو نوع من تعديل الطقس يهدف إلى تغيير كمية ونوع المطر الذي يسقط من السحب
عن طريق نثر أملاح معينة في الهواء. وتشمل الأملاح الأكثر استخداما في بَذر
السحاب: أملاح يوديد الفضة والمواد شديدة الامتصاص كملح البحر. ويشير العلماء إلى
أن ملوحة البحر الأبيض المتوسط تعتبر الأعلى في العالم، وبها أعلى تركيز من اليود
والفلوريد وكلوريد الصوديوم الذين يعتبروا من أمثل الأملاح الطبيعية لبذر السحاب.[١٠]

ع.١٧   كيرال

هو مصطلح مشتق من كلمة (خير). وأحيانا يستخدم للإشارة للوضع المتباين لليدان حيث تكون اليد اليمنى دائما في وضع مقابل معكوس لليد اليسرى. ويستخدم المصطلح في مجالات علمية عديدة لوصف خصائص فريدة.

ففي الكيمياء: يصف خاصية التجانب اليميني اليساري الفريد لترتيب العناصر في الجزيئات والذي يجعل الصورة المتكونه لها في المرآة لا يمكن أن تحل محل الوضعية الحقيقية نظرا لأنها دائما ما تكون منعكسة. وفي الهندسة: يستخدم مصطلح كيرال في وصف الأشكال التي لا يمكن وضعها في أوضاع متناظرة وأحيانا ما يُعبر عن تداخل عامل البعد الزماني الذي يجعل من المستحيل إيجاد هذا الوضع المتناظر. وفي علم الأحياء: يستخدم المصطلح في الدلالة على أن كل شكل من أشكال الحياة له خصائص فريدة به في التكوين والسلوك. وفي الفيزياء: يستخدم المصطلح في إيضاح التكوين البلوري للأجسام الشديد الحساسية للضوء والذي يجعل بلوراتها تستدير في تلون ضوئي تحت تأثير الأطياف المُستقطبة. [11]

وفي هذا الكتاب: يستخدم الكاتب مصطلح كيرال لوصف حالة الخير التام لعرش الإنسانية والتي يكتسب فيها أبعاد مكانية وأيضاً زمانية خارج حدود المادة وهياكل الأحجار. وهي حالة مستمرة من التطور تجعله في تغير وتحول دائم فيبدوا في كل لحظة بلا مثيل أو نظير. وأبداً لا تحل محله أو تغشاه الصورة المنعكسة له في مرآة من رآه.

ع.١٨   السراب

ظاهرة بصرية تحدث بشكل طبيعي حين تنحني الأشعة الضوئية بتقعر مُنتجة صورة مقلوبة للأجسام البعيدة أو صورة السماء. [12] على النقيض من الهلوسة، فالسراب ظاهرة بصرية حقيقية تنكسر فيها بالفعل أشعة الضوء لتشكيل صورة زائفة لشيء ليس له وجود إلا في عين الناظر. أما قراءة الصورة الزائفة للسراب فتعتمد بشكل أساسي على حسابات الفرد وقدراته التفسيرية لقراءة وترجمة ما تمثله هذه الصورة.

ع.١٩   علم المعرفة

هو الدراسة الفلسفية لطبيعة المعرفة، [13] وطرق الإستدلال واتجاه النزوع في معرفة الحقيقة. ويربط هذا العِلم بين أهم المواضيع التي تشغل بال كل الناس منذ لحظتهم الأولى في للحياة وهي علاقة الذات الإنسانية بالعالم.

ع.٢٠   الفلسفة المنسوبة للإغريق

يعتبر أفلاطون واحدا من الفلاسفة الإغريق الذين عاشوا في القرن الرابع قبل الميلاد، ويُنسب له العديد من الأفكار والمفاهيم الفلسفية. ظهرت معظم هذه الأفكار والمفاهيم الفلسفية لأفلاطون في كتاب "الجمهورية" الذي هو حوار مع سقراط بشأن العدالة ويعتبر من أكثر الأعمال الفلسفية تأثيرا في الفكر الإنساني على مدار التاريخ. ويُعتقد أن كتاب الجمهورية كتبه أفلاطون حول سنة ٣٧٥ قبل الميلاد.
ومن الأفكار الفلسفية التي نُسبت لأفلاطون:
–   المعرفة والحب: رُبط بين مفهوم المعرفة والحب في كتاب الجمهورية

–   فكرة الخير: هو مفهوم فلسفي يصف الخير كمقصد نهائي للمعرفة.
–   نظرية التذكر: التي تشير أن الإنسان يمتلك كل المعرفة بصورة فطرية قبل أن يولد. وتربط هذه النظرية أيضاً بين التذكر وحب الحكمة. وتشير إلى أن بعض المعرفة تنتمي إلى العقل وأن الإنسان يمكن أن يحول نفسه لامتلاك المعرفة اللازمة للحياة الجيدة عندما يتم القضاء على الإلتباس حول الخير والشر.

الشكوك

وتنشأ شكوك كثيرة حول مصدر المعرفة التي قدمها سقراط وأفلاطون في كتاب الجمهورية. يجادل الكثيرون بأنه من المشكوك فيه أن تكون هذه المعلومات كانت معروفة لسقراط أو أفلاطون، خاصة عندما أدرجوا في كتاب الجمهورية أمثلة هندسية لشرح المفاهيم. وفقا للإكتشافات الأثرية عام ١٩٤٥ في مصر، فقد تم الكشف عن برديات تحتوي على فصول كاملة لما جاء في كتاب الجمهورية كتبت في مصر في زمان أبكر بكثير مما نُسب لأفلاطون. وبرديات هذه النصوص موجودة الآن في مكتبة نجع حمادي بمصر. انظر أيضاً ملحق. ت.٤٥ & ق.١٢٠.

ع.٢١   السفسطة ومغزل الضرورة

وهو أيضاً تصور منسوب لأفلاطون في كتاب الجمهورية يحاول شرح شكل وكيفية عمل النظام العامل في الكون. يتصور فيه الشمس والقمر والكواكب في حالة دوران مغزلي حول الأرض في أطواق مخروطية بسرعات يتحكم فيها ذراع الدوران المتمحور حول الأرض. كما في هذا الشكل المُتصور للكاتب.

الفلك الإرتدادي

نموذج فلكي هندسي يُنسب للبطالمة يحاول تفسير الحركة الظاهرية للكواكب بحركة إرتدادية تراجعية في دوائر حلزونية متداخلة. ويفترض هذا النموذج فلك آخر موازي تكون فيه الأرض هي مركز الدوران الذي تدور حوله الشمس والقمر والكواكب.

ع.٢٢   العامل البشري في إزالة أشجار الغابات في عصر قبل الميلاد

جبال من أدلة تراكمية للأبحاث الأثرية الحديثة تشير أن نوبات من الإزالة العنيفة لأشجار الغابات وتآكل التربة الكارثي نتجت عن النشاط البشري في بلاد الإغريق وروما القديمة. [١٤] ويعتبر ذلك من أوائل الأضرار البيئية واسعة النطاق التي استنفدت الأشجار وأضرت بالتربة وعوامل الحياة في عصر ما قبل الميلاد الفترة الإغريقي-روماني. انظر أيضاً ملحق. ت.٤٦ & ق.١٢٥-١٢٦.

ع.٢٣   التآكل، والأمراض

أكد عدد من العلماء أن التمدد الجغرافي في أوائل العصر الروماني على الرغم

من أنه أدي إلي توسع زراعي وزيادة أعداد السكان فقد ساهم في إزالة شاسعة للغابات في جميع مناطق شمال البحر الأبيض المتوسط. حيث أدت الأنشطة العسكرية وبناء السفن الحربية إلي تقطيع أعداد هائلة من الأشجار تسببت في تعرية التربة وفقدان البيئة الطبيعية للعديد من الكائنات. ووصل تسارع التآكل إلى أكثر من عشرين ضعف مما أدي إلي إحلال هذه المساحات بالمستنقعات، والتي كانت سبب رئيسي في تفشي العديد من الأمراض في القرن الثالث قبل الميلاد. [15] انظر أيضاً ملحق ت. ٤٦ & ق. ١٢٦-١٢٥.

ع.٢٤   النماذج الظاهرة [16]

هي أمثلة ظاهرة تُقدم نماذج مثالية ترتبط بآلية التعلم عن طريق المحاكاة ومن خلال الملاحظة. وفي العلوم الحديثة يعتبر هذا المفهوم من أكثر الآليات فعالية في التعلم.

التعلم بالمضاهاة

هو آلية للتعلم من خلال الملاحظة. ويعتقد الباحثين في هذا المجال أن هذه الآلية شديدة التأثير في مقدرتها العالية على نقل الثقافة. وفقا للعلماء، أن المضاهاة تختلف تماما عن التقليد لأنها تركز على النتائج المُحققة من العمل وليس مجرد تكرار العمل.

مراجع:

١. الغيوم العدسية القزعية الواقفة. دائرة الأرصاد الجوية الوطنية ـ الإدارة الوطنية للمحيطات والغلاف الجوي. acsl_ www.weather.gov/abq/features، تم الدخول٤ مارس ٢٠١٨.

٢. قابيل، فريزر. ثوران بليني. الكون اليوم. ٢٢أبريل٢٠٠٩. /Www. Today.com/29641 Plean- Eruption/

٣. كاس، ر، رايت.جا.فا .السلاسل البركانية ـ حديثا وقديما، أونوين هيمان، لندن، ١٩٨٨، ص ٥٢٨.

٤. والكر، ج.ب.لـ. "انفجار الثوران بركاني ـ مخطط تصنيف جديد." جيول روندش، عدد ٦٢ (١٩٧٣): ٤٣١ـ٤٤٦.

٥. جودمان م.ت, كونسدويتر ك, وآخرون. "انهيار كالديرا التدريجي في بركان باردربونغا, أيسلندا, التي تنظمها تدفق الصهارة الجانبي." العلوم، ٣٥٣ (٢٠١٦): ٦٢٩٦.

٦. ثيودور دوتوس، سوتريريس كوكلاس. "الإجهاد وأنماط التشوه في منطقة بحر إيجه." مجلة الجيولوجيا الهيكلية، ٢٣، العدد ٣ (٢٠٠١): ٤٥٥ـ٤٧٢.

٧. نوفا. أسرار البارثينون. /www.PBS.org/wgbh/nova الفيديو / أسرار من البارثينون. وقت البث: ٢٩ يناير ٢٠٠٨.

٨. بي بي سي نيوز. تشير مقابر مصر إلى أن الأحرار وليس العبيد هم من بنوا الأهرامات،. يناير

http://www.bbc.co.uk/news٢٠١٠ .

٩. فرعون. موسوعة بريتانيكا. ٣نوفمبر ٢٠١٩ /Www. Britannica.com/topic. فرعون

١٠. هيل، سبنسر. "الاستجابة المناخية غير الخطية لسطوع الإقليمية من الطبقة القطبية الاستوائية." رسائل البحوث الجيوفيزيائية ٣٩، العدد ١٥ (٢١٠٢):١٥٧٠٧.

١١. بولا ى.ب. الكيمياء العضوية (الطبعة الرابعة). كتب بيرسون التعليمية.

١٢. لينش ديفيد، تشارلز ويليام، وآخرون. اللون والضوء في الطبيعة. مطبعة جامعة كامبريدج، ٢٠٠١: ص ٥٨.

١٣. ليندا زاغيبسكي، عن علم المعرفة. بيلمونت، كاليفورنيا: وادسوورث، تعليم سينجاج, ٢٠٠٩: ص ١.

١٤. بينتو، بورنو، أغرويار، وآخرون "إيكولوجيا تاريخية موجزة في شمال البرتغال خلال الهولوسين". البيئة والتاريخ، ١٦، رقم ١ (٢٠١٠): ٣-٤٢.

١٥. دونالد هيوز، ثيرغود جي في "إزالة الغابات، والتآكل، وإدارة الغابات في اليونان القديمة وروما. " تاريخ الغابات والحفاظ على البيئة ٢٦، رقم ٢، (١٩٨٢): ٦٠-٧٥.

١٦. هيوت, دبليو. الملاحظة (الاجتماعية) التعلم: لمحة عامة. علم النفس التربوي التفاعلي. الجمعية العامة: جامعة ولاية فالدوستا، ٢٠٠٤.

ملــحق . ق

المثاني

تستند المعلومات المعروضة أدناه إلى فهم الكاتب للنص العربي لآيات القرآن الكريم التي أشار إليها باسم المثاني خلال هذا الكتاب. الغرض من النبذة المُقدمة في كل مُلحق هو الإشارة إلى النصوص القرآنية المستخدمة كمرجعية وليس المقصود منها تفسير النص القرآني. يُرجى العلم أن النصوص المُختارة في الملحقات أدناه هي على سبيل المثال وليست على سبيل الحصر. ويُرجى العلم أيضًا أنه في بعض الملحقات يتم توجيه نظر القارئ للرجوع إلى مُلحقات أخرى؛ وذلك لتسليط الضوء على أوجه الصلة والتشابه التي تربط بين الأحداث المعروضة في هذه الملحقات والتي أراد الكاتب إبرازها. تم ترقيم الآيات القرآنية على النحو التالي: (اسم السورة:رقم الآية).

ق ١٠   الإسراء:٣٦ ؛ الرحمن:١-١٢

في هذه الآيات حث على استخدام العقل كوسيلة للإستدلال، وفيها أيضاً تأييد لمفهوم العلم والتقدم المعرفي.

ق ٢٠   الإسراء:٣٦ ؛ الحج: ٣،٨،٦٨ ؛ لقمان:٤٦

في هذه الآيات تحذير من اتباع الظن، وفيها أيضاً حث على التثبت بأدلة من المعارف ذات البراهين البينة.

ق ٣٠   البقرة:١١١ ؛ الأنبياء:٢٤؛ المؤمنون:١١٧ ؛ النمل:٦٤ ؛ القصص:٧٥

في هذه الآيات حث على الإستدلال وتقصي البراهين البينة.

ق ٤٠   البقرة:٤١، ١٠١،٩١،٨٩؛ آل عمران:٣،٨١ ؛ النساء:٤٧، المائدة:٤٨ ؛ الأحقاف:١٢

في هذه الآيات تأكيد على صدق النصوص الأصلية للكتب المقدسة السابقة.

ق ٥٠   الـنـمـل:٧٦

تُبين هذه الآية أن أحد أهداف القرآن هو توضيح الأمور التي اختلف فيها السابقون.

ق ٦٠   البقرة: ٩٩ ؛ آل عمران:٧ ؛ الحج:١٦ ؛النور:١ ؛الزمر:٢٣ ؛ الحديد:٩

في هذه الآيات توضيح أن القرآن يقدم نوعين من الآيات: آيات بينات (مباشرة وصريحة) وآيات متشابهات (قياسية).

ق ٧٠   الأنبياء:١٠ ؛ القصص:٥١-٥٢ ؛ ص:٢٩ ؛ الزمر:٢٧ ؛ الدخان:٥٨

في هذه الآيات توضيح أن من أهداف القرآن هو تذكير الإنسانية.

الحِجر:١-٢

في هذه الآيات توضيح أن من أهداف القرآن أيضاً فتح باب للناس في كل الأزمنة وأيضًا بالمستقبل لمراجعة عقائدهم القديمة.

ق.٨

الحِجر:٨٧ ؛ الزمر:٢٣

آيات توضح أن من آيات القرآن ما يعتبر مثانى.

ق.٩

المعارج:٤

في هذه الآية إشارة إلي يوم واحد كان يعادل ٥٠،٠٠٠ سنة في توقيت الإنسان.

ق.١٠

الإنسان: ١-٢

في هذه الآيات تذكير للإنسان بالزمان الذي سبق إدراكه، وإشارة إلي بعض مراحل التطور التي مر بها الإنسان حتى أصبح واعيا ومُدركا.

ق.١١

الأعراف:٥٤ ؛ يونس:٣ ؛ هود:٧ ؛ الفرقان:٥٩ ؛ السجدة:٤ ؛ ق:٣٨ ؛ الحديد:٤

آيات تشير إلى فترة زمنية للخلق طولها ستة أيام.

ق.١٢

الحج: ٤٧ ؛ السجدة:٥

آيات تشير إلى أن يوم واحد عند الرب يعادل ١٠٠٠ سنة في توقيت الإنسان.

ق.١٣

هود: ٢٦-٣١ ؛ نوح:٧

آيات تُدلل على عنصرية قوم نوح وإزدراءهم لبعض أبناء قومهم.

ق.١٤

هود: ٢٦-٣١ ؛ الشعراء:١٠٥-١١٦؛ نوح:١-٢٨

آيات تُدلل على نُصح نوح لقومه ومجادلته لهم بأكثر الحُجج دلالة وبيان.

ق.١٥

القمر:١٠-١٤

آيات تلفت الإنتباه أن الطوفان (وهو إعصار يصيب الأماكن الواقعة بالقرب من سواحل المحيطات) في عصر نوح أحدثه انهمار الأمطار وخلل في الضغط الجوي تسبب في انفجار الينابيع الجوفية مما أدي لفورة طوفان عند نقطة إلتقاء هذه المياه.

ق.١٦

هود:٤٠-٤٣

آيات تُدلل على أن نوح وأهله وعدد ممن أتبعوه من قومه نجوا من موجات الطوفان العالية كالجبال.

ق.١٧

الأعراف: ٦٩؛ المؤمنون:٣١-٤٢

آيات تُدلل على أن العديد من الرسل أرسلوا بعد عدة قرون من زمن نوح لمن ورثوا نفس أرضه من بعدة.

ق.١٨

المؤمنون:٤٣-٤٤

ﺗَﻠﻔﺖ ﻫﺬﻩ اﻵﻳﺎت اﻹﻧﺘﺒﺎﻩ إﻟﻲ ﻧﻤﻂ ﻏﻴﺮ ﻣﻌﺘﺎد ﻓﻲ إرﺳﺎل اﻟﺮﺳﻞ وﺻﻒ ﺑـ (ﺗﺘﺮا).

ق.١٩ الأعراف: ٦٥،٧٤،٨٥؛ هود:٨٤،٦١،٥٠ ؛ الشعراء:١٢٤، ١٦١، ١٤٢؛ النمل:٤٥ ؛ العنكبوت:٣٦.
آيات تُشير إلي الرسل الذين أرسلوا لأخاة أقوامهم. انظر أيضاً ملحق ت.٦.

ق.٢٠ المؤمنون:٤٤
آية تُشير إلي أن أخاة الأقوام كفروا رسلهم، وحولوا قصصهم إلى أساطير.

ق.٢١ سورة الشعراء
تُفصل سورة الشعراء قصص رسل الأخاة الذين تم تكذيبهم من قبل أقوامهم واعتبروا فيما بعد شعراء.

ق.٢٢ النحل:٢٤ ؛ المؤمنون:٨٣ ؛النمل:٦٨ ؛ القلم:١٥ ؛ المطففين:١٣
آيات توضح اللبس الذي وقع فيه الناس عندما كذبوا دروس وآيات الماضي واعتبروها أساطير قديمة.

ق.٢٣ الأعراف: ٦٥ ؛ هود: ٥٠ ؛ الشعراء ١٢٤-١٢٣
آيات تُشير إلي إرسال هود لأخاة قوم عاد. انظر أيضاً ملحق ت.٧.

ق.٢٤ الأعراف: ٦٩ ؛ هود: ٥٢
آيات تُشير إلي أن قوم عاد ورثوا نفس الأرض التي كان فيها قوم نوح بعد قرون من زمانه. وتوضح تعاظم سلطتهم وقوتهم.

ق.٢٥ الشعراء: ١٣٤-١٣٣
آيات تُشير إلي حقيقة قوم عاد من خلال تسليط الضوء على الطبيعة الجغرافية والبيئية لأراضيهم وأنوع الأعمال التي مارسوها.
فبشكل شديد التناقض مع الطبيعة في صحاري الشرق الأوسط وأراضي شمال أفريقيا، فقد وقعت أراضي قوم عاد وسط الجبال العالية وتميزت بالوديان الخصبة المليئة بالحقول المثمرة، والأنهار المتدفقة والينابيع. مما وفر لقوم عاد المراعي اللازمة للعمل بالزراعة ورعي الأنعام بشكل أساسي. انظر أيضاً ملحق ت.٧.

ق.٢٦ الأعراف:٧٤ ؛ الشعراء:١٢٩
آيات تُدلل أيضاً على حقيقة قوم عاد من خلال تسليط الضوء على حفرهم المناجم الكبيرة في الجبال وعملهم في استخراج المعادن والصناعات التعدينية بشكل واسع النطاق.

ق.٢٧ الفجر: ٨-٧
آيات تُبرز صفات أخرى لأراضي قوم عاد وتوضح أسباب عملهم بالصناعات التعدينية واستخراج المعادن. حيث كانت جبالهم تحتوي على رواسب صخرية لخام

المعادن المتراكمة في هيئة أعمدة فريدة من الأورم الخام لا مثيل لها في البلاد. انظر أيضاً ملحق ع.٦.

ق.٢٨   هود:٥٩ ؛ الشعراء:١٣٠

آيات تُشير إلي بطش قوم عاد في الأرض كالجبابرة. انظر أيضاً ملحق ت.٩.

ق.٢٩   الشعراء:١٢٨-١٢٩

آيات تُشير إلي أن قوم عاد نحتوا جبالهم إلي مناجم تعدينية هائلة. ولكن كل صناعاتهم كانت عبثية بلا معني أو منفعة.

ق.٣٠   العنكبوت:٣٨

آيات تُشير إلي أن قوم عاد كانوا مستبصرين وقادرين على التفكير العقلاني.

ق.٣١   الأعراف:٧٠-٧١

آيات تُشير إلي تشكيل قوم عاد لنظام حكم عنصري متعالي، ادعوا فيه أن السلطة كانت حق موروث لطبقتهم الحاكمة نظرا لأنسابها الإلهية. انظر أيضاً ملحق ت.٧.

ق.٣٢   الشعراء:١٣٢

آيات تُشير إلي أن قوم عاد إستمدوا قوتهم من علوم ومعارف استحوذوا عليها واحتكروها لأنفسهم لإحكام السيطرة. انظر أيضاً ملحق ت.٧.

ق.٣٣   الأعراف:٦٦-٦٧ ؛ فُصلت:١٥

آيات تُشير إلي أن قوم عاد اعتبروا أن هود به سفاهة لمحاولته التصدي لقوتهم الباطشة. وتشير أيضاً أن هود حاج قومه أن عقيدتهم عن القوة عقيدة باطلة غير صحيحة. انظر أيضاً ملحق ت.٨.

ق.٣٤   الأحقاف:٢٤ ؛ الذاريات:٤١-٤٢

آيات تفصل ظاهرة مناخية فريدة لا تحدث إلا في مواقع قليلة في الكرة الأرضية وتصفها بأوصاف السُحب العمودية. والسُحب العمودية سُحب نادرا ما تتكون ولكنها كثيرة الحدوث في الأراضي الواقعة جنوب فرنسا حيث تعتبر من الظواهر المناخية المميزة لمناخ هذه المناطق. وفي ذلك مزيد من التأكيد على موقع قوم عاد وأيضاً الإشارة إلي أن من أسباب الدمار التي أصابتهم كانت ظواهر مناخية نتجت عن إفسادهم في الأرض وسوء أفعالهم. انظر أيضاً ملحق ت.٩ & ع.٧.

ق.٣٥   فُصلت:١٦ ؛ الذاريات:٤٢ ؛ القمر:١٩ ؛ الحاقة:٦

آيات تفصل أوصاف رياح صر شديدة السرعة، والتي هي أيضاً من الظواهر المناخية الفريدة التي لا تحدث إلا في مواقع قليلة من الكرة الأرضية. فرياح صر الشهيرة لا تحدث إلا في المناطق الواقعة في جنوب فرنسا. وفي الآيات أيضاً

توضيح أنها هبت بعنف واستمرت على مدار فترة زمنية وُصفت بأنها أيام نحاسية. انظر أيضاً ملحق ت.٩ & ع.٧.

ق.٣٦
فُصلت:١٦ ؛ الأحقاف:٢٥ ؛ الذاريات:٤٢ ؛ القمر:١٩-٢٠ ؛ الحاقة:٧-٨
آيات تُشير إلى أن رياح صر هبت على أودية عاد فترة زمنية اقتلعت الناس والأشياء من الجذور وتركت أراضيهم أرض خلاء دمرها فساد المناخ الذي تسبب فيه الإنسان. انظر أيضاً ملحق ت.٩ & ع.٧.

ق.٣٧
الأعراف:٧٣ ؛ هود:٦١ ؛ الشعراء:١٤١-١٤٢ ؛النمل:٤٥
آيات تُشير إلى أن صالح أرسل لأخاة ثمود. انظر أيضاً ملحق. ت.١٠.

ق.٣٨
الأعراف:٧٥-٧٦ ؛ هود:٦٢ ؛ الشعراء:١٥١-١٥٢ ؛النمل:٤٨
آيات تُشير إلى أن أخاة قوم ثمود شكلوا نظام طاغية قائم على حكم رهط من تسعة طغاة. وكان نظام حكم الطاغية نظام مبجل في مجتمعهم. انظر أيضاً ملحق ت.١٣، ١٠.

ق.٣٩
الأعراف:٧٣، ٧٧ ؛ هود:٦٤-٦٥ ؛ الشعراء:١٥٥-١٥٧ ؛القمر:٢٨ ؛الشمس:١٣-١٤
آيات تُشير إلى أن طغاة ثمود عقروا المياه كوسيلة احتكارية لإحكام السيطرة. غير آبهين لما قد يتسبب فيه هذا الطغيان من تعطيش للأراضي والزروع، وكل ما سكن أراضيهم من مخلوقات. انظر أيضاً ملحق ت.١١.

ق.٤٠
الأعراف:٧٧ ؛ هود:٦٥؛ الشعراء: ١٥٧ ؛القمر:٢٩ ؛الشمس:١٤-١٢
آيات تُشير إلى أن أخاة ثمود اعتبروا المياه كعقار يمكن حيازته كملكية خاصة كمثل حيازة العقارات. وتوضح أن أخاة ثمود استخدموا عقر المياه في إغراق أبناء قومهم في نوع من الديون التي أدت بالتالي إلى استعبادهم وتحويلهم هم أيضاً إلى ممتلكات معقورة تُورث فيما بين الطبقة الأرستقراطية الحاكمة وأيضاً أتباع وتُشتري عبر البلاد. انظر أيضاً ملحق ت.١٤.

ق.٤١
الأعراف:٧٣-٧٤ ؛ هود:٦١ ؛ الشعراء:١٥٥؛القمر:٢٨ ؛الشمس:١٣
آيات تُشير إلى أن صالح كان له نفوذ مكنه من وضع مبادئ مستقيمة لتنظم الحقوق بين الناس وإصلاح اعوجاج طغاة ثمود. وتوضح أن صالح قضي بأن المياه حق يجب أن يكون قسمة بين الناس وكل الأحياء. انظر أيضاً ملحق ت.١٥.

ق.٤٢
الشعراء:٦٢
آيةتُشير إلى أن صالح كان من المبجلين في قومه حتى بين طغاة ثمود الأرستقراط أنفسهم. انظر أيضاً ملحق ت.١٦.

ق.٤٣
القمر:٢٤-٢٦ ؛ النمل: ٤٧
آيات تُشير إلى رفض رهط طغاة ثمود التسعة (التسعة أقواس/أركون) حكم الشخص الواحد (القوس/ الأركون الواحد)، واعتباره تهديد لسلطتهم وتعاليمهم

الأرستقراطية الموروثة. انظر أيضاً ملحق ت.١٧.

ق.٤٤   النمل:٤٨-٥٠

آيات تُشير إلى تآمر طغاة ثمود الأرستقراط على إخراج صالح والقضاء عليه. وتوضح أيضاً كيف مكروا للكذب على أتباعة في هذا الشأن واثقين أن الناس ستصدق مكرهم. حيث كان الناس في هذا الزمان يعتبرون أن الأرستقراط نبلاء من أعزة القوم الذين لا يكذبون. انظر أيضاً ملحق ت.١٨.

ق.٤٥   الأعراف:٧٨ ؛ هود:٦٣-٦٨؛ النمل:٥٠-٥٣ ؛ فصلت:١٧ ؛ الذاريات:٤٤-٤٥ ؛ الحاقة:٥ ؛ الشمس:١٤

آيات تُشير إلى تجاهل ثمود أخاة الطغاة التحذير الصريح لصالح بالعواقب الخطيرة للإفساد في الأرض وإخلال التوازن بها. انظر أيضاً ملحق ت.١٩.

ق.٤٦   هود:٦٥؛ الذاريات:٤٣

آيات تُشير إلى أن أرستقراط أخاة ثمود الطغاة عقروا المياه وسدوا مجاريها على طول عشرات وعشرات الأمتار. وتوضح أيضاً أن صالح قد أبلغ أخاة ثمود أن إفسادهم في الأرض لن يدوم طويلا. وأن إفسادهم سيؤدي حتما لإهلاك أنفسهم في خلال فترة قصيرة استطاع صالح حسابها بدقة مستندة على علم ودراسة. انظر أيضاً ملحق ت.١٩ & ع.٩.

ق.٤٧   الأعراف:٧٨ ؛ هود:٦٦-٦٨؛ الشعراء:١٥٧ ؛ الذاريات:٤٤-٤٥

آيات تفصل عاقبة إفساد ثمود بوصف دقيق يحدد نوعها ومن ثم المكان الذي حدثت فيه. حيث توضح أن البركان المفاجيء الذي ضرب أرض ثمود قد سبقته رعشة أرضية. وسردت الآيات تفاصيل لهذا البركان مُبرزة الصفات التي تستوجب تصنيفه كأي بركان بليني للبحر المتوسط. فقد إنبعث منه صوت صارخ كالصيحة العالية، ولم يستمر لأكثر من يوم واحد. حتى أنهم في اليوم التالي كانوا كأن لم يسكنوا في أرضهم من قبل. انظر أيضاً ملحق ع.٩.

ق.٤٨   الأعراف:٧٨ ؛ هود:٦٦-٦٨؛ النمل:٥٢ ؛ الذاريات:٤٤-٤٥

آيات تُشير إلى أن أثار إفساد ثمود في الأرض ظلت باقية في صورة آيات لا يبصرها إلا من يعلمون. فقناة تحويل المياه وعقرها لا زالت من المزارات السياحية المعروفة حتى اليوم. وبيوت قوم ثمود الخاوية التي لم يسكنها بعدهم إلا بقايا جثامينهم ظهرت مجددا في الإكتشافات الحفرية الحديثة. انظر أيضاً ملحق ع.٩

ق.٤٩   الأعراف:٧٨ ؛ هود:٦٦-٦٨؛ الذاريات:٤٤-٤٥ ؛ القمر:٣١

آيات تُشير إلى أنه لم يبقي في بيوت أخاة ثمود الطغاة سوي جثامين مهشمة يحتظرها على نفس أوضاعها التي كانت عليها في لحظة إنقضاءها قالب من الأتربة البركانية والغبار المتجبس. انظر أيضاً ملحق ع.١٠.

ق.٥٠

الأعراف:٨٠-٨١ ؛ الشعراء:١٦٠، ١٦٥-١٦٦؛ النمل:٥٤-٥٥ ؛ الصافات:١٣٣ ؛ القمر:٣٣،٣٧

آيات تُشير إلى أن لوط أرسل إلى مدينة شهيرة كان فيها مجموعة ضغط ذات ثقل كونت ناديا دعت فيه علانية إلى إعتبار الإتجار بالبشر مهنة عادية. وطالبت مجموعة الضغط بتشريع الإستعباد الجنسي لغير المواطنين. وإستجلبت من خارج قومها فتيان وفتيات لإستغلالهم تجاريا في علاقات خارج نطاق الزواج المعروف. انظر أيضاً ملحق ت.٢٠.

ق.٥١

العنكبوت:٢٨-٢٩

آيات تُشير إلى أن ما طالبت به مجموعة الضغط في المدينة أيام لوط كان شيء غير مسبوق لم يحدث من قبل على وجه الأرض.

ق.٥٢

هود:٧٨-٧٩

آيات تُشير إلى أن مجموعة الضغط في قوم لوط قننت الإستعباد الجنسي بتشاريع محددة لا تجعل لهم (الحق) في إستغلال بنات لوط في هذه العبودية حيث كانت أمهم من المواطنات. انظر أيضاً ملحق ت.٢٠.

ق.٥٣

الأعراف:٨٢-٨٣ ؛ هود: ٨١ ؛ النمل:٥٦-٥٧ ؛ الصافات:١٣٤-١٣٦

آيات تُشير إلى تجمهر مجموعة الضغط ضد لوط وتهديده بالطرد من المدينة، واتهامه بأنه دخيل على قومهم ويسعى إلى تطهير نسله. انظر أيضاً ملحق ت.٢٠.

ق.٥٤

الأعراف:٨٤ ؛ هود: ٨١ ؛ الحجر: ٧٣ ؛ الشعراء:١٧٣ ؛ النمل: ٥٨ ؛ العنكبوت: ٣٤ ؛ القمر:٣٤، ٣٨

آيات تفصل الإنفجار البركاني الذي أطلقة البحر بجوار مدينة قوم لوط بصفات دقيقة تدل على طبيعته ومكان حدوثه. فقد كان هذا البركان لا يختلف عن براكين البحر المتوسط البلينية، أطلق صيحة عالية واستمر لأقل من يوم واحد. في هذه المرة إنبعثت من البركان في تسارع فائق من عنف الإنفجار غبار ومسحوق أتربة الصخور البركانية المطبوخة تحت ضغط عالي بالغازات الملتهبة. وتصاعدت إلى طبقات الجو العليا حيث تعرضت للهواء البارد وضغط أقل أدي إلي التجمد الفوري لخليط الأتربة والغازات البركانية على شكل حجارة مسومة تملئها المسام، هطلت عليهم مرة أخري كالأمطار من السماء. ولم ينجوا إلا لوط وأهلة عدا إمرأته. انظر أيضاً ملحق ع.٩.

ق.٥٥

هود:٨٢ ؛ الحجر:٧٤-٧٥

آيات تُشير أن الأرض مدينة لوط فقدت دعائمها البنيوية، وانهار ما فوقها إلي أسفل في تجويف تحت سطح الأرض يشبه الكالديرا التي تتكون في البراكين البلينية للبحر المتوسط. انظر أيضاً ملحق ع.١١.

ق.٥٦

هود:٨٢-٨٣ ؛ الحجر:٧٥

آيات تُدلل أن الحجارة التي أمطرتها السماء على قوم لوط كانت لها خواص فريدة تميزها عن غيرها من الأحجار البركانية لزيادة التحديد لمكان حدوثها وحفظ العبرة

الباقية منها كاملة بلا إلتباس. فتم التركيز على الخواص المسامية (المسومة) لهذه الأحجار والتي هي من الصفات الفريدة المرتبطة إرتباط وثيق بأماكن معينة في شمال البحر المتوسط. حيث تتكون هذه الحجارة من مسحوق أتربة الصخور البركانية والغازات البركانية المضغوطة شديدة السخونة التي تخرج في تسارع فائق من عنف الإنفجار ثم تتعرض أثناء تصاعدها إلي طبقات الجو العليا إلي الهواء البارد والضغط الأقل الذي يؤدي للتجمد الفوري لخليط هذه الأتربة والغازات البركانية على شكل حجارة مسومة تملئها المسام، يجعلها تهطل مرة أخري كالأمطار من السماء. انظر أيضاً ملحق ع.١١.

ق.٥٧   الحجر:٧٦ ؛ العنكبوت: ٣٥ ؛ الصافات:١٣٧-١٣٨

آيات تُدلل أن الإفراغ السريع لغرفة الصهارة تحت مدينة قوم لوط أدي لتكون تجويف كبير تحت الأرض أدي إلي إنهيار المدينة الواقعة أعلى هذا التجويف إلى الأسفل في غرفة الصهارة المفرغة. وعلى الرغم من أن مدينة لوط دفنت تحت أمتار عديدة من سطح الأرض، إلا أنها بقيت تذكيرا لكل الناس حتى اليوم. فوصفت مدينة قوم لوط بوصف آخر دقيق يحدد مكانها. فقد كانت على مُلتقي طريق للسفر مشهور جداً ومعروف جيدا للمسافرين في وقت تدوين هذه الآيات (عصر الإمبراطورية الرومانية). حيث كان هذا الموقع آنذاك طريق يقسم الكرة الأرضية لنصفين، فيمر عبره المسافرين باليوم الواحد مرتين، مرة في الصباح وأخرى في الليل. انظر أيضاً ملحق ع.٩.

ق.٥٨   الأعراف:٨٥ ؛ هود:٨٤-٨٦ ؛ الشعراء:١٧٦-١٨٣ ؛ العنكبوت:٣٦

آيات تُدلل أن شعيب أرسل إلى أخاة (المدينة). انظر أيضاً ملحق ت.٢١.

ق.٥٩   الأعراف:٨٦

آية تصف مدينة شعيب من خلال نظام الحُكم فيها. فقد كان يسيطر عليها قلة أوليجاركية كانت لا تزال تُبجل نظام الأرستقراطية الموروث كنظام حكم وعقيدة يجب أن تظل موقرة. انظر أيضاً ملحق ت.٢١.

ق.٦٠   هود:٨٤-٨٧

آيات تُدلل أن القلة الأوليجاركية شكلت حكومة متطرفة منعت مواطنيها من حرية التصرف في أموالهم وممتلكاتهم، فقننت الفساد، وحكمت بالإرهاب. انظر أيضاً ملحق ت.٢١.

ق.٦١   الأعراف:٨٧ ؛ ٩٠-٩٠ ؛ هود:٩١-٩٣

آيات تُدلل أن القلة الأوليجاركية بالمدينة تجاهلت نصائح شعيب بإحقاق الحق والوزن بالقسطاس المستقيم الذي كان بمثابة مجموعة قوانين عادلة كان لشعيب دور كبير في تشريعها. وتُدلل أيضاً أن شعيب لم يكن عزيزا بين طبقة القلة الأوليجاركية فتآمروا على إخراجه والتخلص منه. لكنهم ترددوا في القيام بذلك لأن رهط من أعزة القوم كانوا قد اتبعوا شعيب. لكنهم فيما بعد اعتبروا شعيب وأتباعه

خصوماً يُهدد بقاء سُلطتهم، وتآمروا على قتالهم وإخراجهم جميعا من المدينة. انظر أيضاً ملحق ت.٢١.

ق.٦٢   هود:٨٦-٨٩

آيات تُدلل أن شعيب كان راشد من العالمين، عمل على إصلاح الدساتير في المدينة. وتُدلل أيضاً أن مدينة شعيب كانت قريبة من الأماكن التي أرسل إليها نوح وهود وصالح من قبل وليست بعيده عن مدينة قوم لوط.وتُشير أن أهل مدينة شعيب كانوا على علم بما أصاب هؤلاء الأقوام من قبلهم. انظر أيضاً ملحق ت.٢١.

ق.٦٣   الأعراف:٩١-٩٢ ؛ هود:٩٥-٩٦ ؛ العنكبوت: ٣٧

آيات تُدلل أن سكان المدينة تآمروا لطرد لشُعيب وأتباعه، ولكن قبل أن يفعلوا ذلك، كانوا هم أنفسهم اختفوا.

ق.٦٤   الشعراء:١٨٩

آية بها وصف دقيق لما أصاب مدينة شعيب بسرد الخواص المميزة لصيحة البحر بالقرب من مدينتهم للتأكيد على مكان حدوثها. حيث تصاعدت سحابة هائلة من الغبار البركاني العالق والغازات شديدة السخونة على شكل عمود مرتفع خارج البركان تكثفت في الجزء العلوي منه على شكل مظلة كبيرة استمرت لأقل من يوم واحد.وهي ظاهرة فريدة لا تتكون إلا في ثورانات البراكين البلينية شمال البحر الأبيض المتوسط ويتم وصفها أيضاً بظلة الشجرة. انظر أيضاً ملحق ع.١٢، ٩.

ق.٦٥   النازعات:١٧،٢٤

آيات تُدلل أن موسى أرسل إلى ملك طاغية متكبر كان مقتنعا أنه رب أعلى للشعوب المتعددة التي طغي عليها. انظر أيضاً ملحق ت.٢١.

ق.٦٦   طه:٦٣

آية تُدلل أن الملك الطاغية في عصر موسى اعتبر طريقته الموروثة في الحكم هي أفضل النظم والطريقة المُثلي.

ق.٦٧   الزخرف:٥١-٥٣

آيات تُدلل أن الملك الطاغية انتزع لنفسه إمبراطورية عملاقة عابرة للبلاد وسخر كل الأنهار فيها لتجري بأمره. حتى أنه عندما استولي على حكم أرض مصر التي كانت أغني من كل البلاد الأخرى التي سيطر عليها لم يُصدق نفسه. فنادى في قومه مستنكرا نفيهم لهذا التملك. انظر أيضاً ملحق ت.٢١.

ق.٦٨   البقرة:٤٩؛ الأعراف:١٤١ ؛ إبراهيم:٦ ؛ الكهف:٧٩ ؛ القصص:٤

آيات تُدلل أن الملك الطاغية قام بتفريق المجتمعات الموحدة إلى شيع وطوائف في جميع أنحاء إمبراطوريته العابرة للبلاد، فأفقر الأغنياء، واستعبد الأحرار، وأذاق

أهلها كل أنواع العذاب. فقد أمست الشعوب التي طغى عليها الملك الطاغية بعضها مُستغل، وبعضها مُضطهد، وكثير من أهلها مساكين، شحنوا في السفن عبر البحر للعمل الجبري خارج البلاد. انظر أيضاً ملحق ت.٢١.

ق.٦٩   طه:٣٩ ؛ القصص:٧

آيات تُدلل أن موسى قُذف كطفل رضيع في البحر المفتوح كحل أوحد بقي أمام أمه المستضعفة لإنقاذ حياة طفلها. وفي وصف المسار الذي قُذف فيه موسى (مجرى عالي، يهبط مسرعا في مجرى منحدر، يُلقي إلي ساحل) توضيح للمكان الذي قُذف منة والمكان الذي التقط فيه.

ق.٧٠   الأعراف:١١٦ ؛ طه:٦٦ ؛ الشعراء:٢٢

آيات تُدلل أنه في كل بلاد الإمبراطورية التي طغى فيها الملك المتعالي استخدمت أمكر أنواع الخداع والتضليل. وتُدلل أيضاً أن الملك الطاغية استأجر أمهر المُضللين لمكر الحيل الأكثر حرفية وإلتواء. لخداع أبصار الناس وإستر هابهم لإبقاءهم في خضوع تام لمُلكه. انظر أيضاً ملحق ت.٢٥ & ع.١٥.

ق.٧١   طه:٢٠-٢٧، ٤٣-٥٦ ؛ الشعراء:١٣ ؛ القصص:٣٤ ؛ غافر:٣٦-٣٧

آيات تُدلل أنه على الرغم من أن نفس موسى لم تخلو تماما من الخوف من طغيان الملك المتكبر، إلا أنه ذهب إلي حيث كرسي العرش لهذا الملك. وتُدلل أيضاً أن موسى لم يكن طليق اللسان في اللغة التي تحدثها الملك الطاغية، إلا أنه إستطاع بمساعدة أخيه الأفصح منه في تلك اللغة أن يعرضا للطاغية المتكبر وبأكثر الأقوال لينا البراهين والأسباب المسببة في كل الأشياء. وتُشير أن الملك المتكبر سخر من شروح موسى وإستهزأ بعدم طلاقته واستهان بالسببية وبكل الأسباب.

ق.٧٢   يونس:٨٧

آية تُشير أن موسى وأخيه قد أوحي لهما أن يتبوءا بمصر بيوت لقومهما ويجعلوا هذه البيوت في مصر قبلة للناس وكل من سيتبعونهم.

ق.٧٣   ص:١٢ ؛ الفجر:١٠

آيات تصف الملك الطاغية بفرعون ذو الأوتاد. انظر أيضاً ملحق ع.١٤.

ق.٧٤   الأعراف:١١١-١١٣ ؛ طه:٥٨-٥٩

آيات تُدلل أن الملك الطاغية أراد أن يتغلب على موسى أمام أنصاره للتقليل من نفوذه المتصاعد. فحشد الناس وجمع كل العالمين المأجورين من كل المدائن ليكيدوا بموسى في مواجهة بمناسبة عيدية مشهودة تقام في مكان وزمان معلومين ويحشر فيها حشود كبيرة من الناس.

الشعراء:٣٢-٣٩ ؛ النمل:١٢ ؛ القصص:٣٢

آيات تُدلل أن موسى أظهر آيتين بارزتين للإشارة إلي الأرض التي كان فيها كرسي العرش لفرعون الطاغية. الآية الأولى كان لها علاقة بثعبان كبير مشهور جداً هناك والثانية أشارت إلي حجر أبيض بيضاوي يخرج من الأرض. انظر أيضاً ملحق. ت.٢٥-٢٦.

ق.٧٥

الشعراء:٦٣ ؛ الشعراء:٦٦ ؛ الزخرف:٥٥

آيات تُشير إلي إنفلاق البحر إلى فرقين كل فرق منهما كان له تقوس الطود العظيم. وتؤكد على غرق الفرعون و(قومه أجمعين). انظر أيضاً ملحق ت.٢٦ & ع.١٣٠.

ق.٧٦

الأعراف:١٣٣

آيات تُدلل أن الأوبئة التي أصابت قوم فرعون لم يكن من بينها أمراض.

ق.٧٧

الأعراف:١٢٤ ؛ طه:٧١ ؛ الشعراء:٤٩

آيات تُشير أن الملك الطاغية في عصر موسى كان يُعاقب الخارجين عليه بعقوبة الصلب. انظر أيضاً ملحق ت.٢٧.

ق.٧٨

البقرة:٥١ ؛ الأعراف:١٤٢

آيات تُشير أن موسى وصل في الميقات الدقيق عند الليلة الثلاثين للبدء في الأمر الذي عُهد إليه. ثم وُعد عشر ليال إضافية لإتمام الوعد.

ق.٧٩

الأعراف:١٣٧

آيات تُشير أنه بعد سقوط الملك الطاغية ورث من كان يستضعفهم هذا الطاغية الحُكم في كل أنحاء مشارق الأرض ومغاربها.

ق.٨٠

البقرة:٢٤٥-٢٤٦،٢٤٩

آيات تُشير أنه في العقود القليلة بعد موسى وأثناء تبعات انهيار إمبراطورية الملك الطاغية، كان الكثير من الناس مُخرجين من بلادهم ومُبعدين عن ديارهم وأهلهم. عائلات كثيرة كانت مغتربة ومقسمة فقدت ليس فقط الطريق بل أيضاً الحق في ديارها بسبب إغترابهم عنها هم وأجيال من بعدهم. فكان من الصعب في مثل هذه الظروف أن يقف أحد دفاعا عن حق دون أن يقع هو نفسه في نوع من الإنتهاك. انظر أيضاً ملحق ت.٣٠.

ق.٨١

البقرة:٢٤٧-٢٤٨، ٢٥١ ؛ يونس:٨٧

آيات تُدلل أن كنوز مصر ظلت ثروة هائلة حتى بعد كل ما نهبه منها الملك الطاغية في زمان موسى.

ق.٨٢

الأنبياء:٧٨

آية تُدلل أن داوود وسليمان حكما كمزارعين يحرثان حقول غنية بالكنوز انتشرت

فيها وتكاثرت جموع من أقوام كل شعوب الأمم باغين اغتنامها.

ق. ٨٣   ص:٢٠
آية تُدلل أن قضاء داوود كان قاطعا، وكلمته فاصلة.

ق. ٨٤   ص:٢١
آية تُدلل على حقيقة الإختصام في عصر داوود.

ق. ٨٥   ص:٢٢
آية تُدلل أن الخصمان طالبا داوود بالحكم الحق في خصامهما وهدايتهما إلي سواء السبيل.

ق. ٨٦   ص:٢٣
آية تُدلل أن أحد الأخاة تظلم من مُطالبة الذي يملك تسعة وتسعين نعجة الإستحواذ على نعجته الواحدة.

ق. ٨٧   ص:٢٤
آية تُدلل أن داوود ظن أنه فُتن.

ق. ٨٨   ص:٢٥-٢٧
آيات تُدلل أن داوود أناب في الإصلاح كخليفة للناس يحكم بالحق.

ق. ٨٩   النمل:١٥-١٧
آيات تُدلل أن كل من سليمان وداود أوتيا العلم.

ق. ٩٠   النمل:١٧-١٨
آيات تُدلل أن سليمان كان له جنود في جميع المجالات.

ق. ٩١   النمل:١٩
آية تُدلل أن سليمان ضحك من الأقوال الغير عقلانية المشئومة التي سمعها في وادي النمل، وشعر بمديونية عميقة للنعم التي كرم بها ووالديه والتي جعلته يُنيب في الإصلاح.

ق. ٩٢   الأنبياء:٧٨-٧٩
آيات تُدلل أن الحكم بين الجموع العديدة المتنوعة في عصر داوود وسليمان لم يكن بالأمر السهل. وتُدلل أيضاً أن للاختلاف بين الناس المختلطين أوجه عديدة عميقة التداخل والتشابك، بدأت في الظهور في عهد داوود، إلا أن سليمان هو من إستطاع فهمها وأدرك أبعادها وتأثيرها.

ق٩٣.

آل عمران:١٨٣ ؛ النحل:٤٣-٤٤ ؛ الشعراء:١٩٦ ؛ فاطر:٢٥؛ القمر:٤٣،٥٢

آيات تُدلل أن داوود أوتى زابورا كوسيلة جلية لإظهار براهين الحكمة والعلم الذي كان من أدوات حُكمه.

ق٩٤.

الإسراء:٥٥ ؛ النساء:١٦٣ ؛ النمل:١٥

آيات تُدلل أنه أوتي بداوود للوصول إلى زابورا كفضل ميزه بين الرسل.

ق٩٥.

الأنبياء:٨٠

آية تُدلل أن داوود تعلم صناعة دفاعية لتحصين الناس حيث كان الأمن دافع كبير للشكر والإمتنان.

ق٩٦.

الأنبياء:٧٩؛ سبأ:١٠-١١

آيات تُدلل أن الحديد لان لداوود والشاكرين معه فبنوا الحصون واشتغلوا بالصناعات الدفاعية.

ق٩٧.

ص:٣٠

آية تُدلل أن سليمان كان هبة لداوود وامتدادا لحُكمه.

ق٩٨.

ا لــنـمل:١٥-١٧

آيات تُدلل أنه أوتى بسليمان ليتعلم الحكمة والعلوم.

ق٩٩.

الأنبياء:٨٢

آية تُدلل أن سليمان حافظ في فترة حكمه على حقوق كل من عملوا عنده سواء كانوا ممن يشغلون المناصب المرموقة أو ممن يقومون بالأعمال المتواضعة.

ق١٠٠.

الأنبياء:٨١-٨٢ ؛ النمل:١٧ ؛ سبأ:١٢

آيات تُدلل أن سليمان شكل الفرق البارعة في كل مجال بري، بحري، وأيضاً المجالات المتعلقة بشئون غير مُعلنة وسرية. فإحتشد لخدمة الخير في سببه العمال المهرة، والبناءون الموهوبون، والنحاتون البارعون، والعلماء الأكفاء، والخبراء، وحتى الغواصين، والخابرين بعلوم الأجواء والرياح، كل منهم موزع في دور مُعين.

ق١٠١.

سبأ:١٣

آية تُدلل أنه عمدا وكما أراد سليمان بني له من عمل عنده المدن الجميلة والصروح والتماثيل الفخمة وأيضاً المحاريب. وبتوجيهات سليمان المقصودة، قاموا ببناء الموانئ الحيوية، والفنارات الراسية، وأيضاً العبارات العملاقة التي جابت البحار.

الأنبياء:٨١ ؛ سبأ:١٢ ؛ ص:٣٦

آيات تُدلل أن سليمان ساق رياح التغيير بالأمر الذي أراده.

ق.١٠٢   النمل:٢٠-٢١
آيات تُشير لإستدعاء سليمان للأمم وأخذه الحضور بنفسه وتسلط الضوء على عدم حضور مُمثل أحد الأمم الذي رُمز إليه بالهدهد. انظر أيضاً ملحق ت.٣٣.

ق.١٠٣   النمل:٢٢
سليمان لم يكن على علم بعد بتطور بعض الأحداث في سبأ.

ق.١٠٤   النمل:٢٣
آية تُشير إلي حقيقة سبأ من خلال وصف دقيق لطبيعة الحكم والنظام السياسي بها. انظر أيضاً ملحق ت.٣٤.

ق.١٠٥   النمل:٢٤-٢٦
آيات تُشير لوجهة نظر المبعوث في حكام سبأ. انظر أيضاً ملحق ت.٣٦.

ق.١٠٦   النمل:٢٧
آية تُدلل على تشكك سليمان في قبول تقرير المبعوث، وتفويضه بالقيام بمهام إضافية جديدة لمزيد من التحقق إذا ما كان المبعوث صادق أو متأثر برياء سياسي.

ق.١٠٧   النمل:٢٨
آية تُدلل على تفويض سليمان للمبعوث بمهام محددة وإلزامه بتعليمات معينة في توصيله لكتاب سليمان لحكام سبأ، كإلقاء نص الكتاب إليهم ثم التولي عنهم فيما يقررون.

ق.١٠٨   النمل:٢٩-٣١
آيات تُدلل على جلسة ملؤ سبأ الرسمية وفيها تفصيل لطبيعة نظامهم السياسي. انظر أيضاً ملحق ت.٣٦.

ق.١٠٩   النمل:٣٣-٣٤
آيات تُدلل على قرار ملؤ حكام سبأ في أمر سليمان. انظر أيضاً ملحق ت.٣٦.

ق.١١٠   النمل:٣٥
آية تُدلل على هدية حكام سبأ المالية لسليمان. انظر أيضاً ملحق ت.٤١.

ق.١١١   النمل:٣٦
آية تُدلل على موقف سليمان من هدية حكام سبأ.

ق.١١٢   النمل:٣٨

آية تُدلل على خطة عمل ملؤ سليمان.

ق.١١٣   الـنـمـل: ٣٩
آية تُدلل على الإقتراحات المقدمة من ملؤ سليمان.

ق.١١٤   الـنـمـل:٣٧
آية تُدلل على رسالة سليمان الثانية لحكام سبأ.

ق.١١٥   ص:٣٦-٤٠
آيات تُدلل أن سليمان وُهب عطاء غير محدود لبلوغ هدفه ينفق منه أو يمسك بلا حساب أو قيود.

ق.١١٦   الـنـمـل:٤١-٤٢
آيات تُدلل على تعليمات سليمان في تصميم الصرح والتي تجعل من عرش سبأ يبدو مستنكر، بلا أي ما يدعوا للغرور أو التعالي.

ق.١١٧   الـنـمـل:٤٢
آية تُدلل على إلتباس حكام سبأ وعدم تمييزهم حقيقة العرش الذي سعوا في الإستحواذ عليه. وتأكيد سليمان على من له الأسبقية في الوصول إلي العلم والإسلام.

ق.١١٨   الـنـمـل:٤٣-٤٤
آيات تُدلل على سبب إلتباس حكام سبأ الذي صدهم عن تمييز الحقيقة.

ق.١١٩   ص:٣١
آية تُشير لحكمة سليمان، والصافنات الجياد، وما عُورض عليه به.

ق.١٢٠   ص:٣٢
آية تُشير إلي إعلان سليمان عن تفضيله لحب الخير.

ق.١٢١   ص:٣٣
آية تُشير أن سليمان طفق في مسح وتعيين الحكماء والمسئولين ممن يستطيعوا أن يسوقوا الإصلاح الذي أناب فيه.

ق.١٢٢   الأنبياء:٧٨-٧٩؛ الفل:٤٢-٤٤؛ ص:٣١-٣٣
آيات تُدلل على معرفة سليمان أن على العديد من الشعوب مراجعة نظرتهم السابقة التي توارثوها عن أقوامهم حتى يمكنهم إدراك نور حكمته والعلوم.

ق.١٢٣   ص:٣٤

آية تُدلل على طبيعة وحجم الجسد الذي ألقي على كرسي سليمان وعاتق حكومته.

ق.١٢٤   ص:٣٤-٣٥
آية تُدلل على أن مُلك سليمان ظل حتى الآن عصر ذهبي منقطع النظير للحكمة والعلوم لم ينبغي لأحد من بعده.

ق.١٢٥   سبأ:١٥
آية تصف سكن سبأ. انظر أيضاً ملحق ت.٤٦ & ع.٢٢-٢٣.

ق.١٢٦   سبأ:١٦
آية تُدلل على السيل العرم والتغيرات البيئية التي أصابت التربة والزروع والأشجار بسبب تجاوز أهل سبأ. انظر أيضاً ملحق ت.٤٦ ؛ ع.٢٢-٢٣.

ق.١٢٧   سبأ:١٧-١٨
آيات تُدلل على القرى الظاهرة التي وُضعت لقوم سبأ كمنارات وقُدر فيها السير بآونة تواكب وتيرة التقدم والتعلم في آمان.

ق.١٢٨   سبأ:١٩
آيات تُدلل على إعراض قوم سبأ عن التعلم من القرى الظاهرة والتنكر لتاريخهم وتقريرهم أن يُستبعد ذكرهم من الكتب والأسفار السابقة.

ق.١٢٩   سبأ:١٤
آيات تُدلل على لحظة إدراك من تعالوا أن لو أدركوا من قبل أن تصوراتهم الأولية كانت ناقصة ويحجبها الإنقسام ما لبثوا في إهانة عذاب الإختصام يوما واحدا.

ق.١٣٠   يوسف:٦-١٠، ١٥-٢٠
آيات تسرد قصة يوسف مع إخوته.

ق.١٣١   يوسف:٢١-٢٢، ٣٧
آيات تُدلل على تعلم يوسف في مصر علوم الاقتصاد.

ق.١٣٢   يوسف:٤٦-٤٩
آيات تُدلل أن يوسف عُين أمين على خزائن أرض مصر التي كانت الأكبر على وجه البسيطة في ذلك التوقيت وتوضح خطة العمل طويلة المدى للحافظ على ثمار العمل الدؤوب للمصريين لزمان مُستقبلي.

ق.١٣٣   الفتح:٢٩
آية تُشير لما جاء في الإنجيل من وصف المؤمنين وتشبيه الإيمان بنبات يحتاج للمؤازه.